"十三五"普通高等教育规划教材

# 基础会计综合模拟实训

### （第二版）

李占国　马红燕　吕晓燕　主编

立信会计出版社
LIXIN ACCOUNTING PUBLISHING HOUSE

**图书在版编目(CIP)数据**

基础会计综合模拟实训/李占国,马红燕,吕晓燕主编.
—2 版. —上海:立信会计出版社,2019.10(2023.7 重印)
"十三五"普通高等教育规划教材
ISBN 978 - 7 - 5429 - 6267 - 6

Ⅰ.①基⋯　Ⅱ.①李⋯　Ⅲ.①会计学−高等学校−教
材　Ⅳ.①F230

中国版本图书馆 CIP 数据核字(2019)第 223126 号

策划编辑　　蔡伟莉
责任编辑　　余　榕
封面设计　　南房间

**基础会计综合模拟实训**(第二版)

Jichu Kuaiji Zonghe Moni Shixun

| | | | | | |
|---|---|---|---|---|---|
| 出版发行 | 立信会计出版社 | | | | |
| 地　　址 | 上海市中山西路 2230 号 | | 邮政编码 | 200235 | |
| 电　　话 | (021)64411389 | | 传　真 | (021)64411325 | |
| 网　　址 | www.lixinaph.com | | 电子邮箱 | lixinaph2019@126.com | |
| 网上书店 | http://lixin.jd.com | | | http://lxkjcbs.tmall.com | |
| 经　　销 | 各地新华书店 | | | | |
| 印　　刷 | 安徽新华印刷股份有限公司 | | 开　本 | 889 毫米×1194 毫米　1/16 | |
| 印　　张 | 19.25 | | 插　页 | 14 | |
| 字　　数 | 452 千字 | | | | |
| 版　　次 | 2019 年 10 月第 2 版 | | 印　次 | 2023 年 7 月第 3 次 | |
| 定　　价 | 65.00 元 | | 书　号 | ISBN 978 - 7 - 5429 - 6267 - 6/F | |

如有印订差错,请与本社联系调换

# 第二版前言

《教育部关于推进高等职业教育改革创新 引领职业教育科学发展的若干意见》(教职成〔2011〕12号)提出,要深化工学结合、校企合作、顶岗实习的人才培养模式改革,实现专业课程内容与职业标准对接,校企合作共同开发专业课程和教学资源,继续推行任务驱动、项目导向等学做一体的教学模式。可见,建设融"教、学、做"为一体、强化学生能力培养的优质教材显得更为重要。为满足高等职业院校教学模式改革的需要,我们按照最新的企业会计准则体系和税收法律制度,并结合自身多年会计实践教学的体会,编写了这本《基础会计综合模拟实训》。

本书具有以下特色:

**第一,项目导向、任务驱动。**本书以真实的工作目标作为项目,以完成项目的典型工作过程(环节、方法、步骤)作为任务。本书以任务引领知识、技能和态度,让学生在完成工作任务中学习知识,训练技能,获得实现目标所需要的职业能力;以任务为核心,配备相对应的全真实训材料,便于在做中学、学中做、学做合一,实现理论与实践一体化教学。

**第二,内容适用、突出能力。**本书根据高等职业院校毕业生就业岗位的实际情况,以一个会计师助理所面对的各种业务为主线,以介绍工作流程中的各个程序和操作步骤为主要内容,围绕职业能力培养,注重内容的实用性和针对性,体现职业教育课程的本质特征。

**第三,内容新颖,时效性强。**❶本书体现了"多证合一、一照一码"的企业登记注册制度改革的需求。❷本书体现了"营改增"税收法规的变化,配合"营改增"的改革,按照"税金及附加"科目名称及其核算内容的变化进行编写(将"四小税"纳入其中)。❸本书体现了"企业所得税按季(月)预缴纳税申报"的相关内容。

**第四,材料齐全,操作性强。**❶本书提供了全部实训操作所用的空白凭证、账簿、报表等材料,不需要再另行配置。❷本书采用单面印刷和沿书脊钢模压线(孔),便于实训操作时撕裁。❸实训操作开始时,学生可先将本书附录给出的空白日记账、明细账、总账、账簿封面和封底等沿书脊右(下)侧的钢模压线(孔)撕下,将各账簿按照顺序整理加具相应的封面、封底后,日记账、总账用订书机沿装订线打钉装成订本式账簿,明细账用账绳从装订孔穿过并打活结成活页式账簿。❹本书所给空白记账凭证、账簿留有一定的余量,便于学生做错时替换。

**第五,答案齐全,利于指导**。本书配有完整的参考答案,包括自制原始凭证的填制、所有记账凭证的编制、科目汇总表的编制、明细账的登记、总账的登记、会计报表的编制。使用本书的院校的指导教师可向立信会计出版社索取,也可以加作者的 QQ 号(1378649284)向作者直接索取。

**第六,与时俱进,及时更新**。为弥补纸质教材滞后的缺陷,及时更新教材中涉及有关税收法律、法规与会计准则、制度变化的内容,以及对书中出现的错漏进行更正与补充,本书在前言末设置了一个"最新法规、制度变化与教材内容调整"的二维码,将及时添加和更新最新税收法律、法规与会计准则、制度的变化内容,以及对本书的影响与教学内容的变化,并对本书在使用中发现的错漏内容进行及时调整。

本书自 2018 年 7 月出版以来,以其内容丰富并紧跟会计实务发展、重点突出与系统条分缕析、版式设计新颖与科学合理、实训资料齐全与操作方便等为特色,深受广大读者的喜爱。在此期间,《企业会计准则》与税收法律、法规发生了重大变化,应出版社要求,我们进行了本次修订,以使本书的内容更加完善,更贴近现行准则和税制。本次修订除秉承原有的编写风格和基本内容外,还体现了以下三大特色:

第一,体现最新税收法规与会计准则、制度的变化。❶按照《财政部 税务总局 海关总署关于深化增值税改革有关政策的公告》(财政部 税务总局 海关总署公告 2019 年第 39 号),依据"增值税一般纳税人(以下称纳税人)发生增值税应税销售行为或者进口货物,原适用 16%税率的,税率调整为 13%;原适用 10%税率的,税率调整为 9%""纳税人购进国内旅客运输服务,其进项税额允许从销项税额中抵扣"等规定,对本书中涉及的有关内容进行了修订。❷按照《财政部关于修订印发 2019 年度一般企业财务报表格式的通知》(财会〔2019〕6 号)的规定,对本书中涉及的有关内容进行了调整。

第二,增加了记账凭证填制与账簿登记的示范范例。根据《会计基础工作规范》(中华人民共和国财政部令第 98 号,2019 年修订)的要求,增加了记账凭证填制与账簿登记的示范范例。❶记账凭证(收、付、转)填制方法的示范范例、总账登记方法的示范范例、债权债务等结算类明细账登记方法的示范范例。❷账簿登记"转下页""承前页"账页结转方法的示范范例。❸"月结"(或"本月合计")"本年累计""结转下年"以及划"单红线""双红线"结账方法的示范范例。❹结合以上账簿结账方法,在附录空白账页中给出了损益类账户 11 月末累计发生额(本年累计),有利于对所得税申报这一重点、难点教学内容的理解与学习。

第三,会计凭证的装订方法更加多样化与详细具体。❶以二维码的形式增加了记账凭证装订的"手工穿线装订方法"的视频演示。❷增加了会计凭证装订的"卯管装订机装订方法"的装订步骤说明与示意图。

　　本书不仅适用于高等职业院校的会计学专业、财务管理专业、审计学专业及其他相关专业的基础会计学实训，也适用于应用型高等本科院校的基础会计学实训。

　　本次修订由上海建桥学院李占国与西安翻译学院马红燕、吕晓燕共同完成。由于编者水平所限，书中不足之处在所难免，恳请读者批评指正。

编　　者

2019 年 10 月

最新法规、制度变化
与教材内容调整

# 资源导航

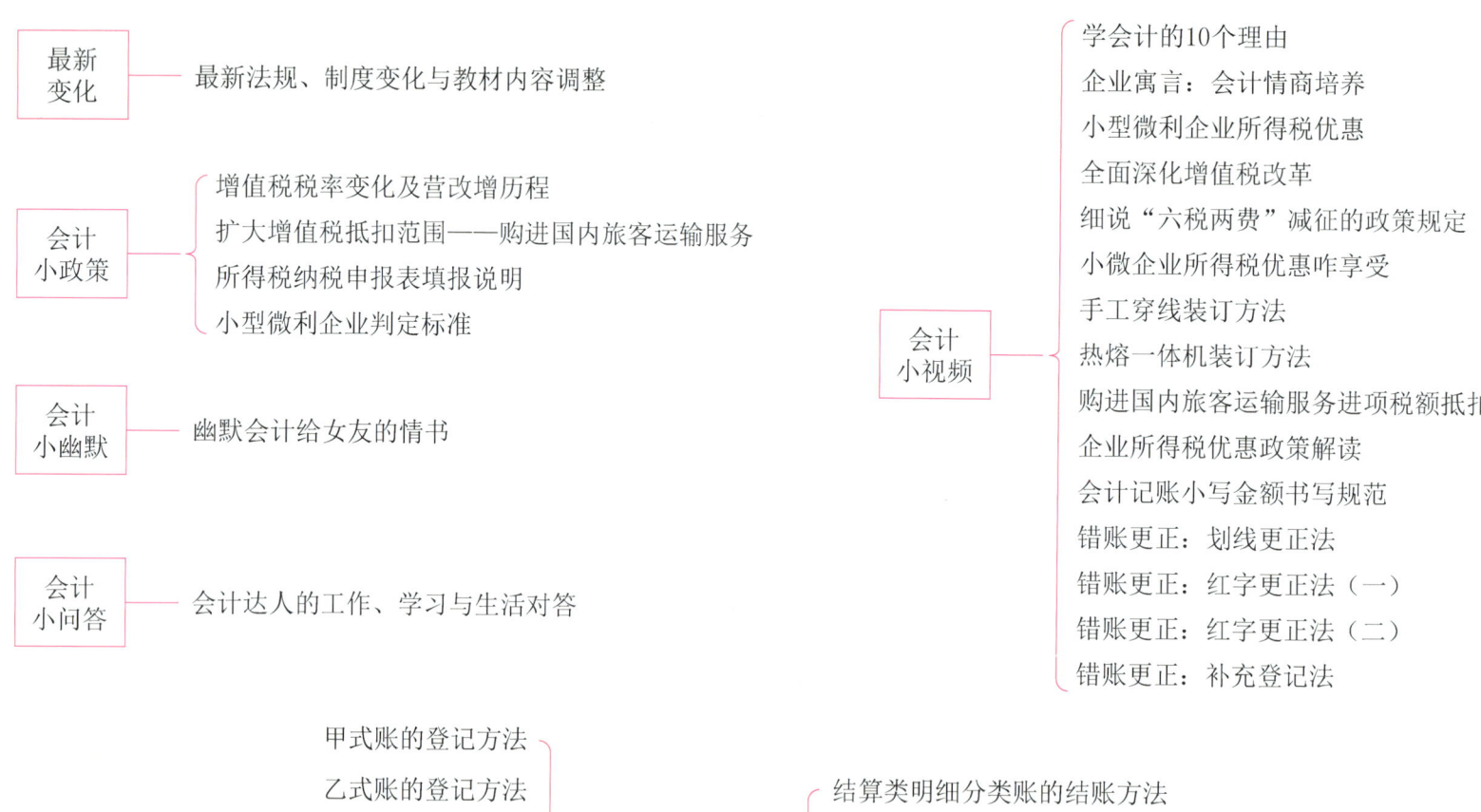

**最新变化** —— 最新法规、制度变化与教材内容调整

**会计小政策**
- 增值税税率变化及营改增历程
- 扩大增值税抵扣范围——购进国内旅客运输服务
- 所得税纳税申报表填报说明
- 小型微利企业判定标准

**会计小幽默** —— 幽默会计给女友的情书

**会计小问答** —— 会计达人的工作、学习与生活对答

**会计小视频**
- 学会计的10个理由
- 企业寓言：会计情商培养
- 小型微利企业所得税优惠
- 全面深化增值税改革
- 细说"六税两费"减征的政策规定
- 小微企业所得税优惠咋享受
- 手工穿线装订方法
- 热熔一体机装订方法
- 购进国内旅客运输服务进项税额抵扣
- 企业所得税优惠政策解读
- 会计记账小写金额书写规范
- 错账更正：划线更正法
- 错账更正：红字更正法（一）
- 错账更正：红字更正法（二）
- 错账更正：补充登记法

**会计记账技巧**
- 甲式账的登记方法
- 乙式账的登记方法
- 多栏式明细分类账的登记方法
- 现金日记账的登记方法
- 总分类账的登记—逐笔登记法
- 总分类账的登记—汇总登记法
- 结算类明细分类账的结账方法
- 收入费用类明细分类账的结账方法
- 银行存款日记账的结账方法
- 总分类账的结账方法

# 目　　录

# 绪　　论

学会计的
10个理由

## 一、基础会计综合模拟实训的意义

　　"基础会计综合模拟实训"是高等职业教育会计专业的一门专项技能训练课程,也是高等职业教育会计专业人才培养过程中必要的教学环节。本课程既是基础会计理论教学的必要补充,又是专业会计课堂理论教学及模拟实训的基础。鉴于以上原因,本书以西安一凡机械公司为模拟对象,以其适量的会计核算实际资料为基础,结合"基础会计"课程的教学特点,本着来源于实践又高于实践的原则,从中筛选出不同类型的、较为典型的会计交易或事项,按照会计核算程序进行系统的综合,从建账开始,到填制和审核原始凭证、填制和审核记账凭证、登记各类明细账和总账,再到最后编制出会计报表,完成一个会计循环为止。本书旨在使学生在学完"基础会计"课程后,进行一次较为完整、系统的会计核算的基本操作实践,完整地掌握"基础会计"课程的内容及各会计核算方法之间的联系,加深对会计循环的理解,并为后续专业会计课堂理论教学及模拟实训奠定坚实的基础。

## 二、基础会计综合模拟实训的目标

　　本书旨在通过会计综合模拟实训,进一步提高学生的会计综合职业能力。本书的具体目标如下:

（1）能够根据企业具体情况,熟记会计岗位设置和岗位职责,并正确执行企业内部会计制度。

（2）会阐述期初建账的基本内容,能够用手工方式为中小企业建账。

（3）会正确进行采购、生产、销售等会计交易或事项的核算以及成本与费用的核算,并能够进行相应的账务处理。

（4）正确进行期末账项调整以及进行期末对账与结账的实际操作。

企业寓言:
会计情商培养

（5）会编制资产负债表和利润表,能够利用会计报表进行简单的财务分析,能够对会计档案进行有效管理。

（6）遵守财经法规和企业内部规章制度,养成认真、严谨、细致的工作态度。

（7）培养部门、岗位之间互相沟通与协调能力。

（8）能够认知企业、职业和岗位,正确判断企业一般会计交易或事项的性质。

幽默会计给
女友的情书

（9）会快速查找错误并能进行正确处理。

## 三、基础会计综合模拟实训的内容

　　按照高等职业教育"任务驱动,项目导向"的实践教学模式,本书以反映企业会计工作的全过程为框架,构造几个教学项目,以完成一个会计循环为内容;在每个项目下设计若干个对会计交易或事项进行账务处理的任务,构成了基础会计综合模拟实训的内容。

（1）认知企业及会计工作:了解企业基本情况、企业内部会计制度、会计工作组织方式。

（2）建账：建立账簿文件，设置会计科目，录入期初数据。

（3）日常会计交易或事项处理：银行借款和接受投资，存货采购、固定资产和无形资产购进及付款，一般销售及应收款项的核算等。

（4）成本核算：水电费、修理费、计提折旧的核算，职工薪酬的核算，成本费用归集与分配的核算。

（5）期末会计事项处理：期末账项调整，包括计提费用、计算结转本月应交各种税费、结转损益、计算利润和利润分配；期末对账与结账，包括证账实核对、银行对账、往来账款清查、试算平衡和结账。

（6）会计报表编制：包括资产负债表和利润表。

## 四、基础会计综合模拟实训的教学方案与课时安排建议

### （一）作为一门独立的实践性课程，进行集中实训

（1）建议安排在"基础会计"课程理论教学结束后当学期的 2 周内完成。

（2）或者建议安排在"基础会计"课程理论教学结束后下一学期的 2 周内完成。

### （二）作为"基础会计"课程的组成部分，分散在课内完成

（1）如果"基础会计"课程安排 80 学时（每周 5 学时），建议 50 学时完成理论教学，30 学时完成实训教学。

（2）如果"基础会计"课程安排 96 学时（每周 6 学时），建议 60 学时完成理论教学，36 学时完成实训教学（建议 6 学时连续进行）。

会计达人的
工作、学习与
生活对答

## 五、基础会计综合模拟实训的要求与考评

### （一）实训要求

（1）掌握国家有关财经法律法规和企业会计制度，掌握各项费用的开支范围、标准及规定，加强学生政策法制观念。

（2）运用规范仿真的原始凭证、真实的记账凭证、会计账簿和会计报表，严格按现行企业会计准则体系的要求进行操作。

（3）在实训过程中，若遇到课堂理论教学中没有学到的新知识，学生需自己查阅资料，培养独立分析问题和解决问题的能力。

（4）实训结束后，将原始凭证、记账凭证、会计账簿、会计报表进行装订，作为考核的依据。

（5）实训结束后，每一名学生提交一份实训报告。其主要内容包括以下几个方面：❶ 实训内容。❷ 实训过程。❸ 实训结果。❹ 实训中存在的问题及其解决的方法。❺ 实训体会及合理化建议。

### （二）实训考评

实训考评包括实训过程考评和实训结果考评，分别占总成绩的 40％和 60％。实训过程考评以实训小组的考评为主。实训结果考评以学生提交的实训成果为依据，其评分标准分别为：❶ 原始凭证的填制和审核占 20％。❷ 记账凭证的填制和审核占 40％。❸ 账簿的登记和会计报表的编制占 20％。❹ 会计档案的装订占 10％。❺ 实训报告的撰写占 10％。

# 项目1 认知企业及会计核算工作

**了解模拟实训企业概况**

模拟实训企业的相关资料如下：

(1) **企业名称、法定代表人、地址及电话**：西安一凡机械公司；李一凡；西安市建设路 68 号，029-98706543。

(2) **机构设置及负责人**：财务科，王丹；供销科，尚雅轩；办公室，张婉茹；生产车间，蒋安全。

(3) **注册资金**：人民币肆仟万元整（￥40 000 000.00）。其中，港城投资公司占 60%，海虹机械公司占 40%。

(4) **企业类型与统一社会信用证代码**：有限责任公司；916400402134EH0701。该公司被认定为非小型微利企业。

(5) **经营范围及主要产品**：机械产品生产与销售；WH12 A 型机床（简称"A 产品"）、WH12 型 B 机床（简称"B 产品"）。

(6) **增值税纳税人类型及识别号**：增值税一般纳税人；916400402134EH0701。

(7) **开户银行及账号**：中国工商银行西安市支行（简称"工行西支"），230045006。

(8) **银行预留印鉴**：包括公章、法人代表名章、财务专用章、财务负责人名章，作为开户银行对企业签发票据所盖印鉴进行比对的依据。

小型微利企业
判断标准

| 公章 | 法人代表名章 | 财务专用章 | 财务负责人名章 |

小型微利企业
所得税优惠

**熟悉会计核算工作基本流程，明确基本会计岗位设置及其职责**

## 一、会计核算工作的基本流程

### （一）建账

建账，就是先根据企业具体要求和将来可能发生的会计交易或事项情况，购置所需要的账簿，然后根据企业日常发生的会计交易或事项情况和

3

会计处理程序登记账簿。建账要依据企业规模、会计交易或事项的繁简程度、会计人员多少、采用的核算形式等来确定,但现金日记账和银行存款日记账必须设置,另外还需设置相关的总账和明细账。具体建账工作包括:填写账簿启用及接交表、开设账户、为每一账户预留一定数量的账页、登记建账日期、抄录账户余额、粘贴口取纸等一系列工作。

**(二)填制和审核原始凭证**

企业会计交易或事项的发生,通常伴随着一些原始凭证的取得,有时,另有一些原始凭证需会计人员编制。这些原始凭证在本书的项目5和项目6中给出,给出的原始凭证左上角标有业务号。若业务号没有分号,表示该笔业务只涉及1张原始凭证;若有分号,则涉及2张或2张以上原始凭证;分号的分母表示该笔业务涉及原始凭证的总张数,分子是序号。

在实际工作中,审核原始凭证无误后方可处理业务。在实训中,略去审核,假定给出的凭证均不包含任何错弊,将原始凭证逐份裁下,据以编制记账凭证或登记账簿。其中:领料单、产品入库单、产品出库单,因存货的计价方法采用月末一次加权平均法或产品单位成本在月末计算的原因,这些单证只有数量,没有金额,在根据其登记完"原材料""库存商品"明细分类账的数量栏后,应妥善保管,在月末计算原材料加权平均单价、完工产品成本、主营业务成本时要用。

**(三)填制和审核记账凭证**

**(1)填制记账凭证的日期**。填制记账凭证的日期,一般是会计人员填制记账凭证的当天,也可根据管理需要填写会计交易或事项的发生日期或月末日期。❶ 报销差旅费业务,记账凭证按报销当天的日期填写。❷ 现金收、付款业务,记账凭证按办理现金收、付款业务的日期填写。❸ 银行收款业务,记账凭证按财会部门收到银行进账单日期填写。❹ 银行付款业务,记账凭证按财会部门开出银行付款单据的日期或承付日期填写。❺ 计提和分配费用等转账业务,记账凭证按当月最后一天的日期填写。

**(2)记账凭证的编号**。记账凭证在1个月内应当连续编号。❶ 通用记账凭证按会计交易或事项的顺序编号;收款凭证、付款凭证和转账凭证可采用字号编号法,即收字第×号、付字第×号、转字第×号。❷ 记账凭证也可采用双重编号法,即总字顺序编号与类别顺序相结合,如某收款凭证编号为总字第×号、收字第×号,本书记账凭证种类采用了"收""付""转"三个分类编号,根据会计交易或事项的说明与提示及给出的原始凭证,编制记账凭证,并将其与所附原始凭证用大头针或回形针别在一起。❸ 一笔会计交易或事项需要编制多张记账凭证时,采用分数编号法,如某笔会计交易或事项需要编制三张转账凭证,而该凭证的顺序号为7时,编号为 $7\frac{1}{3}$、$7\frac{2}{3}$、$7\frac{3}{3}$。

**(3)会计科目的填写**。应用借贷记账法编制会计分录时,要先借后贷,可以填制一借多贷或多借一贷的会计分录,在特殊情况下,也可编制多借多贷的会计分录。

**(4)会计交易或事项的内容摘要**。"摘要"栏是对会计交易或事项的简要说明,必须用简明扼要的文字表达出会计交易或事项的主要内容。其填写要真实准确、简明扼要、书写工整。

**(5)记账凭证的审核**。记账凭证的审核应注意以下三个方面:❶ 记账凭证是否附有原始凭证,是否同所附原始凭证的内容相符。❷ 应借、应贷的会计科目和金额是否正确。❸ 对凭证格式中有关项目的填制是否完备,有关负责人是否都已签名或盖章。

**(四)登记会计账簿(过账)**

有的账簿是直接根据原始凭证登记的(如"原材料"明细分类账、"库存商品"明细分类账),有的是根据记账凭证参考原始凭证登记的。将凭证的主要内容(如名称、编号、日期、摘要、金额及方向)过记到账簿中去,需要结出余额的(如每月最后一笔日记账记录、债权债务的记录等),随即结出账户余额。登记总分类账的方法依所采用的会计核算形式的不同而不同。

**(五) 对账、试算平衡**

全月业务处理完毕后,先用铅笔将每一账户的本月借、贷方发生额及月末余额结出,相互核对无误后,编制试算平衡表。在实际操作中,这一步骤是必需的。不经核对账目草率先结账,如出现错误的话,错账更正的工作反而加重了,这样既影响账面清晰整洁,又降低了工作效率。

**(六) 期末结账**

期末结账应在对账无误的情况下进行,其方法视不同的账簿和要求而有所差异。在这里,期末结账主要是指狭义结账。

**(七) 编制资产负债表**

根据已经核对无误的总分类账户发生额及余额试算平衡表,并结合有关账簿资料(各账户的期末余额),直接或分析计算填列资产负债表的"期末余额"栏。

**(八) 编制利润表**

根据已经核对无误的总分类账户发生额及余额试算平衡表,并结合有关账簿资料(损益类账户的本期发生额)和各损益类账户 11 月末"本年累计"金额,直接或分析计算填列利润表的"本期金额"栏和"本年累计金额"栏。

**(九) 装订会计凭证和会计账簿**

(1) 如果采用记账凭证核算形式,应将全月的会计凭证分为收款凭证、付款凭证、转账凭证,并按序号分三本进行装订。

(2) 如果采用科目汇总表核算形式,应将全月的会计凭证按汇总日期(1~15 日、16~31 日)和期末成本计算及有关账项调整分为三本会计凭证进行装订,每本会计凭证内再分收、付、转三类凭证并按序号排列。

## 二、基本会计岗位的设置及主要职责

**(一) 会计主管(兼审核与制单)的岗位职责**

会计主管(兼审核与制单)的岗位职责包括:❶ 审核原始凭证并根据原始凭证编制记账凭证,同时在记账凭证的"制单"处签名或盖章。❷ 根据业务顺序将原始凭证撕成条状并粘贴在记账凭证的后面(注意粘贴时原始凭证应与记账凭证左对齐、上对齐)。❸ 当每一旬的会计交易或事项填制完记账凭证后,应对本旬会计交易或事项所填制的记账凭证进行汇总,并编制科目汇总表。

**(二) 记账会计(登记总账和部分明细账)的岗位职责**

记账会计(登记总账和部分明细账)的岗位职责包括:❶ 根据记账凭证登记有关明细账。❷ 根据原材料的领料单登记原材料明细账的发出数量栏,并结出结存数量。❸ 完成登账工作后,在记账凭证的"√"栏内注明过账符号,并在记账凭证的"记账"处签章。❹ 根据科目汇总表登记总账,并在"总账"栏打钩。

**(三) 出纳(兼记部分明细账)的岗位职责**

出纳(兼记部分明细账)的岗位职责包括:❶ 根据记账凭证(收款凭证、付款凭证)登记现金日记账和银行存款日记账。❷ 根据原始凭证中的产品入库单和产品出库单登记库存商品明细账的"收入数量"栏和"发出数量"栏,并结出结存数量栏。❸ 完成登账工作后,在记账凭证的"√"栏内注明过账符号,并在记账凭证的"出纳"处签名或盖章。❹ 需要特别注意的是:出纳不得兼任稽核、会计档案保管和收入、支出、费用、债权债务账目的登记工作。

## 任务 1-3　掌握模拟实训企业会计核算与管理制度

### 一、会计核算形式及凭证账簿组织

(1) 模拟实训企业采用科目汇总表账务处理程序,分前半月、后半月和成本计算及期末会计事项三次编制三张科目汇总表,并分三次登记总分类账,明细分类账根据原始凭证或记账凭证逐笔登记。

(2) 模拟实训企业采用复式记账凭证,分收款凭证、付款凭证和转账凭证三种类型。记账凭证按月按类别连续编号。

(3) 模拟实训企业开设总分类账、明细分类账、现金日记账、银行存款日记账和银行结算票据备查簿。总分类账和日记账均采用三栏式账页格式,明细分类账根据需要分别选用三栏式、数量金额式和多栏式的账页格式。

(4) 模拟实训企业按规定编制资产负债和利润表(现金流量表和所有者权益变动表从略)。

### 二、存货的核算制度与方法

#### (一) 原材料、库存商品明细核算

原材料、库存商品明细核算采用账卡合一的方式,即在仓库设置一套"原材料"明细分类账和"库存商品"明细分类账。

(1) 平时由仓库保管员根据收料单、领料单、入库单、出库单的仓库联登记收、发数量。

(2) 记账会计于每月末核对收发数量并计价。

(3) "原材料"明细分类账和"库存商品"明细分类账中的"凭证字号"栏的"号",根据仓库联的编号登记。

(4) 收料单中"凭证字号"栏的"字"为"收",领料单中"凭证字号"栏的"字"为"领",产成品入库单中"凭证字号"栏的"字"为"入",产成品出库单中"凭证字号"栏的"字"为"出"。

#### (二) 原材料、库存商品收发的计价

原材料、库存商品的收发均按实际成本计价,发出单价按全月一次加权平均法计算。月末一次加权平均单价尾差计入结存金额。

#### (三) "原材料"明细分类账的登记方法

(1) "原材料"明细分类账的"收入"栏根据收料单(仓库联)登记数量、单价和金额。本书为节省篇幅只给出财务联,故财务联替代仓库联,一联两用。

(2) "原材料"明细分类账的"发出"栏,平时根据领料单(财务联替代仓库联)登记其数量,并将领料单(财务联)妥善保管。

(3) 月末,由材料会计根据各材料的明细分类账月初结存数量和金额、本月收入数量和金额,按全月一次加权平均法计算发出材料的单价。

(4) 由各材料加权平均单价乘以本月领用数量的合计,得出并登记发出材料的金额。

(5) 按"月初结存金额+本月收入金额-本月发出金额=月末结存金额",计算月末结存金额并登记账簿。

(6) 月末,根据领料单分品种、用途或部门汇总其领用数量,再乘以加权平均单价,编制发料凭证汇总表(领料单作为该汇总表的附件)。

**(四)"库存商品"明细分类账的登记方法**

（1）"库存商品"明细分类账的"收入"栏，平时根据产品入库单（财务联替代仓库联）登记其收入数量，并将其妥善保管，月末，根据"库存商品"明细分类账中结出的入库数量，或者根据产成品入库单汇总的入库数量，以及"生产成本"明细分类账中的总成本和单位成本，编制完工产品成本计算汇总表（产品入库单作为该汇总表的附件）。根据该汇总表登记该明细分类账月末"本月合计"行中"收入"栏的单价和金额。

（2）"库存商品"明细分类账的"发出"栏，平时根据产成品入库单（财务联替代仓库联）登记其发出数量，月末根据各库存商品的明细分类账月初结存数量和金额、本月收入数量和金额，按全月一次加权平均法计算发出产品的单价，该单价乘以"库存商品"明细分类账结出的发出数量合计，登记"库存商品"明细分类账"发出"栏的单价和金额，同时根据"库存商品"明细分类账的发出栏，编制产品销售成本汇总计算表（产品出库单作为该汇总计算表的附件），之后再按**"月初结存＋本月收入－本月发出＝月末结存"**，计算月末结存金额并登记总分类账。

## 三、固定资产的核算

（1）**固定资产的分类**。模拟实训企业将固定资产分为机器设备类和房屋建筑类两大类，并按其设置明细账。

（2）**固定资产折旧方法与折旧率**。固定资产采用平均年限法分类计提折旧。其中：❶ 车间固定资产月折旧率：机器设备类为 1.5％，房屋建筑类为 0.5％。❷ 专设销售机构固定资产月折旧率：机器设备类为 1.5％，房屋建筑类为 0.4％。❸ 行政管理部门固定资产月折旧率：机器设备类为 1.1％，房屋建筑类为 0.4％。

（3）**固定资产修理费用**。按照现行会计制度规定，模拟实训企业固定资产的修理费用一律计入管理费用。

## 四、费用与成本

（1）**职工福利**。职工福利按工资总额的 14％计提，并按其用途记入有关成本费用账户。如果计提的职工福利年末未用完，应冲销管理费用。

（2）**成本计算**。模拟实训企业采用品种法（简单法）计算产品成本。

（3）**成本项目**。模拟实训企业设置直接材料、直接人工和制造费用三个成本项目。

（4）**制造费用**。模拟实训企业按照车间对制造费用进行汇总，并按照生产工人工资比例进行分配，然后结转到"生产成本"账户。

（5）**生产费用在完工产品与在产品之间进行分配**。模拟实训企业采用定额法计算月末在产品成本，倒挤出完工产品成本。

（6）**坏账准备的计提**。年末对应收账款的坏账损失进行估计，并采用"应收账款余额百分比法"，调整"坏账准备"账户余额。计提比例为应收账款余额的 4％。

## 五、税金及附加

（1）模拟实训企业为增值税一般纳税人，增值税税率为 13％，增值税按期预缴（每月 15 日预缴一次），次月 10 日以前缴清。

（2）企业所得税按年计算、按月据实（即会计利润）预缴、年终汇算清缴。其所得税税率为 25％。

（3）城市维护建设税及教育费附加，分别按照应纳增值税额的 7％和 3％计算并按月交纳，次月 10 日以前缴清。

增值税税率变化
及营改增历程

（4）房产税实行按年计算、分期交纳的征收方式。房产税计税基础按照年初房产原始价值扣除 30％ 后计算，房产税税率为 1.2％，房产税按季交纳并在季末月份实际交纳。

## 六、损益类账户采用账结法核算

（1）1 月末至 11 月末，将各损益类账户（包括"所得税费用"账户）的发生额转入"本年利润"账户。"本年利润"账户各月末余额，即为截至各月末实现的预计税后利润总额。

（2）12 月末，先将 12 月份各损益类账户（不包括"所得税费用"账户）转入"本年利润"账户后，"本年利润"账户本月借、贷方差额即为本月实现的会计利润额，然后，填制**企业所得税按月预缴纳税申报表**，计算本年度应补缴的所得税额；同时，将所得税费用转入"本年利润"账户，这时，"本年利润"账户的贷方余额即为本年度实现的净利润。

## 七、利润分配及"未分配利润"账户的使用说明

（1）利润分配。按照当期税后利润的 10％ 计提法定盈余公积，向各投资者分配利润根据董事会决定的分配额和投资比例进行分配。

（2）为了便于理解年终结转已分配利润的会计分录，可以将"利润分配——未分配利润"二级账户，改为"未分配利润"一级账户。年终，将"本年利润"账户的贷方（或借方）累计发生额转入"未分配利润"账户的贷方（或借方），将提取的盈余公积及向投资者分配的应付利润，即"利润分配——提取盈余公积"账户和"利润分配——应付利润"账户的借方发生额转入"未分配利润"账户的借方。此时，借记"未分配利润"账户，贷记"利润分配——提取盈余公积""利润分配——应付利润"账户。年终，"未分配利润"账户如为贷方余额，表示累计留存收益；如为借方余额，表示累计发生的亏损。

全面深化增值税改革

细说"六税两费"减征的政策规定

小微企业所得税优惠咋享受

# 项目 2　模拟实训准备及其初始建账

**准备实训设施，备齐实训物品**

## 一、会计模拟实训室场景布置

模拟真实环境，按照会计工作职责的划分，设置会计岗位，布置工作场景，营造工作氛围。在实训室内布置模拟企业的生产工艺流程图、会计核算程序图、成本结转程序图、会计岗位设置及职责图等，并按照单位会计岗位的不同，设置会计主管、出纳、制单会计、记账会计等会计岗位。

根据会计岗位设置的内部牵制原则，按"一人一岗""多人一岗""一人多岗"对小组成员进行合理分工。同时，对会计综合实训室内办公桌椅及会计档案保管柜要求按组摆放，其布局与实际企业会计部门基本相似。

## 二、会计模拟实训实操用相关账表

会计模拟实训实操所需要的有关账表已在本书的附录或相关章节中给出并略有富余，以备写错时替换，请同学们注意节约使用。具体包括如下：

（1）空白记账凭证（收、付、转）：❶ 收款凭证，实际需要 8 张，本书提供 12 张。❷ 付款凭证，实际需要 25 张，本书提供 32 张。❸ 转账凭证，实际需要 36 张，本书提供 44 张。

（2）空白科目汇总表：实际需要 3 张，本书提供 3 张（6 页），背面的表格以备正面作废时使用。

（3）空白现金日记账账页（三栏式）：实际需要 1 页，本书提供 2 页。

（4）空白银行存款日记账账页（三栏式）：实际需要 2 页，本书提供 4 页。

（5）空白总分类账账页（三栏式）：实际需要 41 页，本书提供 44 页。

（6）空白明细分类账账页（三栏式、数量金额式、专用多栏式、通用多栏式）：实际需要 64 页，本书提供 74 页。

（7）空白封皮：记账凭证封面、封底各 4 张（实际需要 3 张），日记账封面、封底各 1 张，总分类账封面、封底各 1 张，明细分类账封面、封底各 1 张，会计报表封面、封底各 1 张，记账凭证包角 1 张（含包角 4 个，实际需要 3 个）。

## 三、会计模拟实训实操用消耗及周转使用物品

会计模拟实训实操除本书的附录或相关章节中已给出的空白凭证、账页、报表、封皮以外，还需要如表 2-1 所示的物品。

表 2-1　　　　　　　　　　　基础会计学综合模拟实训周转及一次性消耗用品一览表

| 序号 | 物品名称 | 规格型号 | 计量单位 | 数量 | 备注 | 序号 | 物品名称 | 规格型号 | 计量单位 | 数量 | 备注 |
|---|---|---|---|---|---|---|---|---|---|---|---|
| 1 | 资料盒 | 320×235×45 mm | 盒 | 1盒/(人、组) | 一次性消耗 | 10 | 铅笔 | | 支 | 1支/(人、组) | 一次性消耗 |
| 2 | 直尺 | 300 mm | 把 | 1把/(人、组) | 一次性消耗 | 11 | 小剪刀 | | 把 | 1把/(人、组) | 一次性消耗 |
| 3 | 回形针 | 小盒 | 盒 | 1盒/(人、组) | 一次性消耗 | 12 | 订书针 | 普通 | 盒 | 1盒/班 | 一次性消耗 |
| 4 | 索引标签（口取纸） | 蓝色,10张/小包 | 张 | 3张/(人、组) | 一次性消耗 | 13 | 倒钩铁锥 | | 把 | 1把/(人、组) | 一次性消耗 |
| | | 红色,10张/小包 | 张 | 3张/(人、组) | 一次性消耗 | 14 | 订书机 | | 个 | 5个/班 | 周转使用 |
| 5 | 胶水(棒) | 小瓶 | 瓶 | 1瓶/(人、组) | 一次性消耗 | 15 | 凭证打眼机 | | 台 | 4台/班 | 周转使用 |
| 6 | 装订线 | | 团(卷) | 2卷/班 | 一次性消耗 | 16 | 会计科目章 | | 盒 | 10盒/班 | 周转使用 |
| 7 | 拴账绳(带) | | 根 | 1根/(人、组) | 一次性消耗 | 17 | 公章 | 直径 42 mm | 个 | 10个/班 | 周转使用 |
| 8 | 财会专用笔 | 红色(0.35 mm) | 支 | 1支/(人、组) | 一次性消耗 | 18 | 财务专用章 | 直径 40 mm | 个 | 10个/班 | 周转使用 |
| | | 黑色(0.35 mm) | 支 | 1支/(人、组) | 一次性消耗 | 19 | "承前页"章 | | 个 | 1个/(人、组) | 周转使用 |
| | | 黑色笔芯(0.35 mm) | 支 | 1支/(人、组) | 一次性消耗 | 20 | "转次页"章 | | 个 | 1个/(人、组) | 周转使用 |
| 9 | 橡皮 | | 块 | 1块/(人、组) | 一次性消耗 | 21 | "月结"章 | | 个 | 1个/(人、组) | 周转使用 |

## 任务 2-2　熟悉建账流程,掌握建账方法

### 一、熟悉建账流程

将本书附录给出的空白账页沿书脊左(上)侧的撕裁线撕下,并按照以下流程进行建账:

第一步,预备账页,装订成册。❶ 准备各种账簿(订本式)。❷ 预备有关账页(活页式、卡片式)。❸ 使用账夹装订成册。

第二步,填写账簿启用及接交表。❶ 在账簿启用及接交表上填写单位名称、账簿名称、册数、账簿编号、账簿页数、启用日期、记账人员和经管人员姓名或盖章等。❷ 会计人员变动时,应注明交接日期、交接人员姓名,并由交接双方签名或盖章,以明确责任。

第三步,建立账户。❶ 建立总账账户、二级明细账户、三级明细账户、结转上期账户余额。❷ 在账簿的第一页账页的上方填写该本账第一个账户名称及其他有关栏目,在该页账第一行日期栏中登记期初日期,"摘要"栏中写"上年结转"或"月初余额"字样,将账户余额抄录至账页第一行"余额"栏中。

第四步,顺序编号。将账簿按顺序编号、编制账户目录(科目索引)、贴上账户索引纸(俗称"口取纸")。❶ 口取纸通常分红、蓝两种颜色,分别代表一级账户和二级账户。❷ 使用口取纸应注意粘贴方法,每张口取纸所粘贴的位置不同,从上到下,使其形成规则的锯齿形为最佳。

第五步,填写目录或账皮。通常,总账需填写目录,明细账需在账皮卡片上填写账簿中所开设账户的名称,其目的都在于方便使用。

## 二、掌握建账方法

（1）**现金日记账、银行存款日记账的建账方法**。根据表 2-2 所给的"库存现金""银行存款"总账科目的期初余额和本书附录所给的空白账页登记现金日记账和银行存款日记账的期初余额。日记账的装订方法见任务 3-2 中的"一、整理并装订日记账"。

（2）**明细账的建账方法**。❶ 根据表 2-2 所给的各明细科目期初余额和本书附录所给的明细分类账空白账页，按照明细分类账的目录顺序依次登记甲式账、多栏式明细分类账和乙式账的期初余额。❷ 明细分类账的装订方法见任务 3-2 中的"二、整理并装订明细分类账"。

（3）**总账的建账方法**。❶ 根据表 2-2 所给的各总账科目期初余额和本书附录所给的总分类账空白账页，按照总分类账的目录顺序依次登记各有关总分类账的期初余额。❷ 总分类账的装订方法见任务 3-2 中的"三、整理并装订总分类账"。

## 任务 2-3　确定账页格式，填写期初数据

根据不同的会计交易或事项，结合会计核算与财务管理的要求，选用不同的账页格式。❶ 西安一凡机械公司 2×19 年 12 月的总分类账、明细分类账的月初余额及所需账簿（页）格式见表 2-2 至表 2-5。❷ 根据表 2-2 至表 2-5 登记有关总分类账和明细分类账的期初余额。❸ 特别提示：本书中部分明细分类账 11 月份的期末余额，即为 12 月份的期初余额，不需要再抄录期初余额。

表 2-2

### 西安一凡机械公司总账及明细账月初余额表

2×19 年 12 月

| 序号 | 总账科目 | 明细科目 | 借方金额 | 贷方金额 | 账页格式 | 序号 | 总账科目 | 明细科目 | 借方金额 | 贷方金额 | 账页格式 |
|---|---|---|---|---|---|---|---|---|---|---|---|
| 1 | 库存现金 | | **10 000** | | 三栏式 | 6 | 其他应收款 | | **8 900** | | 三栏式 |
| 2 | 银行存款 | | **4 177 185** | | 三栏式 | | | 鲍巩英 | 3 000 | | 甲式账 |
| 3 | 应收票据 | | **747 000** | | 三栏式 | | | 艾笑寿 | 5 900 | | 甲式账 |
| | | 宏图机械公司 | 324 000 | | 甲式账 | 7 | 坏账准备 | | | **7 075** | 三栏式 |
| | | 金华机械公司 | 423 000 | | 甲式账 | | | 应收账款 | | 7 075 | 甲式账 |
| 4 | 应收账款 | | **553 000** | | 三栏式 | 8 | 在途物资 | | **232 000** | | 三栏式 |
| | | 一方机械公司 | 492 500 | | 甲式账 | | | 虹海金属公司 | 232 000 | | 甲式账 |
| | | 江南机械公司 | 48 500 | | 甲式账 | 9 | 原材料 | | **445 000** | | 三栏式 |
| | | 达仁机械公司 | 12 000 | | 甲式账 | | | 详见表 2-3 | 445 000 | | 乙式账 |
| 5 | 预付账款 | | **82 465** | | 三栏式 | 10 | 库存商品 | | **617 000** | | 三栏式 |
| | | 前进机械公司 | 74 780 | | 甲式账 | | | 详见表 2-4 | 617 000 | | 乙式账 |
| | | 希望机械公司 | 7 685 | | 甲式账 | 11 | 累计折旧 | 不设明细账 | | **4 087 995** | 三栏式 |

| 序号 | 总账科目 | 明细科目 | 借方金额 | 贷方金额 | 账页格式 | 序号 | 总账科目 | 明细科目 | 借方金额 | 贷方金额 | 账页格式 |
|---|---|---|---|---|---|---|---|---|---|---|---|
| 12 | 固定资产 | | **24 500 000** | | 三栏式 | | | 工行西支 | | 18 600 | 甲式账 |
| | | 机器设备类 | 13 500 000 | | 甲式账 | 21 | 应付股利 | | | | 三栏式 |
| | | 房屋建筑类 | 11 000 000 | | 甲式账 | | | 港城投资公司 | | | 甲式账 |
| 13 | 在建工程 | | **600 000** | | 三栏式 | | | 海虹机械公司 | | | 甲式账 |
| | | 配电室工程 | 160 000 | | 甲式账 | 22 | 其他应付款 | | | **300** | 三栏式 |
| | | 生产线工程 | 440 000 | | 甲式账 | | | 供水公司 | | 50 | 甲式账 |
| 14 | 短期借款 | | | **1 750 000** | 三栏式 | | | 供电公司 | | 250 | 甲式账 |
| | | 工行西支 | | 1 750 000 | 甲式账 | 23 | 实收资本 | | | **20 000 000** | 三栏式 |
| 15 | 应付票据 | | | **494 000** | 三栏式 | | | 港城投资公司 | | 12 000 000 | 甲式账 |
| | | 大华机械公司 | | 320 000 | 甲式账 | | | 海虹机械公司 | | 8 000 000 | 甲式账 |
| | | 东方机械公司 | | 174 000 | 甲式账 | 24 | 资本公积 | | | **160 000** | 三栏式 |
| 16 | 应付账款 | | | **127 000** | 三栏式 | | | 资本溢价 | | 160 000 | 甲式账 |
| | | 新兴钢铁公司 | | 116 000 | 甲式账 | 25 | 盈余公积 | | | **946 300** | 三栏式 |
| | | 华峰机械公司 | | 11 000 | 甲式账 | | | 法定盈余公积 | | 946 300 | 甲式账 |
| 17 | 预收账款 | | | **997 130** | 三栏式 | 26 | 本年利润 | | | **2 700 000** | 三栏式 |
| | | 联华机械公司 | | 719 200 | 甲式账 | | | 本年利润 | | 2 700 000 | 甲式账 |
| | | 明远机械公司 | | 277 930 | 甲式账 | 27 | 利润分配 | | | **185 000** | 三栏式 |
| 18 | 应付职工薪酬 | | | **354 600** | 三栏式 | | | 计提法定盈余公积 | | | 甲式账 |
| | | 工资 | | 340 000 | 甲式账 | | | 应付利润 | | | 甲式账 |
| | | 职工福利 | | 14 600 | 甲式账 | | | 未分配利润 | | 185 000 | 甲式账 |
| 19 | 应交税费 | | | **210 000** | 三栏式 | 28 | 生产成本 | | **65 450** | | 三栏式 |
| | | 应交增值税 | | | 专用多栏 | | | 详见表2-5 | 65 450 | | 多栏专用 |
| | | 未交增值税 | | 130 000 | 甲式账 | 29 | 制造费用 | | | | 借方多栏 |
| | | 应交城建税 | | 21 000 | 甲式账 | | | 制造费用 | 账内按费用项目设置专栏❶ | | 借方多栏 |
| | | 教育费附加 | | 9 000 | 甲式账 | 30 | 主营业务收入 | | | | |
| | | 应交所得税 | | 50 000 | 甲式账 | | | 主营业务收入 | 账内按产品名称设专栏❷ | | 贷方多栏 |
| 20 | 应付利息 | | | **18 600** | 三栏式 | 31 | 其他业务收入 | | | | 三栏式 |

（续表）

| 序号 | 总账科目 | 明细科目 | 借方金额 | 贷方金额 | 账页格式 |
|---|---|---|---|---|---|
| | | 其他业务收入 | | 账内按其他销售项目设专栏③ | 贷方多栏 |
| 32 | 营业外收入 | | | | 三栏式 |
| | | 营业外收入 | | 账内按利得项目设专栏④ | 贷方多栏 |
| 33 | 主营业务成本 | | | | 三栏式 |
| | | 主营业务成本 | 账内按产品名称设专栏⑤ | | 借方多栏 |
| 34 | 其他业务成本 | | | | 三栏式 |
| | | 其他业务成本 | 账内按其他销售项目设专栏⑥ | | 借方多栏 |
| 35 | 税金及附加 | | | | 三栏式 |
| | | 税金及附加 | 账内按税费名称设专栏⑦ | | 借方多栏 |
| 36 | 销售费用 | | | | 三栏式 |
| | | 销售费用 | 账内按费用项目设专栏⑧ | | 借方多栏 |
| 37 | 管理费用 | | | | 三栏式 |
| | | 管理费用 | 账内按费用项目设专栏⑨ | | 借方多栏 |
| 38 | 财务费用 | | | | 三栏式 |
| | | 财务费用 | 账内按费用项目设专栏⑩ | | 借方多栏 |
| 39 | 营业外支出 | | | | 三栏式 |
| | | 信用减值损失 | 账内按损失项目设专栏⑪ | | 借方多栏 |
| 40 | 信用减值损失 | | | | 三栏式 |
| | | 营业外支出 | 账内按支出项目设专栏⑫ | | 借方多栏 |
| 41 | 所得税费用 | | | | 三栏式 |
| | | 所得税费用 | | | 甲式账 |
| | 合　计 | | 32 038 000 | 32 038 000 | |

注：❶费用项目为：办公费、材料费、工薪费、水电费、折旧费等。❷产品名称为：A产品、B产品。❸其他销售项目为：材料销售、资产租赁等。❹利得项目为：债务收入、罚没收入、盘盈利得、捐赠利得等。❺产品名称为：A产品、B产品。❻其他销售项目为：材料销售、资产租赁等。❼税费名称为：城市维护建设税、教育费附加、印花税等。❽费用项目为：办公费、运输费、展销费、广告费、工薪费、折旧费等。❾费用项目为：办公费、差旅费、修理费、工薪费、水电费、折旧费等。❿费用项目为：工本费、利息收入、利息支出、手续费等。⓫损失项目为：坏账准备、贷款损失准备、债权投资减值准备等。⓬支出项目为：捐赠支出、罚没支出、盘亏损失、非常损失等。

表 2-3　　**原材料明细账资料**　　　金额单位:元

| 账户名称 | 计量单位 | 数量 | 单价 | 金额 | 账页格式 |
|---|---|---|---|---|---|
| 甲材料 | 千克 | 15 000 | 11.40 | 171 000.00 | 乙式账 |
| 乙材料 | 千克 | 10 000 | 7.80 | 78 000.00 | 乙式账 |
| 丙材料 | 千克 | 15 000 | 9.60 | 144 000.00 | 乙式账 |
| 丁材料 | 千克 | 10 000 | 5.20 | 52 000.00 | 乙式账 |
| 合计 | | | | 445 000.00 | 乙式账 |

表 2-4　　**库存商品明细账资料**　　　金额单位:元

| 账户名称 | 计量单位 | 数量 | 单价 | 金额 | 账页格式 |
|---|---|---|---|---|---|
| A产品 | 台 | 200 | 2 440.00 | 488 000.00 | 乙式账 |
| B产品 | 台 | 100 | 1 290.00 | 129 000.00 | 乙式账 |
| 合计 | | | | 617 000.00 | |

表 2-5　　**生产成本明细分类账月初余额资料表**　　金额单位:元

| 成本计算对象 | 数量（台） | 成本项目 | | | |
|---|---|---|---|---|---|
| | | 直接材料 | 直接人工 | 制造费用 | 在产品成本合计 |
| A产品 | 35 | 31 500 | 7 700 | 6 300 | 45 500 |
| B产品 | 30 | 13 500 | 3 600 | 2 850 | 19 950 |
| | | | | | 65 450 |

# 项目 3　会计档案的整理与保管

## 任务 3-1　整理并装订会计凭证，填写封面并存档保管

当完成项目5、项目6要求的实操内容后，应按照以下要求进行会计凭证的整理装订，然后进行归档保管。

### 一、整理凭证并加具封面、封底和包角

（1）**整理记账凭证**。将记账凭证（后附原始凭证，且左对齐、上对齐进行粘贴）分三部分（本）进行整理在一起：❶ 任务 5-1 所编制的记账凭证。❷ 任务 5-2 所编制的记账凭证。❸ 项目 6 所编制的记账凭证。

（2）**凭证排列顺序**。对以上三部分（本）记账凭证中的每一部分：❶ 按照收、付、转的顺序整理。❷ 对收、付、转记账凭证再按照编号顺序整理。❸ 在每一部分（本）记账凭证的最前面粘贴该部分记账凭证所编制的科目汇总表。

（3）**加具封面和封底**。对以上整理好的每本记账凭证：❶ 将本书附录所给出的 3 张记账凭证封皮撕下，然后沿裁剪线撕成封面和封底。❷ 将记账凭证的封面和封底分别加具到整理好的 3 本记账凭证的前后。❸ 将本书附录所给出的记账凭证包角撕下，沿虚线（打孔线）撕成 4 个十字包角，分别加具到封面的左上角（字朝下）。❹ 再次整理凭证并以左上角对齐，用铁夹子将其紧紧夹住。

### 二、装订会计凭证

#### （一）手工穿线装订方法

（1）**打眼**。在十字包角对角线上的两点，用装订机从外到里均匀地打两个眼，注意不能太靠外以免装订不牢固，也不能太靠里以免不便翻阅。

（2）**穿线**。第一步，将一根长约 60 cm 的装订线分 1/4 和 3/4 折叠。第二步，从里面的那个眼，将带钩锥子从正面穿出，从背面钩住装订线的折叠处并将其拉出（不要拉透，留出一个活扣），然后压住装订线的短线头，将装订线的长线头翻过来从活扣中穿出并拉紧。第三步，再次从里面的那个眼，将带钩锥子从正面穿出，从背面钩住装订线的长线头（折叠并留出穿线余地），然后将其拉出（拉透不留活扣）并拉紧，这样形成第一个十字角。第四步，从外面的那个眼，将带钩锥子从背面穿出，从正面钩住装订线的长线头（折叠并留出穿线余地），然后将其拉出（不要拉透。留出一个活扣），将装订线的长线头翻过来从活扣中穿出并拉紧。第五步，再次从外面的那个眼，从背面将带钩锥子穿出，从正面钩住装订线的长线头（折叠并留出穿线余地），然后将其拉出（拉透不留活扣）并拉紧，这样形成第二个十字角。

（3）**打结并封角**。❶ 打结。在凭证背面，将装订线的两端系上拉紧并打死结，然后用剪刀剪掉多余线头。❷ 封角。沿着十字包角的斜

手工穿线装订方法

线折叠翻转露出包角正面，将十字包角的两头，抹上胶水，然后再将包角向下、向右折叠到背面并粘牢，要求包角能将装订线的线头全部覆盖。

### （二）铆管装订机装订方法

铆管装订机是财务办公室常用的一款文件装订机，其架构如图 3-1 所示。使用铆管装订机进行凭证装订的操作如下所示：❶ **插上电源**：插上电源，按下开关，电源指示灯亮（红灯），机器处于预热状态。大约 3 分钟后，红灯灭后，绿灯亮起，机器开始热铆，预热时不影响机器的打孔。❷ **插入铆管**：将按管盒盖打开，铆管插入机身后侧的小圆孔内。❸ **打孔**：将文件放置在台面板上，放在所需装订的位置（对准记账凭证包角的"⊕"位置），压右边手柄进行打孔。❹ **铆管入孔**：打孔时，机器会根据打孔材料的厚度自动切出相应长度的铆管段，将其插入刚打的装订孔中。❺ **插入定芯轴**：将文件移至机器左侧的热熔器下，并将定芯轴插入铆管中。❻ **热铆**：压左边手柄，停留片刻。❼ **装订完成**：拔出定芯轴，取出文件，装订完成。❽ **倒纸屑**：取下接纸盒，将纸屑倒掉后装入。铆管装订机的装订步骤如图 3-2 所示。

热熔一体机
装订方法

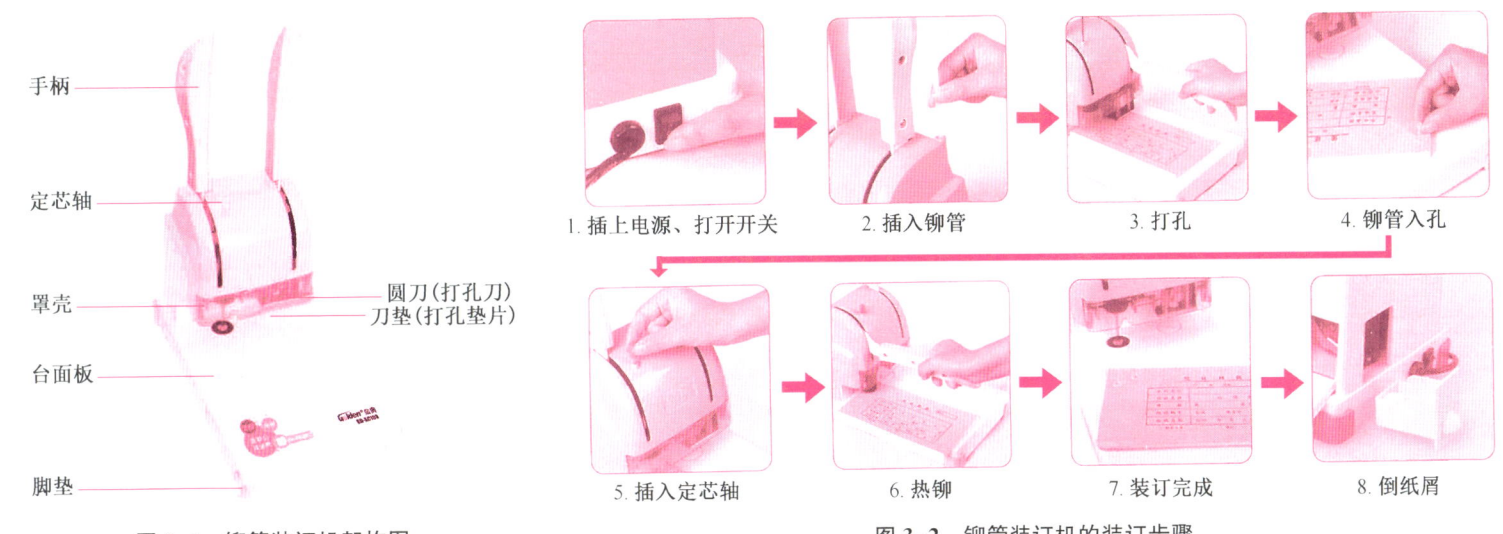

图 3-1　铆管装订机架构图

图 3-2　铆管装订机的装订步骤

## 三、填写凭证封面并存档保管

（1）**填写封面**。在凭证封面上填写起止日期、账册编号（第几册、共几册）、凭证种类、起止号数、凭证张数、附件张数、会计档案的卷宗号及保管年限等。

（2）**填写凭证脊背**。在十字包角翻转折叠粘贴形成的凭证脊背上，填写日期、凭证总号起止号数、凭证册序和册数。

（3）**盖章并归档**。装订人员在装订线封签处签名或盖章,然后归档并存入会计档案室。

## 任务 3-2　　整理并装订会计账簿、会计报表,填写封面并存档保管

本模拟实训实操前,应撕裁本书附录中给出的空白账页和账簿、报表封皮,然后按照以下要求进行装订成册。在期末按照要求对会计账簿、会计报表进行整理装订并归档保管。

### 一、整理并装订日记账

❶ 将本书附录给出的日记账账页沿裁剪线撕下并整理在一起。❷ 将本书附录给出的日记账封面、封底撕下。❸ 将日记账的封面和封底加具到日记账的前后,并用订书机将其订牢(订本式)。❹ 按照要求填写封皮并加盖公章。

### 二、整理并装订明细分类账

❶ 将本书附录给出的明细分类账账页(数量金额式、多栏式、三栏式)空白账页撕下并整理在一起。❷ 将本书附录所给出的明细分类账封面、封底撕下。❸ 将明细分类账封面和封底加具到整理好的明细分类账的前后,并用账绳穿在一起和打结(活页式)。❹ 按照要求填写封皮(包括目录的科目名称)并加盖公章。❺ 在年末,首先应按照顺序编写总号,其次再对每一总账所属明细分类账编写分号,最后填写明细分类账目录的起始页码。

### 三、整理并装订总分类账

❶ 将本书附录给出的空白总分类账账页撕下并整理在一起。❷ 将本书附录所给出的总分类账封面、封底撕下。❸ 将总分类账封面和封底加具到整理好的总账分类账页的前后,并用订书机将其订牢(订本式)。❹ 按照要求填写封皮(包括目录的会计科目名称及账页起始页码),并加盖公章。

### 四、整理并装订会计报表

❶ 将编制完成的会计报表撕下并整理在一起。❷ 将本书附录所给出的会计报表封面、封底撕下。❸ 将会计报表的封面和封底加具到整理好的会计报表的前后,并用订书机将其订牢。❹ 按照要求填写封皮并加盖公章。

### 五、会计档案的归档

装订人员在装订线封签处签名或盖章,然后归档并存入会计档案室。

# 项目 4　会计交易或事项的文字描述及其账务处理提示

　　为了帮助学生理解原始凭证所体现的会计交易或事项并进行账务处理,本书对项目5和项目6会计交易或事项所表现的原始凭证,采取一一对应的方式,进行了文字表述和账务处理提示。西安一凡机械公司2×19年12月发生如下经济业务:

　　**业务 1　以转账支票结算方式购进原材料。** 1 日,从本市秋林机械公司购进丙、丁两种材料,并将其验收入库,经审核无误同意付款,开具转账支票支付。**账务处理提示:** ❶ 根据原始凭证,编制记账凭证(付 1,附件 4 张),借记"原材料——丙材料""原材料——丁材料""应交税费——应交增值税(进项税额)"账户,贷记"银行存款"账户。 ❷ 根据收料单登记"原材料"账户所属"丙材料""丁材料"明细分类账的"收入"栏(数量、单价、金额,下同)。 ❸ 根据记账凭证登记"应交税费——应交增值税"明细分类账的"进项税额"专栏和银行存款日记账。

　　**业务 2　在途材料验收入库。** 1 日,验收入库上月向南京虹海金属公司购进并已付款的甲、乙两种材料。**账务处理提示:** ❶ 根据收料单编制记账凭证(转 1,附件 1 张),借记"原材料——甲材料""原材料——乙材料"账户,贷记"在途物资"账户。 ❷ 根据收料单登记"原材料"账户所属"甲材料""乙材料"明细分类账的"收入"栏。 ❸ 根据记账凭证登记"在途物资——虹海金属公司"明细分类账。

　　**业务 3　同城现销产品(钱货两清)。** 1 日,向本市永宏机械公司销售 A 产品和 B 产品,货已发出,货款收到转账支票,并将其送存银行。❶ 销售实现,开具增值税专用发票。 ❷ 货已发出,填制产品出库单。 ❸ 货款收到,收到转账支票,填列一式两联的中国工商银行进账单一并送存银行,收到银行加盖"转讫"章的进账单。**账务处理提示:** ❶ 编制记账凭证(收 1,附件 2 张,不包括产品出库单,下同),借记"银行存款"账户,贷记"主营业务收入——A 产品""主营业务收入——B 产品""应交税费——应交增值税(进项税额)"账户。 ❷ 根据产品出库单登记"库存商品"账户所属"A 产品""B 产品"明细分类账"发出"栏(仅登记数量,下同)后,将产品出库单妥善保管,在处理业务 56 时要用(下同)。 ❸ 根据记账凭证登记银行存款日记账、"主营业务收入"明细分类账"A 产品""B 产品"专栏和"应交税费——应交增值税"明细分类账"销项税额"专栏。

　　**业务 4　报销购买办公用品款,各车间、部门直接领用。** 3 日,办公室报销各车间部门直接领用的办公用品,经审核无误,以现金付讫。**账务处理提示:** ❶ 编制记账凭证(付 2,附件 3 张),借记"制造费用——办公费""销售费用——办公费""管理费用——办公费""应交税费——应交增值税(进项税额)"账户,贷记"库存现金"账户。 ❷ 根据记账凭证登记"制造费用""销售费用""管理费用"明细分类账"办公费"专栏、"应交税费——应交增值税"明细分类账"进项税额"专栏和现金日记账。

　　**业务 5　生产车间领用材料,采用月末一次加权平均法计价,并于月末汇总登记。** 3 日,生产车间填制标明有用途的领料单,用来领用材料。**账务处理提示:** ❶不编制记账凭证,月末根据领料单汇总编制"原材料发料凭证汇总表",并将所有的领料单作为该汇总表的附件。 ❷ 根据领料单登记"原材料"账户所属各明细分类账的"发出"栏(仅登记数量,下同),在登记"原材料"明细分类账时,凭证"种类"为"领"字,"号数"为领料单右上角的编号。 ❸ 领料单应妥善保管,在处理业务 50 时要用到(下同)。

　　**业务 6　收到上月销售托收的货款。** 3 日,收到开户银行转来的托收凭证(收账通知),为太原一方机械公司支付托收货款。**账务处理提示:** ❶ 编制记账凭证(收 2,附件 1 张),借记"银行存款"账户,贷记"应收账款——一方机械公司"账户。 ❷ 根据记账凭证登记银行存款日记账和"应收票据——一方机械公司"明细分类账。

**业务 7** **提现备用。** **5 日,**开出现金支票,从银行提取现金备用。**账务处理提示:❶** 编制记账凭证(付 **3**,附件 **1** 张),借记"库存现金"账户,贷记"银行存款"账户。❷ 根据记账凭证登记银行存款日记账和现金日记账。

**业务 8** **通过银行偿还前欠货款。** **5 日,**通过银行电子转账偿还前欠太原新兴钢铁公司的货款。**账务处理提示:❶** 编制记账凭证(付 **4**,附件 **2** 张),借记"应付账款"账户,贷记"银行存款"账户。❷ 根据记账凭证登记"应付账款——新兴钢铁公司"明细分类账和银行存款日记账。

**业务 9** **报销差旅费(销售服务—生活服务—旅客运输服务"营改增"扩大抵扣范围)——实报金额大于预借金额。** **7 日,**鲍巩英出差归来填制"差旅费报销单",报销差旅费 6 602 元,并补付差额现金 602 元,结清原借款。后附火车票 1 张,金额为 109 元;长途汽车票 1 张,金额为 103 元;飞机票 2 张,其中:票价 3 270 元(1 635×2),民航发展基金 100 元(50×2);住宿费增值税专用发票,价税合计 2 120 元;伙食费(100 元/天),交通费(80 元/天),共补助 900 元(180 元×5 天)。**税制改革:**按照《财政部 税务总局 海关总署关于深化增值税改革有关政策的公告》(财政部 税务总局 海关总署公告 2019 年第 39 号),自 2019 年 4 月 1 日起,纳税人购进国内旅客运输服务,其进项税额允许从销项税额中抵扣。纳税人未取得增值税专用发票的,暂按照以下规定确定进项税额:❶取得注明旅客身份信息的航空运输电子客票行程单的,为按照下列公式计算进项税额:航空旅客运输进项税额=(票价+燃油附加费)÷(1+9%)×9%。❷取得注明旅客身份信息的铁路车票的,为按照下列公式计算的进项税额:铁路旅客运输进项税额=票面金额÷(1+9%)×9%。❸取得注明旅客身份信息的公路、水路等其他客票的,按照下列公式计算进项税额:公路、水路等其他旅客运输进项税额=票面金额÷(1+3%)×3%。**账务处理提示:❶** 根据差旅费报销单编制以下 2 张记账凭证,借记"管理费用——差旅费""应交税费——应交增值税(进项税额)"账户,贷记"其他应收款——鲍巩英"账户(转 **2**,附件 **2** 张);同时,借记"其他应收款——鲍巩英"账户,贷记"库存现金"账户(付 **5**,附件 **0** 张)。❷ 根据记账凭证登记"管理费用"明细分类账"差旅费"专栏、"应交税费——应交增值税"明细分类账"进项税额"专栏、"其他应收款——鲍巩英"明细分类账和现金日记账。

扩大增值税抵扣范围——购进国内旅客运输服务

购进国内旅客运输服务进项税额抵扣

**业务 10** **遵守现金结算纪律,将超过银行核定的库存现金限额的部分送存银行。** **5 日,**将当日超过库存现金限额 10 000 元的部分送存银行。**账务处理提示:**编制记账凭证(付 **6**,附件 **1** 张),并登记有关日记账,借记"银行存款"账户,贷记"库存现金"账户。

**业务 11** **产成品入库。** **7 日,**生产车间填制产品入库单将完工产品入库。**账务处理提示:❶**不编制记账凭证。❷ 平时,根据产品入库单登记"库存商品"明细分类账的"收入"栏的数量。❸ 登记"库存商品"明细分类账上的凭证种类、号数时,"种类"为"入"字,"号数"为产品入库单右上角的编号。❹ 在登记完"库存商品"明细分类账后,应将产品入库单妥善保管,在处理业务 55 时要用(下同)。

**业务 12** **发放上月工资(由银行代发)。** **7 日,**根据上月应付工资费用结算汇总表,通过网银由银行代发工资,转入职工个人工资账户。**账务处理提示:❶** 编制记账凭证(付 **7**,附件 **3** 张),借记"应付职工薪酬"账户,贷记"银行存款"账户。❷ 根据记账凭证登记银行存款日记账、"应付职工薪酬——工资"明细分类账。

**业务 13** **上月有关税费的实际交纳。** **9 日,**据实预交上月应纳所得税;交纳上月未交增值税、应交城市维护建设税和教育费附加。**账务处理提示:❶** 根据银行加盖"转讫章"后的税收缴款书并视同转账支票,编制记账凭证(付 **8**,附件 **2** 张),借记"应交税费——应交所得税""应交税费——未交增值税""应交税费——应交城市维护建设税""应交税费——应交教育费附加"账户,贷记"银行存款"账户。❷ 根据记账凭证登记"应交税费"账户所属"应交所得税""未交增值税""应交城市维护建设税""应交教育费附加"明细分类账和银行存款日记账。

**业务 14** **赊购原材料——应付账款。** 9 日，从太原新兴钢铁公司购入甲、乙两种材料并已验收入库，经协商下月付款。**账务处理提示：❶** 编制记账凭证(**转 3，附件 5 张**)，借记"原材料——甲材料""原材料——乙材料""应交税费——应交增值税(进项税额)"账户，贷记"应付账款"账户。**❷** 根据收料单登记"原材料"账户所属"甲材料""乙材料"明细分类账"收入"栏。**❸** 根据记账凭证登记"应交税费——应交增值税"明细分类账"进项税额"专栏和"应付账款——新兴钢铁公司"明细分类账。

**业务 15** **采用预收账款方式销售产品，预收金额大于实际结算金额，余款留待下次结算。** 9 日，采用预收账款方式向上海联华机械公司销售产品。**账务处理提示：❶** 编制记账凭证(**转 4，附件 2 张**)，借记"预收账款"账户，贷记"主营业务收入""应交税费——应交增值税(销项税额)"账户。**❷** 根据产品出库单登记"库存商品"账户所属"A 产品""B 产品"明细分类账"发出"栏。**❸** 根据记账凭证登记"预收账款——联华机械公司"明细分类账、"主营业务收入"明细分类账"A 产品""B 产品"专栏、"应交税费——应交增值税"明细分类账"销项税额"专栏。

**业务 16** **不再满足负债确认的条件、无法支付的应付账款，确认为营业外收入。** 11 日，经确认华峰机械公司已于上年破产清算完毕，将应付货款 18 260 元确认为营业外收入。**账务处理提示：❶** 编制记账凭证(**转 5，附件 1 张**)，借记"应付账款"账户，贷记"营业外收入"账户。**❷** 根据记账凭证登记"应付账款——华峰机械公司"明细分类账和"营业外收入"明细分类账"债务重组"专栏。

**业务 17** **偿付到期商业承兑汇票款。** 11 日，收款单位南京东方机械公司托收到期商业承兑汇票款，经审核无误，同意并已通过银行付讫。**账务处理提示：❶** 编制记账凭证(**付 9，附件 1 张**)，借记"应付票据"账户，贷记"银行存款"账户。**❷** 根据记账凭证登记"应付票据——东方机械公司"明细分类账和银行存款日记账。

**业务 18** **公益救济性捐赠。** 11 日，签发转账支票向西安市红十字会捐款。**账务处理提示：❶** 编制记账凭证(**付 10，附件 3 张**)，借记"营业外支出"账户，贷记"银行存款"账户。**❷** 根据记账凭证登记银行存款日记账和"营业外支出"明细分类账"捐赠支出"专栏。

**业务 19** **购进不需要安装的机器设备——直接交付使用并计入固定资产。** 13 日，从广州重型机械公司购入机床 3 台，验收无误，同意付款，并直接交付使用。**账务处理提示：❶** 编制记账凭证(**付 11，附件 4 张**)，借记"固定资产""应交税费——应交增值税(进项税额)"账户，贷记"银行存款"账户。**❷** 根据记账凭证登记"固定资产——机器设备类"明细分类账、"应交税费——应交增值税"明细分类账"进项税额"专栏和银行存款日记账。

**业务 20** **生产车间领用材料。** 13 日，生产车间领用甲、乙、丁材料。**账务处理提示：** 参见业务 5 的有关账务处理提示。

**业务 21** **预收购货定金。** 13 日，按照合同规定收到上海联华机械公司预付购货定金。**账务处理提示：❶** 编制记账凭证(**收 3，附件 1 张**)，借记"银行存款"账户，贷记"预收账款"账户。**❷** 根据记账凭证登记"预收账款——联华机械公司"明细分类账和"银行存款日记账"。

**业务 22** **固定资产修理支出的费用化，直接记入"管理费用"账户。** 13 日，与西安方正建筑公司结算车间房屋修缮费，开出转账支票支付。**账务处理提示：❶** 编制记账凭证(**付 12，附件 3 张**)，借记"管理费用""应交税费——应交增值税(进项税额)"账户，贷记"银行存款"账户。**❷** 根据记账凭证登记"管理费用"明细分类账"修理费"专栏、"应交税费——应交增值税"明细分类账"进项税额"专栏和银行存款日记账。

**业务 23** **商业承兑汇票销售——应收票据；负担运费——计入销售费用。** 15 日，采用商业汇票结算方式向宏图机械公司销售商品，货已发出并由销货方负担运费，收到对方签发并承兑的商业汇票。**账务处理提示：❶** 编制货物销售的记账凭证(**转 6，附件 3 张**)，借记"应收票据"账户，贷记"主营业务收入""应交税费——应交增值税(销项税额)"账户。**❷** 根据产品出库单登记"库存商品"明细分类账"发出"栏。**❸** 根据记账凭证登记"应收票据——宏图机械公司"明细分类账、"主营业务收入"明细分类账"A 产品""B 产品"专栏、"应交税费——应交增值税"明细分类账"销项税额"专栏。**❹** 编制支付销售运费的记账凭证(**付 13，附件 2 张**)，借记"销售费用""应交税费——应交增值税(进项税额)"账户，贷记"银行存款"账户。❺ 根据记账凭证登记"销售费用"明细分类账"运输费"专栏、"应交税费——应交增值税"明细分类账"进项税额"专栏和银行存款日记账。

业务 24　**工程完工达到预定可使用状态——形成固定资产。** 15 日，2 号生产线工程完工，与方正建筑公司结算 2 号生产线工程款项，经审核无误开出转账支票支付。该生产线工程经验收达到预定可使用状态并交付车间使用，结转工程成本。**账务处理提示：**❶ 编制支付安装费的记账凭证（付 14，附件 3 张），借记"在建工程""应交税费——应交增值税（进项税额）"账户，贷记"银行存款"账户。❷ 编制固定资产交付使用的记账凭证（转 7，附件 1 张），借记"固定资产——机器设备类"账户，贷记"在建工程——2 号生产线"账户。❸ 根据记账凭证（付 14）登记"在建工程——2 号生产线"明细分类账、"应交税费——应交增值税"明细分类账"进项税额"专栏和银行存款日记账。❹ 根据记账凭证（转 7）登记"固定资产——机器设备类""在建工程——2 号生产线"明细分类账。

**账务处理到业务 25 为止，应编制第一张科目汇总表（业务 1～24）。**

业务 25　**产成品入库。** 17 日，A、B 产品完工入库。**账务处理提示：** 参见业务 11 的账务处理提示。

业务 26　**报销差旅费，实报金额小于预借金额。** 17 日，艾笑寿报销差旅费价税合计 5 424 元，并交回余款现金 576 元，结清原借款。**账务处理提示：**❶ 编制记账凭证，借记"管理费用""应交税费——应交增值税（进项税额）"账户，贷记"其他应收款"账户（转 8，附件 2 张）；同时，借记"库存现金"账户，贷记"其他应收款"账户（收 4，附件 1 张）。❷ 根据记账凭证登记"管理费用"明细分类账"差旅费"专栏、"应交税费——应交增值税"明细分类账"进项税额"专栏、"其他应收款——艾笑寿"明细分类账和现金日记账。

业务 27　**发生坏账，确认坏账损失，注销应收账款，冲减坏账准备。** 17 日，经确认于 2×17 年 3 月入账的应收达仁机械公司的货款 12 000 元已无法收回。填制"坏账损失确认单"，并经公司董事会讨论决定按照有关规定作为坏账注销处理。**账务处理提示：**❶ 根据原始凭证编制记账凭证（转 9，附件 1 张），借记"坏账准备"账户，贷记"应收账款——达仁机械公司"账户。❷ 根据记账凭证登记"坏账准备——应收账款"明细分类账和"应收账款——达仁机械公司"明细分类账。

业务 28　**收到托收的到期商业承兑汇票款。** 17 日，银行转来托收凭证（收账通知），为昆明金华机械公司偿付到期商业承兑汇票款。**账务处理提示：**❶ 编制记账凭证（收 5，附件 1 张），借记"银行存款"账户，贷记"应收票据"账户。❷ 根据记账凭证登记银行存款日记账和"应收票据——欢喜食品店"明细分类账。

业务 29　**交纳上半月应交增值税。** 17 日，通过中国工商银行电子缴税付款平台交纳本月 1～15 日应交增值税。**账务处理提示：**❶ 编制记账凭证（付 15，附件 1 张），借记"应交税费——应交增值税（已交税金）"账户，贷记"银行存款"账户。❷ 根据记账凭证，登记"应交税费——应交增值税"明细分类账"已交税金"专栏和银行存款日记账。

业务 30　**采用冲销预付账款方式购进材料，实际结算金额与预付金额相等。** 19 日，采用预付账款方式向郑州前进机械公司购进丙材料，并已验收入库，对方负担运费。**账务处理提示：**❶ 编制记账凭证（转 10，附件 3 张），借记"原材料""应交税费——应交增值税（进项税额）"账户，贷记"预付账款"账户。❷ 根据收料单登记"原材料——丙材料"明细分类账"收入"栏。❸ 根据记账凭证登记"应交税费——应交增值税"明细分类账"进项税额"专栏和"预付账款——前进机械公司"明细分类账。

业务 31　**采用冲销预收货款方式销售。** 19 日，采用预收货款结算方式向兰州明远机械公司销售商品并代垫运费，实际结算金额除冲销前已预收的货款外，不足部分对方暂欠。**账务处理提示：**❶ 根据原始凭证，编制产品销售并冲销预收账款的记账凭证（转 11，附件 2 张），借记"预收账款"账户，贷记"主营业务收入""应交税费——应交增值税（销项税额）"账户；同时，编制支付代垫运费的记账凭证（付 16，附件 1 张），借记"预收账款"账户,贷记"银行存款"账户。❷ 根据产品出库单登记"库存商品"明细分类账。❸ 根据记账凭证登记"预收账款——明远机械公司"明细分类账、"主营业务收入"明细分类账"A产品""B产品"专栏、"应交税费——应交增值税"明细分类账"销项税额"专栏和银行存款日记账。

　　**业务32**　**采用商业承兑汇票结算方式采购材料。19日,**采用商业承兑汇票结算方式向杭州大华机械公司购进丁材料并已验收入库,对方代垫运费,经审核无误,签发商业承兑汇票。账务处理提示:❶ 编制记账凭证**(转12,附件5张)**,借记"原材料""应交税费——应交增值税(进项税额)"账户,贷记"应付票据"账户。❷ 根据收料单登记"原材料"明细分类账。❸ 根据记账凭证登记"应交税费——应交增值税"明细分类账"进项税额"专栏和"应付票据——大华机械公司"明细分类账。

　　**业务33**　**赊购材料——应付账款。21日,**从太原新兴钢铁公司购入材料并验收入库,经协商,对方承诺货款于下月支付。账务处理提示:❶ 编制记账凭证**(转13,附件3张)**,借记"原材料""应交税费——应交增值税(进项税额)"账户,贷记"应付账款"账户。❷ 根据收料单登记"原材料"明细分类账。❸ 根据记账凭证登记"应交税费——应交增值税"明细分类账"进项税额"专栏和"应付账款——新兴钢铁公司"明细分类账。

　　**业务34**　**通过"其他应付款"账户对费用结算期与月度会计期间不一致的过渡。21日,**银行转来供水公司托收上月21日至本月20日水费的付款通知。账务处理提示:❶ 由于公用事业单位结算费用期限与会计期间不一致,可能会产生差异,对这一差异一般是通过"其他应付款"账户进行过渡。❷ 编制记账凭证**(付17,附件2张)**,借记"其他应付款""应交税费——应交增值税(进项税额)"账户,贷记"银行存款"账户。❸ 根据记账凭证登记"其他应付款——供水公司"明细分类账、"应交税费——应交增值税"明细分类账"进项税额"专栏和银行存款日记账。

　　**业务35**　**支付贷款利息和收到本季度活期存款利息。21日,**❶ 收到中国工商银行计付贷款利息单(付款通知),支付本季度(9月21日至12月20日)的贷款利息。❷ 收到中国工商银行计付存款利息单(收账通知),收到本季度(9月21日至12月20日)的活期存款利息收入。账务处理提示:❶ 编制记账凭证**(付18,附件1张)**,借记"应付利息"账户,贷记"银行存款"账户。❷ 根据记账凭证登记"应付利息——工行西支"明细分类账和银行存款日记账。❸ 编制收到存款利息的记账凭证**(收6,附件1张)**,借记"银行存款"账户,贷记"财务费用"账户。❹ 根据记账凭证登记银行存款日记账,并用红字登记"财务费用"明细分类账"利息收入"专栏。

　　**业务36**　**通过"其他应付款"账户对费用结算期与月度会计期间不一致的过渡。21日,**银行转来供电公司托收上月电费的付款通知。账务处理提示:参见业务34的有关账务处理提示。

　　**业务37**　**生产车间领用材料。23日,**生产车间领用材料。账务处理提示:参见业务5的有关账务处理提示。

　　**业务38**　**通过银行收回应收账款。23日,**收到广州江南机械公司偿还前欠的货款。账务处理提示:❶ 编制记账凭证**(收5,附件1张)**,借记"银行存款"账户,贷记"应收账款"账户。❷ 根据记账凭证,登记银行存款日记账和"应收账款——江南机械公司"明细分类账。

　　**业务39**　**采用商业汇票结算方式销售——应收票据。25日,**采用商业汇票结算方式向昆明金花机械公司销售商品,货已发出并由对方自提,收到对方签发并承兑的商业汇票。账务处理提示:❶ 根据原始凭证编制记账凭证**(转14,附件3张)**,借记"应收票据"账户,贷记"主营业务收入""应交税费——应交增值税(销项税额)"账户。❷ 根据产品出库单登记"库存商品"明细分类账"发出"栏。❸ 根据记账凭证登记"应收票据——金华机械公司"明细分类账、"主营业务收入"明细分类账"A产品""B产品"专栏、"应交税费——应交增值税"明细分类账"销项税额"专栏。

　　**业务40**　**提现备用。25日,**开出现金支票,从银行提取现金备用。账务处理提示:参见业务7的有关账务处理提示。

　　**业务41**　**销售服务——销售费用。25日,**现金报销广告费和展销费。账务处理提示:❶ 编制记账凭证**(付21,附件3张)**,借记"销售费用""应交税费——应交增值税(进项税额)"账户,贷记"银行存款"账户。❷ 根据记账凭证登记"销售费用"明细分类账"广告费""展销费"专栏、"应交税费——应交增值税"明细分类账"进项税额"专栏和银行存款日记账。

业务42 **出差借现金**。25 日,鲍巩英出差填制"借款单"借款 6 000 元,经审核同意并以库存现金付讫。账务处理提示:❶ 编制记账凭证(付 22,附件 1 张),借记"其他应收款"账户,贷记"库存现金"账户。❷ 根据记账凭证登记"其他应收款——鲍巩英"明细分类账和现金日记账。

业务43 **预付购货定金**。27 日,通过银行预付郑州前进机械公司货款。账务处理提示:❶ 编制记账凭证(付 23,附件 2 张),借记"预付账款"账户,贷记"银行存款"账户。❷ 根据记账凭证登记"预付账款——前进机械公司"明细分类账和银行存款日记账。

业务44 **产成品入库**。27 日,车间交库完工产品并填制"产品入库单"。账务处理提示:参见业务 11 的有关账务处理提示。

业务45 **支付职工体检费**(销售服务—生活服务—教育医疗服务—医疗服务"营改增")。27 日,通过银行支付职工体检费,收到的增值税普通发票上注明:价款 60 000 元,税额 3 600 元,经审核无误同意付款。账务处理提示:❶ 根据规定,"用于集体福利或者个人消费的购进货物或者应税劳务"的进项税额不得从销项税额中抵扣。❷ 编制记账凭证(付 24,附件 3 张),按照价税合计金额,借记"应付职工薪酬"账户,贷记"银行存款"账户。❸ 根据记账凭证登记"应付职工薪酬——职工福利"明细分类账和银行存款日记账。

业务46 **对外销售材料**(钱货两清)。29 日,向西安红星汽车修理公司转让该公司急需的丁材料,材料已发出,收到对方签发的转账支票并送存银行。账务处理提示:❶ 根据原始凭证(收 8,附件 2 张),借记"银行存款"账户,贷记"其他业务收入""应交税费——应交增值税(销项税额)"账户。❷ 根据领料单登记"原材料——丁材料"明细分类账"发出数量"栏。❸ 根据记账凭证登记银行存款日记账、"其他业务收入"明细分类账"材料销售"专栏和应交税费——应交增值税"明细分类账"销项税额"专栏。

业务47 **冲销预付货款购进材料,实际结算金额与预付金额相等**。29 日,采用预付货款结算方式向武汉希望机械公司采购丁材料,运费由对方负担,实际结算金额等于预付金额。账务处理提示:❶ 编制记账凭证(转 15,附件 3 张),借记"原材料""应交税费——应交增值税"账户,贷记"预付账款"账户。❷ 根据收料单登记"原材料"明细分类账。❸ 根据记账凭证登记"应交税费——应交增值税"明细分类账"销项税额"专栏和"预付账款——希望机械公司"明细分类账。

业务48 **购进原材料,发票账单已到,经审核无误签发商业承兑汇票,材料在途**。31 日,向南京东方机械公司购进丙材料,发票账单已到,经审核无误同意签发商业承兑汇票,但材料尚未验收入库。账务处理提示:❶ 编制记账凭证(转 16,附件 3 张),借记"在途物资""应交税费——应交增值税(进项税额)"账户,贷记"银行存款"账户。❷ 根据记账凭证登记"在途物资——东方机械公司"明细分类账、"应交税费——应交增值税"明细分类账"进项税额"专栏和银行存款日记账。

业务49 **采用委托收款结算方式销售并办妥托收手续——应收账款**。31 日,采用委托收款结算方式向太原一方机械公司销售商品并由对方自提,商品已发出并于当日办妥托收手续。账务处理提示:❶ 编制记账凭证(转 17,附件 2 张),借记"应收账款"账户,贷记"主营业务收入""应交税费——应交增值税(销项税额)"账户。❷ 根据产品出库单登记"库存商品"明细分类账。❸ 根据记账凭证登记"应收账款——一方机械公司"明细分类账、"主营业务收入"明细分类账"A 产品""B 产品"专栏、"应交税费——应交增值税"明细分类账"进项税额"专栏。

**账务处理到业务 49 为止,应编制第二张科目汇总表(业务 25～49)。**

业务50 **材料费用的归集与分配**。31 日,按照月末一次加权平均法计算本月发出原材料的加权平均单价,汇总领料单后,编制发料凭证汇总表。账务处理提示:❶ 根据"原材料"明细分类账记录计算并编制原材料加权平均单位成本计算表。❷ 根据领料单和原材料加权平均单位成本填制发料凭证汇总表。❸ 根据发料凭证汇总表编制记账凭证(转 18,附件 2 张),借记"生产成本""制造费用""其他业务成本"账户,贷记"原材料"账户。❹ 根据记账凭证登记"生产成本"账户所属明细分类账(A 产品、B 产品)"直接材料"专栏、"制造费用""销售费用"明细分类账"材料费"专栏和"原材料"账户所属明细分类账"发出"栏的金额。❺ 对"原材料"明细分类账进行结账(包括月结、结转下年和划线封账,下同)。

业务 51　**工薪费用的分配与结转。** 31 日,根据考勤记录(略),分车间、部门和用途,编制应付工资费用结算汇总表,分配并结转工资费用;根据应付工资结算汇总表提供的工资总额,按照 14% 的比例计算并编制"职工福利费计提表",分配并结转职工福利费。**账务处理提示:**❶ 根据应付工资结算汇总表编制记账凭证(**转 19,附件 1 张**),借记"生产成本""制造费用""销售费用""管理费用"账户,贷记"应付职工薪酬"账户。❷ 根据职工福利费计提表编制分配并结转工薪费用的记账凭证(**转 20,附件 1 张**),借记"生产成本""制造费用""销售费用""管理费用"账户,贷记"应付职工薪酬"账户。❸ 根据记账凭证登记"生产成本"账户所属明细分类账(A 产品、B 产品)"直接人工"专栏、"制造费用""销售费用""管理费用"明细分类账"工薪费用"专栏和"应付职工薪酬——工资""应付职工薪酬——职工福利"明细分类账。❹ 对"应付职工薪酬"明细分类账进行结账。

业务 52　**分配并结转水费和电费。** 31 日,根据各部门用水、电量统计记录(略)和单价,编制水电费用计算分配表,并结转水费和电费。**账务处理提示:**❶ 编制记账凭证(**转 21,附件 1 张**),借记"制造费用""管理费用"账户,贷记"其他应付款"账户。❷ 根据记账凭证登记"制造费用""管理费用"明细分类账"水电费"专栏和"其他应付款"账户所属明细分类账(供水公司、供电公司)。❸ 对"其他应付款"账户所属明细分类账进行结账。

业务 53　**归集、分配并结转折旧费用。** 31 日,根据月初固定资产原值和确定的折旧率,计算并编制固定资产折旧计算表,计提并结转固定资产折旧费用。**账务处理提示:**❶ 编制记账凭证(**转 22,附件 1 张**),借记"制造费用""销售费用""管理费用"账户,贷记"累计折旧"账户。❷ 根据记账凭证登记"制造费用""销售费用""管理费用"明细分类账"折旧费"专栏。

业务 54　**归集、分配并结转制造费用。** 31 日,根据制造费用明细分类账所归集的费用总额(借方发生额),按照成本计算对象(各产品)生产工人工资的比例,计算并编制制造费用分配表,进行制造费用的分配与结转。**账务处理提示:**❶ 编制记账凭证(**转 23,附件 1 张**),借记"生产成本"账户,贷记"制造费用"账户。❷ 根据记账凭证登记"生产成本"账户所属明细分类账"制造费用"专栏和"制造费用"明细分类账各个专栏(用红字登记)。❸ 对"制造费用"明细分类账进行结账。

业务 55　**计算并结转完工产品成本。** 31 日,根据"生产成本"明细分类账所记录的生产费用总额,结合产品入库单提供的完工数量,分成本项目编制产品成本计算表,并结转完工产品成本。**账务处理提示:**❶ 根据产品成本计算表编制记账凭证(**转 24,附件 2 张**),借记"库存商品"账户,贷记"生产成本"账户。❷ 根据记账凭证登记"库存商品"账户所属明细分类账"收入"栏的金额、"生产成本"账户所属明细分类账的各个栏次(用红字登记)。❸ 对"生产成本"明细分类账进行结账。

业务 56　**采用月末一次加权平均法,计算并结转已销产品成本。** 31 日,根据"库存商品"明细分类账的期初结存(数量、金额)和本期收入(数量、金额),计算本月已销产品的加权平均单价,结合产品出库单提供的数量,编制主营业务成本计算表,并结转已销产品成本。**账务处理提示:**❶ 编制记账凭证(**转 25,附件 1 张**),借记"主营业务成本"账户,贷记"库存商品"账户。❷ 根据记账凭证登记"主营业务成本"明细分类账"A 产品""B 产品"专栏、"库存商品"账户所属明细分类账"发出"栏的金额。❸ 对"库存商品"明细分类账进行结账。

业务 57　**计算本月应交增值税,并转出未交增值税。** 31 日,根据"应交税费——应交增值税"明细分类账的有关专栏,计算并填制应纳增值税及转出未交增值税计算表,结转未交增值税。**账务处理提示:**❶ 编制记账凭证(**转 26,附件 1 张**),借记"应交税费——应交增值税"账户,贷记"应交税费——未交增值税"账户。❷ 根据记账凭证登记"应交税费——应交增值税"明细分类账"转出未交增值税"专栏、"应交税费——未交增值税"明细分类账。❸ 对"应交税费——应交增值税"明细分类账进行结账。

**业务 58　计算并结转应交城市维护建设税和教育费附加。** 31 日，根据本月应纳增值税额，按照法定税、费率计算本月应纳城市维护建设税和教育费附加，编制"应纳城市维护建设税及教育费附加计算表"，结转税金及附加。**账务处理提示：❶** 根据"应纳城市维护建设税和教育费附加计算表"，编制有关税费结转的记账凭证（**转 27，附件 1 张**），借记"税金及附加"账户，贷记"应交税费——应交城市维护建设税""应交税费——应交教育费附加"账户。**❷** 根据记账凭证登记"税金及附加"明细分类账和"应交税费"账户所属"应交城市维护建设税""应交教育费附加"明细分类账。**❸** 对"应交税费"账户所属"应交城市维护建设税""应交教育费附加"明细分类账进行结账，包括结转下年和划线封账。

**业务 59　年末计提坏账准备，确认信用减值损失。** 资产负债表日，进行应收款项减值测试，按照信用减值损失的历史数据，确定本年度应计提坏账准备比例为应收款项余额的 4%。31 日，经计算本年度应补提坏账准备 28 925 元并编制"**坏账准备计提表**"。有关数据及计算过程如下："坏账准备——应收账款"账户：**❶** 本月初有贷方余额 7 075 元，本月实际发生坏账 12 000 元，该账户为借方余额 4 925 元。**❷** 期末应收款项为 600 000 元（"应收账款——一方机械公司"账户借方余额 525 450 元、"预收账款——明远机械公司"账户借方余额 74 550 元），年末应有的坏账准备为 24 000 元（600 000×4%）。**❸** 本年年末应计提的坏账准备为 28 925 元（24 000＋4 925）。**账务处理要求：**根据原始凭证编制记账凭证（**转 28，附件 1 张**），借记"信用减值损失"账户，贷记"坏账准备"账户；根据记账凭证登记"信用减值损失"明细分类账"坏账准备"专栏和"坏账准备"明细分类账"应收账款"专栏。

**业务 60　计提本月短期借款利息。** 31 日，根据"短期借款"所属明细账的期初余额、期末余额和规定的借款利率，计算并填制本月"短期借款利息计提表"，结转本月利息费用。**账务处理提示：❶** 编制记账凭证（**转 29，附件 1 张**），借记"财务费用"账户，贷记"应付利息"账户。**❷** 根据记账凭证登记"财务费用"明细分类账"利息费用"专栏和"应付利息——工行西支"明细分类账。**❸** 对"财务费用""应付利息"明细分类账进行结账。

**业务 61　采用"账结法"结转损益类账户余额至"本年利润"账户。** 31 日，根据本月各收入类账户的贷方发生额和费用类账户的借方发生额，填制本月损益类账户发生额汇总表，结转损益类账户发生额至"本年利润"账户。**账务处理提示：❶** 根据各损益类账户结转前贷方发生额编制记账凭证（**转 30，附件 1 张**），借记"主营业务收入""其他业务收入""营业外收入"账户，贷记"本年利润"账户，并登记"本年利润"账户所属明细分类账的有关专栏。**❷** 根据各损益类账户结转前借方发生额编制记账凭证（**转 31，附件 0 张**），借记"本年利润"账户，贷记"主营业务成本""其他业务成本""税金及附加""销售费用""管理费用""财务费用""营业外支出"账户，并登记"本年利润"账户所属明细分类账的有关专栏。**❸** 以上各明细分类账的登记（除"本年利润"账户外）一律用红字登记。**❹** 对以上损益类账户（除"本年利润"账户外）的明细分类账进行结账。

**业务 62　按月预缴企业所得税。** 31 日，根据各损益类账户 12 月"本年累计"金额，编制"损益类账户全年累计发生额汇总表"，并根据该表填制"企业所得税按月预缴纳税申报表"（简易），计算并结转本月应补缴的所得税额；同时结转"所得税费用"账户至"本年利润"账户。**账务处理提示：❶** 编制记账凭证，借记"所得税费用"账户，贷记"应交税费"账户（**转 32，附件 2 张**）；同时，借记"本年利润"账户，贷记"所得税费用"账户（**转 33，附件 0 张**）。**❷** 根据记账凭证登记"应交税费——应交所得税""本年利润"明细分类账。**❸** 对"应交税费——应交所得税"明细分类账进行结账。

企业所得税
优惠政策
解读

**业务 63　利润分配。** 31 日，按照我国《公司法》的规定和董事会的决定提取法定盈余公积和向投资者分配利润。**账务处理提示：❶** 截至对本年利润进行分配前，"本年利润"账户为贷方余额 3 141 000 元（即净利润），按照我国《公司法》的规定和董事会的决定，并根据实收资本比例，编制"可供分配利润计算及利润分配表"。**❷** 编制记账凭证（**转 34，附件 1 张**），借记"利润分配"账户，贷记"盈余公积""应付股利"账户。❸ 根据记账凭证登记"利润分配"账户所属"提取法定盈余公积""应付股利"明细分类账、"盈余公积——法定盈余公积"明细分类账、"应付股利"账户所属各明细分类账(投资单位)。❹ 对"盈余公积""应付股利"账户所属明细分类账进行结账。

业务 64　计算并结转未分配利润。**31 日**,结转净利润和已分配利润,计算并结转未分配利润。账务处理提示:❶ 根据"本年利润""利润分配"账户的记录,编制"净利润和已分配利润结转计算表"。❷ 编制结转本年已实现净利润的记账凭证(**转 35,附件 1 张**)并登记有关明细分类账,借记"本年利润"账户,贷记"利润分配——未分配利润"账户。❸ 编制结转已分配利润的记账凭证(**转 36,附件 0 张**)并登记有关明细分类账,借记"利润分配——提取法定盈余公积""利润分配——应付股利"账户,贷记"利润分配——未分配利润"账户。❹ 对"本年利润""利润分配"账户所属各明细分类账进行结账。

**账务处理到业务 64 为止,应编制第三张科目汇总表(业务 50~64)。**

业务 65(见任务 7-1)　**月末,编制"总分类账户发生额及余额试算平衡表"。**账务处理提示:在对各总分类账户进行结账并核对无误的基础上,根据各总分类账簿的"本月合计"(或"月结")行金额,编制"总分类账户发生额及余额试算平衡表"。

业务 66(见任务 7-2)　**月末,编制资产负债表。**账务处理提示:❶"上年年末余额"根据上年年末资产负债表"期末余额"栏内所列各项目金额填列(略)。❷ 根据"总分类账户发生额及余额试算平衡表"(见任务 7-1)中的"期末余额"栏金额,参考有关明细分类账期末余额,填报资产负债表"期末余额"栏各项目金额。❸ 经过整理后的部分明细分类账期末余额如表 4-1 所示。

表 4-1
### 债权债务类明细分类账 12 月末余额表

| 总账账户 | 明细账户 | 借　方 | 贷　方 | 总账账户 | 明细账户 | 借　方 | 贷　方 | 总账账户 | 明细账户 | 借　方 | 贷　方 |
|---|---|---|---|---|---|---|---|---|---|---|---|
| 应收账款 | | 489 450 | | 预付账款 | | 77 000 | | | 新兴钢铁公司 | | 512 780 |
| | 一方机械公司 | 525 450 | | | 前进机械公司 | | 45 000 | 预收账款 | | | 264 050 |
| | 江南机械公司 | | 36 000 | | 希望重机公司 | 122 000 | | | 联华机械公司 | | 338 600 |
| 坏账准备 | 应收账款 | | 24 000 | 应付账款 | | | 512 780 | | 明远机械公司 | 74 550 | |

业务 67(见任务 7-3)　**月末,编制利润表。**账务处理提示:❶ 根据"总分类账户发生额及余额试算平衡表"(见任务 7-1)中的"本期发生额"栏金额,参考有关损益类明细分类账本期发生额(12 月份"月结"行),按照利润表列报的有关要求,填报利润表"本期金额"栏各项目金额。❷ 根据各损益类账户 12 月份的"本年累计"行金额,填列利润表"本期累计金额"栏各项目金额。❸ 在会计实务中,利润表"本期累计金额"栏各项目金额,是根据利润表"本期金额"栏各项目金额,分别加计利润表上期"本年累计金额"栏各项目金额进行填列。

# 项目 5　日常会计交易或事项的账务处理要求及其对应的原始凭证

## 任务 5-1　日常会计交易或事项的账务处理要求

　　日常会计交易或事项是指本月发生的除产品成本计算、期末会计事项和会计报表编制外的会计交易或事项。根据企业会计核算的基本岗位设置及职责，结合模拟实训企业采用科目汇总表核算形式的要求，日常会计交易或事项的账务处理流程和要求如下。

　　（1）**审核会计交易或事项（原始凭证）**。审核员（会计主管）接到外来或自制的原始凭证后：❶ 对其进行合法性、合规性、合理性审核并签署审核意见。❷ 将审核无误的原始凭证按照业务顺序和各个凭证撕成条状传递给制单会计。

　　（2）**编制记账凭证**。制单会计对经审核员审核无误的原始凭证：❶ 在空白记账凭证上编制会计分录，并在记账凭证的"制单"处签名或盖章（**提示**：领用材料和产成品入库业务，不编制记账凭证）。❷ 将原始凭证粘贴在已填制完成的记账凭证后面，并将其传递给审核员（会计主管）。❸ 编写记账凭证右上角的编号时，总号填写业务序号，分号按"收""付""转"三类顺序编写。

　　（3）**登记日记账**。出纳员接到审核员审核无误的收款凭证和付款凭证后：❶ 根据记账凭证逐日、逐笔登记现金日记账和银行存款日记账。❷ 在每一日最后一笔收、付款业务登记完毕后，按日进行本日合计并结出余额（**提示**：本书库存现金收、付款业务较少，可略去现金日记账"本日合计"这一步骤）。

　　（4）**登记明细分类账**。记账会计根据审核无误的记账凭证和有关原始凭证登记有关明细分类账：❶ "原材料"明细分类账的登记依据为<u>收料单</u>和<u>领料单</u>，"凭证字号"栏应填写"收""领"和右上角的编号。❷ "库存商品"明细分类账的登记依据为<u>产品入库单</u>和<u>产品出库单</u>，"凭证字号"栏应填写"入""出"和右上角的编号。❸ 其余明细分类账的登记依据为记账凭证，"凭证字号"栏应填写记账凭证右上角的编号（分号）。

　　（5）**编制科目汇总表并登记总分类账**。❶ 当每半月的日常会计交易或事项填制完记账凭证后，主管会计应对其记账凭证进行汇总并编制科目汇总表。❷ 记账会计根据科目汇总表登记总分类账。其中：凭证字号为"科汇1""科汇2"等；"摘要"栏应分别填写<u>上半月发生额</u>和<u>下半月发生额</u>字样。

会计记账
小写金额
书写规范

错账更正：
划线更正法

错账更正：
红字更正法
（一）

错账更正：
红字更正法
（二）

错账更正
补充登记法

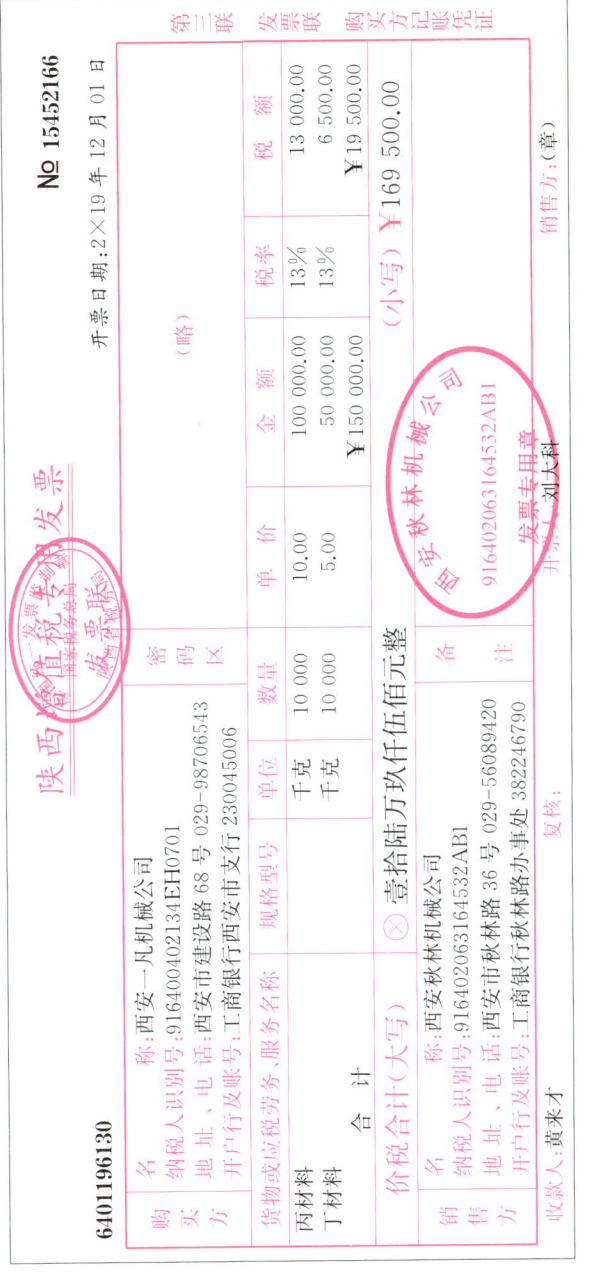

**任务 5-2  1～15日会计交易或事项的原始凭证**

---

**业务 1-4-1**

部门1:供销科

## 西安一凡机械公司  报账（付款）审批单

2×19 年 12 月 01 日

附单据 3 张

| 经手人 | 鲍彩购 | | 事　由 | 本市购进甲、乙材料 |
|---|---|---|---|---|
| 项目名称 | 金　额（元） | | 付款(结算)方式 | 备　注 |
| 材料采购 | 169 500.00 | | 转账支票 | |
| 合　计 | 169 500.00 | | 部门领导 | 出纳员 |
| 单位负责人审批 | 财务主管 | | | |

同意。 李一凡

王丹

同意。 尚亚轩

同意。 王丹

---

**业务 1-4-2**

6401196130

No 15452166

第三联　发票联　购买方记账凭证

**陕西增值税专用发票**

开票日期:2×19 年 12 月 01 日

| 购买方 | 名　称:西安一凡机械公司 |
|---|---|
| | 纳税人识别号:916404402134EH0701 |
| | 地　址、电话:西安市建设路 68 号 029-9870543 |
| | 开户行及账号:工商银行西安市支行 230045006 |

密码区 (略)

| 货物或应税劳务、服务名称 | 规格型号 | 单位 | 数量 | 单 价 | 金 额 | 税率 | 税 额 |
|---|---|---|---|---|---|---|---|
| 丙材料 | | 千克 | 10 000 | 10.00 | 100 000.00 | 13% | 13 000.00 |
| 丁材料 | | 千克 | 10 000 | 5.00 | 50 000.00 | 13% | 6 500.00 |
| 合　计 | | | | | ￥150 000.00 | | ￥19 500.00 |

价税合计(大写) ⊗壹拾陆万玖仟伍佰元整　(小写)￥169 500.00

| 销售方 | 名　称:西安秋林机械公司 |
|---|---|
| | 纳税人识别号:916402063164532AB1 |
| | 地　址、电话:西安市秋林路 36 号 029-56089420 |
| | 开户行及账号:工商银行秋林路办事处 382246790 |

备注

收款人:黄来才　　复核:　　开票人:刘大科

秋林机械公司发票专用章 916402063164532AB1

---

**业务 1-4-3**

供货单位:西安秋林钢铁公司

## 西安一凡机械公司  收料单

2×19 年 12 月 01 日

编号:111　仓库:原料库

| 材料类别 | 材料编号 | 名称及规格 | 计量单位 | 数　量 | | | 实际成本(元) | | | |
|---|---|---|---|---|---|---|---|---|---|---|
| | | | | 应收 | 实收 | 发票价格 | 采购费用 | 单价 | 合计 |
| (略) | | 丙材料 | 千克 | 10 000 | 10 000 | 100 000.00 | | 10.00 | 100 000.00 |
| | | 丁材料 | 千克 | 10 000 | 10 000 | 50 000.00 | | 5.00 | 50 000.00 |
| 合　计 | | | | | | 150 000.00 | | | 150 000.00 |

供销主管:尚亚轩　　保管员:王认真　　记账:高桂格　　制单:艾总丹

27

业务 1-4-4

中国工商银行 转账支票存根

支票号码 18203241

附加信息

出票日期 2×19 年 12 月 01 日
收款人：西安秋林机械公司
金 额：￥169 500.00
用 途：支付购料款

合计：

单位主管：　　　复核：李一凡　　　记账：高桂枝

财务专用章（章）

---

业务 2

西安一凡机械公司　　收料单

编号：112
仓库：原料库

2×19 年 12 月 01 日

供货单位：南京虹海金属公司

| 材料类别 | 材料编号 | 名称及规格 | 计量单位 | 数量 应收 | 数量 实收 | 发票价格 | 实际成本（元） 采购费用 | 实际成本（元） 合计 | 单价 |
|---|---|---|---|---|---|---|---|---|---|
| （略） | （略） | 甲材料 | 千克 | 10 000 | 10 000 | 110 500.00 | 1 500.00 | 112 000.00 | 11.20 |
| | | 乙材料 | 千克 | 15 000 | 15 000 | 118 000.00 | 2 000.00 | 120 000.00 | 8.00 |
| | 合 计 | | | | | 228 500.00 | 3 500.00 | 232 000.00 | |

记账：高桂格

供销主管：尚亚轩　　　保管员：王认真　　　制单：艾志丹

---

业务 3-3-1

陕西增值税专用发票

No 15452152

开票日期：2×19 年 12 月 01 日

第一联 记账联 销售方记账凭证

6402196130

| 购买方 | 名 称：西安永宏机械公司 纳税人识别号：91640020314956839A 地 址、电 话：西安市永安路 12 号 029-29670384 开户行及账号：工商银行永安路支行 230086005 | | | | | | |
|---|---|---|---|---|---|---|---|
| 密码区 | （略） | | | | | | |

| 货物或应税劳务、服务名称 | 规格型号 | 单位 | 数量 | 单 价 | 金 额 | 税率 | 税 额 |
|---|---|---|---|---|---|---|---|
| A 产品 | | 台 | 100 | 4 000.00 | 400 000.00 | 13% | 52 000.00 |
| B 产品 | | 台 | 100 | 2 200.00 | 220 000.00 | 13% | 28 600.00 |
| 合 计 | | | | | ￥620 000.00 | | ￥80 600.00 |

价税合计（大写）　⊗ 柒拾万零陆佰元整　（小写）￥700 600.00

| 销售方 | 名 称：西安一凡机械公司 纳税人识别号：91640040213 4EH0701 地 址、电 话：西安市建设路 68 号 029-9870 6543 开户行及账号：工商银行西安市支行 230045006 | | | | | | |
|---|---|---|---|---|---|---|---|
| 备注 | | | | | | | |

收款人：王进勇　　　复核：　　　开票人：刘富民　　　销售方：（章）

29

**业务 3-3-2**

## 西安一凡机械公司　产品出库单

购买方：西安永宏机械公司

2×19 年 12 月 01 日

仓库：成品库　编号：221

| 产品编号 | 产品名称 | 规格型号 | 计量单位 | 数量 应发 | 数量 实发 | 单位成本 | 金额 | 备注 |
|---|---|---|---|---|---|---|---|---|
| （略） | A产品 | （略） | 台 | 100 | 100 | | | |
| | B产品 | | 台 | 100 | 100 | | | |

供销主管：尚亚轩　　保管员：甄仔细　　记账：高挂格　　制单：严羌秋

财务联 二

---

**业务 3-3-3**

## ICBC 圆 中国工商银行　进账单　（收账通知）　3　№ 00371

2×19 年 12 月 01 日

| 出票人 | 全称 | 西安永宏机械公司 | 收款人 | 全称 | 西安一凡机械公司 |
|---|---|---|---|---|---|
| | 账号 | 230086005 | | 账号 | 230045006 |
| | 开户银行 | 工商银行永宏路办事处 | | 开户银行 | 工商银行西安市支行 |

| 金额 | 人民币（大写） | 柒拾万零陆佰元整 | 亿 千 百 十 万 千 百 十 元 角 分 |
|---|---|---|---|
| | | | ¥ 7 0 0 6 0 0 0 0 |

| 票据种类 | 转账支票 | 票据张数 | 1 |
|---|---|---|---|
| 票据号码 | 15025486 | | |

中国工商银行
西安市支行
2×19.12.01
转讫

复核　　记账

此联是收款人开户银行交给收款人的收账通知

收款人开户银行签章

---

**业务 4-3-1**

## 西安一凡机械公司　报账（付款）审批单

部门：办公室

2×19 年 12 月 03 日

| 经手人 | 焦吉华 | 事由 | 报销办公用品 |
|---|---|---|---|
| 项目名称 | 金额（元） | 付款（结算）方式 | 备注 |
| 办公费 | 7 458.00 | 库存现金 | 各车间、部门直接领用。 |
| 合计 | 7 458.00 | | |
| 单位负责人审批 | 财务主管 | | 出纳员 |
| 同意。 李一凡 | 同意。 王丹 | 同意。 赵婉茹 | 张理财 |

同意。
部门领导
同意。

附单据 2 张

## 办公用品领用表

2×19 年 12 月 03 日

金额单位:元

| 领用部门 | 复印纸 数量(箱) | 复印纸 金额 | 移动硬盘 数量(个) | 移动硬盘 金额 | 文件夹 数量(个) | 文件夹 金额 | 金额合计 | 签章 |
|---|---|---|---|---|---|---|---|---|
| 生产车间 | 1 | 80.00 | 1 | 400.00 | 1 | 20.00 | 500.00 | 蒋安全 |
| 专设销售机构 | 5 | 400.00 | 4 | 1 600.00 | 5 | 100.00 | 2 100.00 | 尚亚轩 |
| 企业管理部门 | 9 | 720.00 | 7 | 2 800.00 | 24 | 480.00 | 4 000.00 | 屈婉茹 |
| 合 计 | 15 | 1 200.00 | 12 | 4 800.00 | 30 | 600.00 | 6 600.00 | |

备注:

财务主管:王卉　制单:严完秋　记账:高桂格

---

6400196130

### 陕西增值税专用发票

第三联 发票联 购买方记账凭证

No 15453462

开票日期:2×19 年 12 月 03 日

| 购买方 | 名 称:西安一凡机械公司<br>纳税人识别号:91640040213AEH0701<br>地 址、电 话:西安市建设路 68 号　029-9870654 3<br>开户行及账号:工商银行西安市支行 23004 5006 | 密码区 | (略) |
|---|---|---|---|

| 货物或应税劳务、服务名称 | 规格型号 | 单位 | 数量 | 单 价 | 金 额 | 税率 | 税 额 |
|---|---|---|---|---|---|---|---|
| 复印纸 | | 箱 | 15 | 80.00 | 1 200.00 | 13% | 156.00 |
| 移动硬盘 | | 个 | 12 | 400.00 | 4 800.00 | 13% | 624.00 |
| 文件夹 | | 个 | 30 | 20.00 | 600.00 | 13% | 78.00 |
| 合 计 | | | | | ¥6 600.00 | | ¥858.00 |

价税合计(大写) ⊗柒仟肆佰伍拾捌元整　(小写)¥7 458.00

| 销售方 | 名 称:西安天苑文化用品公司<br>纳税人识别号:91640138241678 2150<br>地 址、电 话:西安市天苑路 28 号　029-71089420<br>开户行及账号:工商银行天苑路办事处 236390070 | 备注 | |
|---|---|---|---|

收款人:鄂大光　复核:　开票人:张清涵

---

## 西安一凡机械公司　领料单

2×19 年 12 月 03 日

领料单位:生产车间
领料用途:A 产品生产

编号:121
仓库:原料库

财务联 第二联

| 材料类别 | 材料编号 | 名称及规格 | 计量单位 | 数量 请领 | 数量 实发 | 单价 | 金额 |
|---|---|---|---|---|---|---|---|
| (略) | (略) | 甲材料 | 千克 | 7 000 | 7 000 | | |
| | | 乙材料 | 千克 | 7 500 | 7 500 | | |
| | | 丙材料 | 千克 | 7 000 | 7 000 | | |

车间主管:蒋安全　保管员:王认真　记账:高桂格　制单:文志丹

## 西安一凡机械公司　领料单

编号：122
仓库：原料库

领料单位：生产车间
领料用途：B产品生产

2×19年12月03日

| 材料类别 | 材料编号 | 名称及规格 | 计量单位 | 数量 请领 | 数量 实发 | 单价 | 金额 |
|---|---|---|---|---|---|---|---|
| （略） | （略） | 甲材料 | 千克 | 6 000 | 6 000 | | |
| | | 乙材料 | 千克 | 7 000 | 7 000 | | |
| | | 丁材料 | 千克 | 6 750 | 6 750 | | |

车间主管：蒋安全　保管员：王认真　记账：高桂格　制单：支志丹

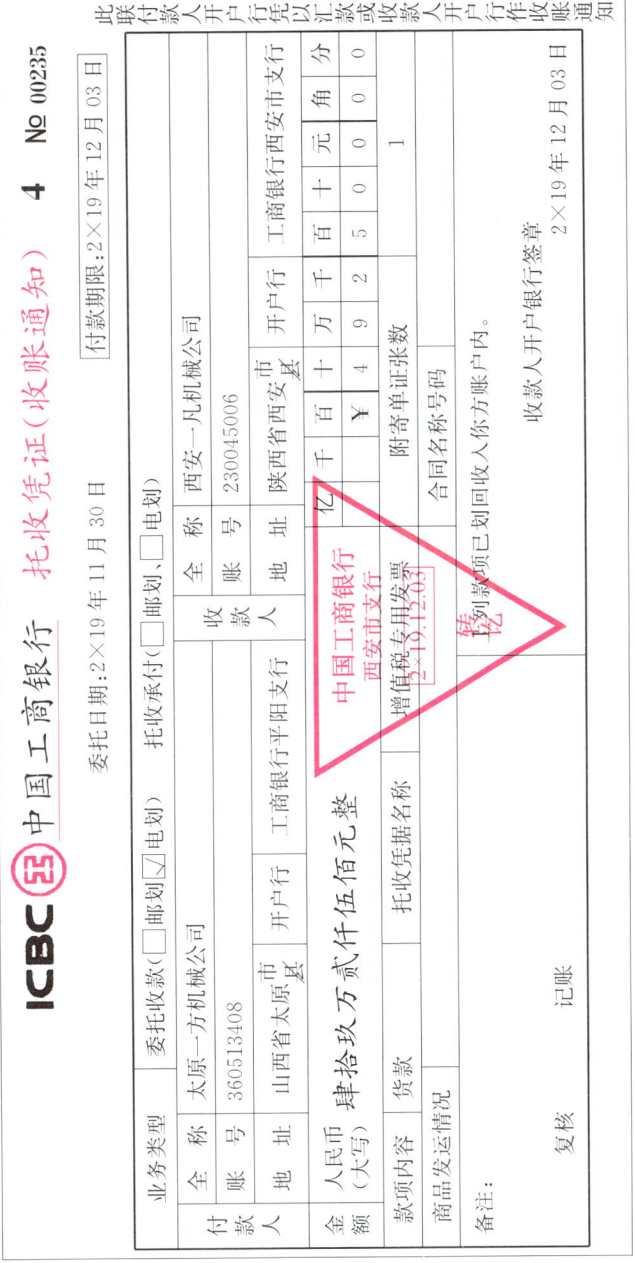

**ICBC 中国工商银行　托收凭证（收账通知）　4　№ 00235**

委托日期：2×19 年 11 月 30 日
付款期限：2×19 年 12 月 03 日

托收款（□邮划 ☑电划）　托收承付（□邮划，□电划）

| | | 委托收款 | | | | 收款人 | 全 称 | 西安一凡机械公司 |
|---|---|---|---|---|---|---|---|---|
| 付款人 | 全 称 | 太原一方机械公司 | | | | | 账 号 | 230045006 |
| | 账 号 | 360513408 | | | | | 地 址 | 陕西省西安市 开户行 工商银行西安市支行 |
| | 地 址 | 山西省太原县 开户行 工商银行平阳支行 | | | | | | |

| | 亿 | 千 | 百 | 十 | 万 | 千 | 百 | 十 | 元 | 角 | 分 |
|---|---|---|---|---|---|---|---|---|---|---|---|
| 金额 | | ￥ | 4 | 2 | 9 | 5 | 0 | 0 | 1 | 0 | 0 |

人民币（大写）肆拾贰万玖仟伍佰元整

| 款项内容 | 货款 | 托收凭据名称 | 增值税专用发票 |
|---|---|---|---|
| 商品发运情况 | | 附寄单证张数 | |
| 备注： | | 合同名称号码 | |

收款人开户银行签章
2×19 年 12 月 03 日

复核　　记账

此联付款人开户行凭以借记付款人账户或由汇款收款人开户行作收账通知

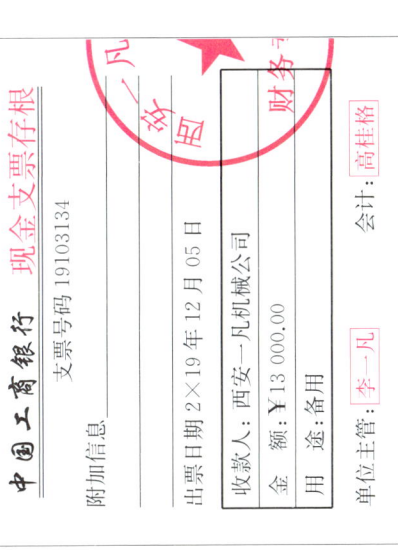

**中国工商银行　现金支票存根**

支票号码 19103134

附加信息

出票日期 2×19 年 12 月 05 日
收款人：西安一凡机械公司
金 额：￥13 000.00
用 途：备用

单位主管：李一凡　会计：高桂格

35

## 虹海市童莉食品公司　报账(付款)审批单

2×19 年 12 月 05 日

部门：供销科

| 经手人 | 艾雯春 | 项目名称 | 偿还前欠大钢公司货款 | | 事由 | 付款(结算)方式　银行电子转账 | 备注 |
|---|---|---|---|---|---|---|---|
| 应付账款 | | | 金　额(元) | | | 116 000.00 | |
| 合　计 | | | | | | 116 000.00 | |
| 单位负责人审批 | 李一凡 | | 财务主管 | 王丹 | 部门领导 | | 出纳员　张理财 |
| 同意。 | | | 同意。 | | 同意。 | | |

附单据 1 张

---

## 中国工商银行　电子转账凭证

委托日期:2×19 年 12 月 05 日　　凭证编号:0027856 1　　第一联　客户回单

币种:人民币

| 付款人 | 全称 | 西安一凡机械公司 | 收款人 | 全称 | 太原新兴钢铁公司 |
|---|---|---|---|---|---|
| | 账号 | 4500670089 | | 账号 | 4500517906 |
| | 汇出地点 | 西安市建设路 68 号 | | 地址 | 太原市五一路 136 号 |
| | 汇出行名称 | 工商银行西安市支行 | | 汇入行名称 | 工商银行钢城路办事处 |

| 金额 | 人民币(大写)　壹拾壹万陆仟元整 | 亿 | 千 | 百 | 十 | 万 | 千 | 百 | 十 | 元 | 角 | 分 |
|---|---|---|---|---|---|---|---|---|---|---|---|---|
| | | | | ¥ | 1 | 1 | 6 | 0 | 0 | 0 | 0 | 0 |

支付密码

根据中国工商银行虹海市童莉食品公司客户 120930 号电子命令，上述款项已由本行支付。

客户经办人:1562　　复核：　　记账：

附加信息及用途：偿还前欠大太原新兴钢铁公司货款。

银行盖章

中国工商银行
西安市支行
转讫
2×19.12.05

---

## 西安一凡机械公司　差旅费报销单

报销日期:2×19 年 12 月 07 日　参加新海市新产品展销会

| 姓名 | 启程日期及地点 | | | 到达日期及地点 | | | 交通工具 | 出差事由 金额 | 出差补助 | | 住宿费 | | 金额合计 |
|---|---|---|---|---|---|---|---|---|---|---|---|---|---|
| | 月 | 日 | 地点 | 月 | 日 | 地点 | | 金额 | 天 | 金额 | 价款 | 税额 | |
| 鲍凤英 | 12 | 01 | 西安 | 12 | 01 | 港城 | 飞机 | 1 685.00 | 5 | 900.00 | 2 000.00 | 120.00 | 4 705.00 |
| | 12 | 01 | 港城 | 12 | 05 | 新海 | 汽车 | 103.00 | | | | | 103.00 |
| | 12 | 05 | 新海 | 12 | 05 | 港城 | 火车 | 109.00 | | | | | 109.,00 |
| | 12 | 05 | 港城 | 12 | | 西安 | 飞机 | 1 685.00 | | | | | 1 685.00 |
| 合　计 | | | | | | | | 3 582.00 | | 900.00 | 2 000.00 | 120.00 | 6 602.00 |

实报金额：人民币(大写) 陆仟陆佰零贰元整　(小写)¥6 602.00

预借金额 3 000.00　应补金额 3 602.00　应退金额

出差人:艾雯春　财务主管:王丹　出纳:张理财

附单据 5 张

以下由财务部门填写

| 购进国内旅客运输服务票外 | 航空　铁路运输 | (1 635+1 635+109)÷(1+9%)×9%=279.00(元) |
|---|---|---|
| 应抵扣的进项税额计算 | 公路·水路等运输 | 103÷(1+3%)×3%=3.00(元) |

注:飞机票金额 1 685 元中,包含票价 1 635 元和民航发展基金(俗称机场建设费)50 元。

**3101194130**

上海增值税发票
发票联

No 50452188

第三联 发票联 购买方记账凭证

开票日期：2×19 年 12 月 05 日

| 购买方 | 名　称：西安一凡机械公司 |
| | 纳税人识别号：91640402134EH0701 |
| | 地址、电话：西安市建设路 68 号 029-98706543 |
| | 开户行及账号：工商银行西安市支行 230045006 |

| 货物或应税劳务、服务名称 | 规格型号 | 单位 | 数量 | 单　价 | 金　额 | 税率 | 税　额 |
|---|---|---|---|---|---|---|---|
| 住宿费 | | 天 | 4 | 500.00 | 2 000.00 | 6% | 120.00 |
| 合　计 | | | | | ￥2 000.00 | | ￥120.00 |

价税合计（大写）⊗ 贰仟壹佰贰拾元整　（小写）￥2 120.00

| 销售方 | 名　称：上海和平大酒店 |
| | 纳税人识别号：91310206425753206H |
| | 地址、电话：上海市申港大道 145 号 021-48020186 |
| | 开户行及账号：工商银行申港支行 003467968 |

收款人：黄锦秀　　复核：

（略）

密码区

销售方：(章)

上海和平大酒店
91310206425753206H
发票专用章

---

航空运输电子客票行程单
ITINERARY RECEIPT OF E-TICKET FOR AIR TRANSPORT

RECEIPT　INVALID IN HANDWRITING

付款凭证
手写无效

印刷序号：
SERIALNUMBER：　1097781868 1

| 旅客姓名 NAME OF PASSENGER | 鲍凤英 | 有效身份证件号码 ID NO. | 14010219690809022X | | | |
|---|---|---|---|---|---|---|
| 承运人 CARRIER | 海航 | 航班号 FLIGHT | 座位等级 CLASS | 日期 DATE | 时间 TIME | 客票级别/客票类别 FARE BASIS |
| 自 FROM 西安咸阳 | | | | | | |
| 至 TO 港龙 | 9C8977 | X | 2019-12-01 | 12:25 | Y |
| 至 TO VOID | | | | | |
| 至 TO VOID | | | | | |
| 至 TO VOID | | | | | |

ENDORSEMENTS RESTRICTIONS (CARBON)　背签

不得转签

| 票价 FARE | 机场建设费 | | 燃油附加费 FUEL SURCHARGE | 其他税费 OTHER TAXES | 客票级别/客票类别 FARE BASIS | 免费行李 ALLOW |
|---|---|---|---|---|---|---|
| | 机场建设费 AIRPORT TAX 50.00 | | | | | 15KG |
| | 验证码 CK. | | | | 合计 TOTAL CNY1685.00 CNY0 |
| | 1635.00 | | | 保险费 INSURANCE | |

电子客票号码 E-TICKET NO　1097781868

销售单位代号 AGENTCODE　1051/KSMICY/81868

填开单位 ISSUEDBY　98417

填开日期 DATE OF ISSUE　2×19-12-01

订票网址：WWW.TRAVELSKY.COM　服务热线：400-815-888　退改验证真伪：发送 JP 至 10669018

---

航空运输电子客票行程单
ITINERARY RECEIPT OF E-TICKET FOR AIR TRANSPORT

RECEIPT　INVALID IN HANDWRITING

付款凭证
手写无效

印刷序号：
SERIALNUMBER：　1097781868 1

| 旅客姓名 NAME OF PASSENGER | 鲍凤英 | 有效身份证件号码 ID NO. | 14010219690809022X | | | |
|---|---|---|---|---|---|---|
| 承运人 CARRIER | 海航 | 航班号 FLIGHT | 座位等级 CLASS | 日期 DATE | 时间 TIME | 客票级别/客票类别 FARE BASIS |
| 自 FROM 西安咸阳 | | | | | | |
| 至 TO 港龙 | 9C8977 | X | 2019-12-05 | 12:25 | Y |
| 至 TO VOID | | | | | |
| 至 TO VOID | | | | | |
| 至 TO VOID | | | | | |

ENDORSEMENTS RESTRICTIONS (CARBON)　背签

不得转签

| 票价 FARE | 机场建设费 | | 燃油附加费 FUEL SURCHARGE | 其他税费 OTHER TAXES | 客票级别/客票类别 FARE BASIS | 免费行李 ALLOW |
|---|---|---|---|---|---|---|
| | 机场建设费 AIRPORT TAX 50.00 | | | | | 15KG |
| | 验证码 CK. | | | | 合计 TOTAL CNY1685.00 CNY0 |
| | 1635.00 | | | 保险费 INSURANCE | |

电子客票号码 E-TICKET NO　1097781868

销售单位代号 AGENTCODE　1051/KSMICY/81868

填开单位 ISSUEDBY　98417

填开日期 DATE OF ISSUE　2×19-12-05

订票网址：WWW.TRAVELSKY.COM　服务热线：400-815-888　退改验证真伪：发送 JP 至 10669018

## D046474

新海 站 —→ 港城 站
XinHai　　　CangCheng

**D51**

2×19年12月05日 12:08开 06车03A号
¥109元　网　二等座
限乘当日当次车

1401021969****022X 鲍巩英

买票请到12306 发货请到195306
中国铁路祝您旅途愉快
5352200013012 7D046474
新海售

## 新海市旅客运输专用发票

81900233636430190516142　003-3731

发票代码 3102194130
发票号码 02336364
8190023383 64

| 给发地→目的地 | 票价(元) | 票种 | 班车类别 | 承运人 |
|---|---|---|---|---|
| 港城→新海 | 103.00 | 全 | 公营直快 | 新海客运 |
| 港城 | | | | 03-3731 |

| 乘车日期 | 港城站·检票口 | 开车时间 | 座号 | 车次 | 充单申报 |
|---|---|---|---|---|---|
| 2×19-12-01 | 南站北厅8号门 | 8:00 | 5 | HK5609 | 0人 |

备注：鲍巩英140102*******022X

购票网址：www.gjmhqji.com
监督电话：83402880

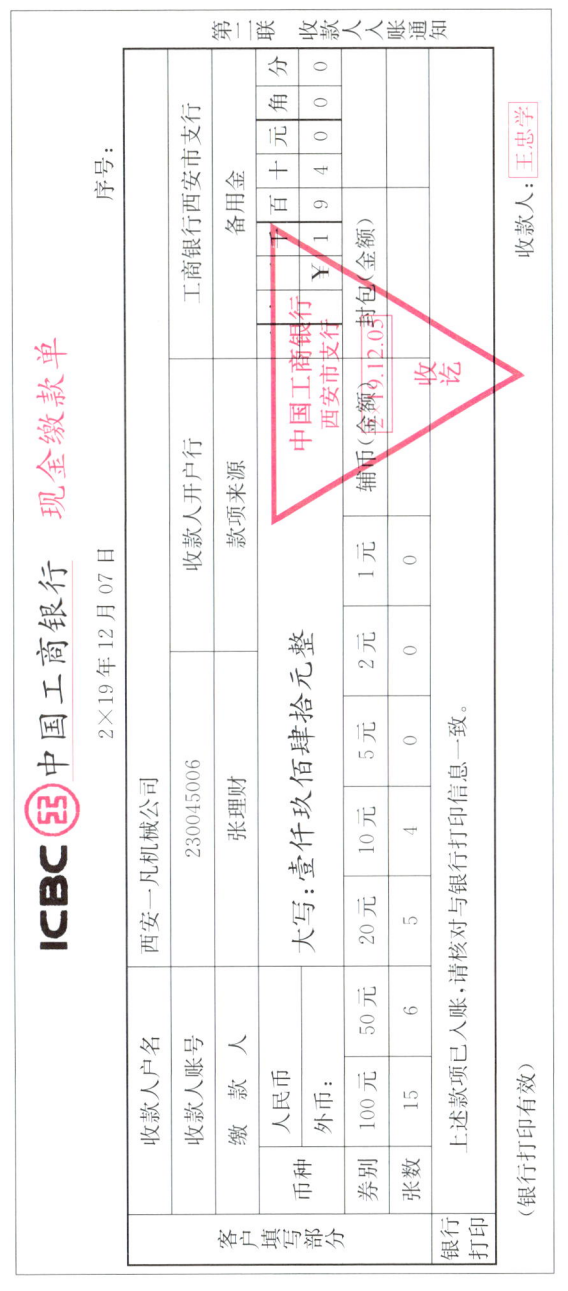

## 中国工商银行 现金缴款单

ICBC 🌀 中国工商银行

第二联 收款人账通知 收款人

序号：

2×19年12月07日

| 收款人户名 | 西安一凡机械公司 | | | | 收款人开户行 | 工商银行西安市支行 |
|---|---|---|---|---|---|---|
| 收款人账号 | 23004006 | | | | 款项来源 | |
| 缴款人 | 张理财 | | | | 备用金 | |

大写：壹仟玖佰肆拾元整

| 币种 | 人民币 | | | | | | | | | | | | | 千 | 百 | 十 | 元 | 角 | 分 |
| 外币 | | | | | | | | | | | | | | ¥ | 1 | 9 | 4 | 0 | 0 |

| 券别 | 100元 | 50元 | 20元 | 10元 | 5元 | 2元 | 1元 | 5角 | 2角 | 1角 | 5分 | 2分 | 1分 |
|---|---|---|---|---|---|---|---|---|---|---|---|---|---|
| 张数 | 15 | 6 | 5 | 4 | 0 | 0 | 0 | | | | | | |

辅币（金额）9,12.05

收讫 中国工商银行 西安市支行

收款人：王忠学

银行打印 上述款项已入账，请核对与银行打印信息一致。

（银行打印信息有效）

## 西安一凡机械公司 产品入库单

仓库：成品库

编号：211

2×19年12月07日

| 产品编号 | 规格 | 产品名称 | 计量单位 | 数量 | | | 单位成本 | 总成本 | 备注 |
|---|---|---|---|---|---|---|---|---|---|
| | | | | 送检 | 实检 | 实收 | | | |
| (略) | (略) | A产品 | 台 | 150 | 150 | | | | 完工入库 |
| | | B产品 | 台 | 200 | | 200 | | | |

交库单位：生产车间

车间主管：蒋安全　　保管员：甄仔细　　记账：高柱按　　制单：严范松

## 西安一凡机械公司　报账（付款）审批单

部门：财务部　　　　2×19 年 12 月 07 日　　发放工资

| 经手人 | 甄紫曦 | | |
| --- | --- | --- | --- |
| 项目名称 | 事由 | 付款（结算）方式 | 备注 |
| 应付职工薪酬 | 付款转账 | 银行转账 | 上月实发工资为340 000元，直接转入职工个人银行卡。 |
| 金　额（元） | 340 000.00 | 部门领导 | |
| 合计 | 340 000.00 | 财务主管　王丹 | 出纳员 |
| 单位负责人审批　李一凡 | | | 张理财 |

同意。　　　　同意。

附单据2张

## ICBC 中国工商银行　电子转账凭证

委托日期：2×19 年 12 月 07 日　　　凭证编号：0027561

第一联　客户回单

币种：人民币

| 付款人 | 全　称 | 西安一凡机械公司 | 收款人 | 全　称 | 批量代付 |
| --- | --- | --- | --- | --- | --- |
| | 账　号 | 230056006 | | 账　号 | 230045006 |
| | 汇出地点 | 西安市 | | 地　址 | 西安市 |
| 汇出行名称 | | 工商银行西安市支行 | 汇入行名称 | | 工商银行西安市支行 |

| 金额 | 人民币（大写）叁拾肆万元整 | 亿 | 千 | 百 | 十 | 万 | 千 | 百 | 十 | 元 | 角 | 分 |
| --- | --- | --- | --- | --- | --- | --- | --- | --- | --- | --- | --- | --- |
| | | | | ¥ | 3 | 4 | 0 | 0 | 0 | 0 | 0 | 0 |

附加信息及用途：职工工资。

支付密码

客户经办人：1562　　复核：　　记账：

中国工商银行 西安市支行　2×19.12.07　转讫

银行盖章

## 特色业务 中国工商银行批量代付成功清单

机构名称：工商银行西安市支行　　入账日期：2×19 年 12 月 07 日

机构代码：9164004021345607

| 客户账号 | 姓　名 | 金　额 |
| --- | --- | --- |
| 6220241000005160341 | （略） | （略） |
| 6220241000005160342 | （略） | |
| 6220241000005160343 | （略） | |
| 6220241000005160344 | （略） | |
| 6220241000005160345 | （略） | |
| …… | | |
| 合　计 | | ¥340 000.00 |

中国工商银行 西安市支行　2×19.12.07　转讫

43

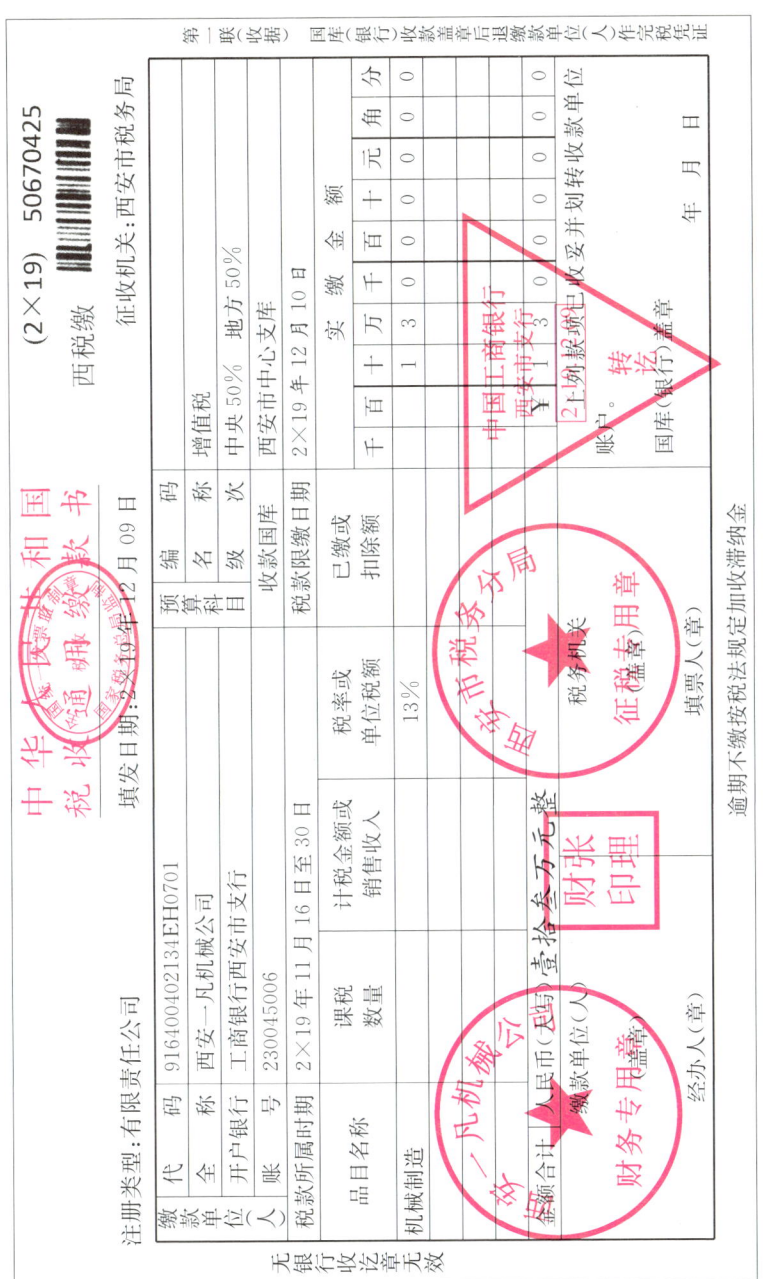

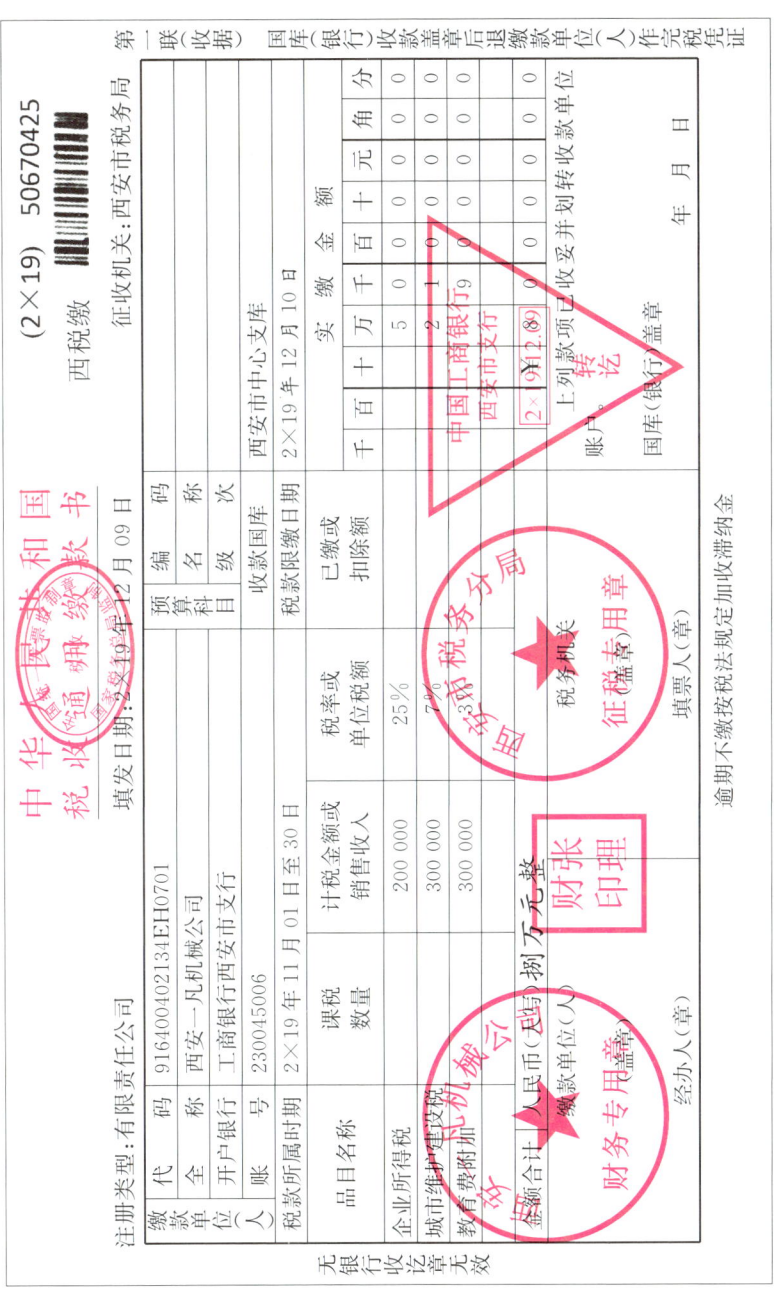

业务 13-2-1

业务 13-2-2

# 西安一凡机械公司　报账（付款）审批单

部门：供销科

2×19 年 12 月 09 日

| 经手人 | 鲍彩购 | 事　由 | 赊购太原永兴钢铁公司材料 |
| --- | --- | --- | --- |
| 项目名称 | 金　额（元） | 付款（结算）方式 | 备　注 |
| 材料采购 | 304 860.00 | 赊购 | 对方代垫运费，并写对方安下月付款。 |
| 合　计 | 304 860.00 | 部门领导 | 高亚轩 |
| 单位负责人审批 | 李一凡 | 财务主管 | 王丹 |
| 同意。 | | 同意。 | 出纳员 |

附购单据4张

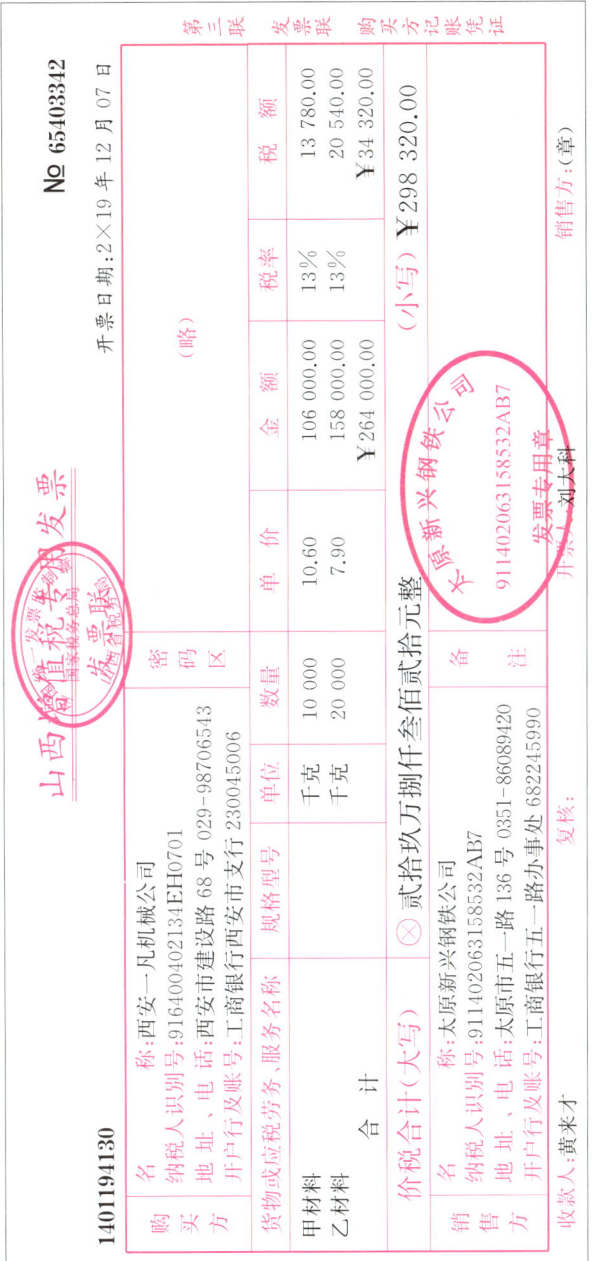

## 山西增值税专用发票

№ 65403342

开票日期：2×19 年 12 月 07 日

1401194130

| 购买方 | 名　称：西安一凡机械公司<br>纳税人识别号：91640040213 4EH0701<br>地　址、电　话：西安市建设路 68 号 029-98706543<br>开户行及账号：工商银行西安市支行 23004 5006 | | | | |
| --- | --- | --- | --- | --- | --- |
| 货物或应税劳务、服务名称 | 规格型号 | 单位 | 数量 | 单价 | 金　额 |
| 甲材料 | | 千克 | 10 000 | 10.60 | 106 000.00 |
| 乙材料 | | 千克 | 20 000 | 7.90 | 158 000.00 |
| 合　计 | | | | | ￥264 000.00 |

| 税率 | 税　额 |
| --- | --- |
| 13% | 13 780.00 |
| 13% | 20 540.00 |
| | ￥34 320.00 |

密码区（略）

价税合计（大写）⊗贰拾玖万捌仟叁佰贰拾元整 （小写）￥298 320.00

| 销售方 | 名　称：太原新兴钢铁公司<br>纳税人识别号：9114020631 58532AB7<br>地　址、电　话：太原市五一路 136 号 0351-86089420<br>开户行及账号：工商银行五一路办事处 682245990 |
| --- | --- |

太原新兴钢铁公司
91140206315 8532AB7
发票专用章

收款人：黄来才　　复核：　　开票人：刘大科

第三联 发票联 购买方记账凭证

## 材料运杂费分配表

材料来源：太原新兴钢铁公司

2×19 年 12 月 09 日

金额单位：元

| 材料编号 | 材料名称及规格 | 分配标准（千克） | 分配率 | 分配金额 |
| --- | --- | --- | --- | --- |
| （略） | 甲材料 | 10 000 | 0.20 | 2 000.00 |
| | 乙材料 | 20 000 | 0.20 | 4 000.00 |
| 合　计 | | 30 000 | 0.20 | 6 000.00 |

保管员：刘建涛　　记账：高桂格　　制单：严壳秋

47

业务 14-5-4

# 山西增值税专用发票

No 65102184

第三联 发票联 购买方记账凭证

开票日期：2×19 年 12 月 07 日

| 购买方 | 名称：西安一凡机械公司<br>纳税人识别号：91640040213EH0701<br>地址、电话：西安市建设路 68 号 029-98706543<br>开户行及账号：工商银行西安市支行 230045006 | 密码区 | （略） |
|---|---|---|---|

| 货物或应税劳务、服务名称 | 规格型号 | 单位 | 数量 | 单价 | 金额 | 税率 | 税额 |
|---|---|---|---|---|---|---|---|
| 运费 | | 吨千米 | 7 500 | 0.80 | 6 000.00 | 9% | 540.00 |
| 合计 | | | | | ¥6 000.00 | | ¥540.00 |

价税合计（大写）⊗ 陆仟伍佰肆拾元整　　（小写）¥6 540.00

| 销售方 | 名称：太原华茂物流公司<br>纳税人识别号：91140206264332AB4<br>地址、电话：太原市五一路 310 号 0351-86089115<br>开户行及账号：工商银行五一路办事处 682236771 | 备注 | |
|---|---|---|---|

收款人：周瑞发　　复核：　　开票人：刘能　　销售方：（章）

太原华茂物流公司 91140206264332AB4 发票专用章

1401194130

---

业务 14-5-5

# 西安一凡机械公司　收料单

2×19 年 12 月 09 日

编号：113　　仓库：原料库

供货单位：太原新兴钢铁公司

| 材料类别 | 材料编号 | 名称及规格 | 计量单位 | 数量 应收 | 数量 实收 | 实际成本（元）发票价格 | 实际成本（元）采购费用 | 实际成本（元）合计 | 单价 |
|---|---|---|---|---|---|---|---|---|---|
| （略） | | 甲材料 | 千克 | 10 000 | 10 000 | 106 000.00 | 2 000.00 | 108 000.00 | 10.80 |
| | | 乙材料 | 千克 | 20 000 | 20 000 | 158 000.00 | 4 000.00 | 162 000.00 | 8.10 |
| 合 计 | | | | | | 264 000.00 | 6 000.00 | 270 000.00 | |

保管员：王认真　　供销主管：尚亚军　　记账：记账　　价格：高桂枝　　制单：艾志丹

---

业务 15-3-1

# 西安一凡机械公司　报账（付款）审批单

2×19 年 12 月 09 日

部门：供销科

| 经手人 | 项目名称 | | 金额（元） | 事由 | 付款（结算）方式 | 备注 |
|---|---|---|---|---|---|---|
| | 产品销售 | | 700 600.00 | 冲销预收账款 款销售产品 | 付款（结算）方式 预收账款 | 上月已预收 719 200 元，货物由对方自提，余款留待下次结算。 |
| | 合 计 | | 700 600.00 | | | 附单据 1 张 |

鲍巩英

单位负责人审批：李一凡　　财务主管：王月　　部门领导：高亚年　　出纳员

同意。　　同意。　　同意。

49

# 西安一凡机械公司　产品出库单

财务联 二

仓库：成品库　　编号：222

2×19 年 12 月 09 日

购买方：上海联华机械公司

| 产品编号 | 产品名称 | 规格型号 | 计量单位 | 数量 | | 单位成本 | 金额 | 备注 |
|---|---|---|---|---|---|---|---|---|
| | | | | 应发 | 实发 | | | |
| （略） | A产品 | （略） | 台 | 100 | 100 | | | 对方自提货物。 |
| | B产品 | | 台 | 100 | 100 | | | |

供销主管：尚亚轩　　保管员：甄亚轩　　记账：高桂格　　制单：严宪秋

# 陕西增值税专用发票

此联不作报销、扣税凭证使用

No 15452153

6102197130

开票日期：2×19 年 12 月 09 日

**第一联 记账联 销售方记账凭证**

| 购买方 | 名　称：上海联华机械公司<br>纳税人识别号：913103203149546499<br>地　址、电话：上海市申港大道 72 号 021-28670066<br>开户行及账号：工商银行申港支行 980510104 | | 密码区 | （略） | | | |
|---|---|---|---|---|---|---|---|
| 货物或应税劳务、服务名称 | 规格型号 | 单位 | 数量 | 单价 | 金额 | 税率 | 税额 |
| A产品 | | 台 | 100 | 4 000.00 | 400 000.00 | 13% | 52 000.00 |
| B产品 | | 台 | 100 | 2 200.00 | 220 000.00 | 13% | 28 600.00 |
| 合　计 | | | | | ￥620 000.00 | | ￥80 600.00 |
| 价税合计（大写） | ⊗柒拾万零陆佰元整 | | | | （小写）￥700 600.00 | | |
| 销售方 | 名　称：西安一凡机械公司<br>纳税人识别号：91640402134EH0701<br>地　址、电话：西安市建设路 68 号 029-98706543<br>开户行及账号：工商银行西安市支行 230045006 | | | 备注 | | | |

收款人：王进勇　　复核：　　开票人：刘富民　　销售方：（章）

# 无法支付应付款项确认单

2×18 年 11 月入账的应付唐山华峰机械公司的货款 11 000 元，经当地工商管理部门确认，该公司已于 1 年前破产清算完毕。因此，该款项已无法支付，经公司董事会讨论决定，将该款项作为营业外收入处理。

财务经理：王丹

2×19 年 12 月 11 日

# ICBC 中国工商银行 托收凭证(付款通知) 5 № 00673

委托日期:2×19 年 12 月 08 日　　托收承付(□邮划、□电划)　　付款期限:2×19 年 12 月 11 日

业务类型　委托收款(☑邮划、□电划)

| | | |
|---|---|---|
| 付款人 | 全 称 | 西安一凡机械公司 |
| | 账 号 | 230045006 |
| | 地 址 | 陕西省西安市 □区 |

| | | |
|---|---|---|
| 收款人 | 全 称 | 南京东方机械公司 |
| | 账 号 | 22684595 4 |
| | 地 址 | 江苏省南京市 □县 开户行 工商银行中山路办事处 分行 |

| | | 千 | 百 | 十 | 万 | 千 | 百 | 十 | 元 | 角 | 分 |
|---|---|---|---|---|---|---|---|---|---|---|---|
| 金额 人民币(大写) 壹拾柒万肆仟元整 | | | | Y | 1 | 7 | 4 | 0 | 0 | 0 | 0 |

款项内容 货款　　商品发运情况

开户行 工商银行西市支行

商业承兑汇票

合同名称号码　附寄单证张数 1

转 2×19.12.11

付款人开户银行签章部...
西安市支行
2×19 年 12 月 11 日

备注:

记账　复核

此联为付款人开户银行给付款人按期付款的通知

付款人注意:
1. 根据支付结算办法,上列委托收款(托收承付)款项在付款期限内未提出拒付,即视为同意付款,以此代付款通知,应在规定付款期限内,将拒付理由书并附债务证明退交开户行。
2. 如需提出全部或部分拒付,应在规定付款期限内,将拒付理由书并附债务证明退交开户行。

---

# 西安一凡机械公司　报账(付款)审批单

2×19 年 12 月 11 日

部门:办公室

| 经手人 | 焦吉华 | 事由(结算方式) | 付款支票 转账支票 | 备 注 |
|---|---|---|---|---|
| 项目名称 | 金 额(元) | | | |
| 公益救济性捐赠 | 221 000.00 | | | |
| 合 计 | 221 000.00 | 部门领导 | 赵婉茹 | 张理财 |
| 单位负责人审批 | 李一凡 | 财务主管 | 王丹 | |
| 同意。 | | 同意。 | | |

---

# 西安市行政事业单位收款收据

收据代码 31000002
收据号码 3450280 0

2×19 年 12 月 11 日

单位或个人名称:西安一凡机械公司

| 项 目 | 单 位 | 数 量 | 收费标准 | | | 金 额 | | | | | | 备 注 |
|---|---|---|---|---|---|---|---|---|---|---|---|---|
| | | | | 百 | 十 | 万 | 千 | 百 | 十 | 元 | 角 | 分 |
| 抗洪救灾捐款 | | | | | 2 | 2 | 1 | 0 | 0 | 0 | 0 | 0 |
| 合计金额:人民币(大写)贰拾贰万壹仟元整 | | | | Y | 2 | 2 | 1 | 0 | 0 | 0 | 0 | 0 |

收款单位:(章)
西安市红十字会
市红十字会

开票人:赵大明

收款人:王爱红

② 收 据 联

业务 18-3-3

**中国工商银行　转账支票存根**

支票号码 19203242

附加信息

出票日期 2×19 年 12 月 11 日

收款人：西安市红十字会
金　额：￥221 000.00
用　途：捐赠抗洪救灾

单位主管　李一凡　　会计：高桂格

财务专用章 外图

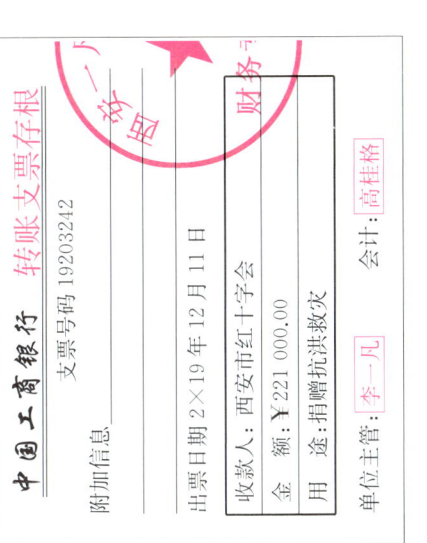

---

业务 19-4-1

**西安一凡机械公司　报账（付款）审批单**

部门：办公室　　　　　　　　　2×19 年 12 月 13 日　　　　　附单据 3 张

| 经手人 | 焦吉华 | 事　由 | 支付购买机床款 |
| --- | --- | --- | --- |
| 项目名称 | 金　额（元） | 付款（结算）方式 | 备　注 |
| 固定资产 | 234 588.00 | 委托收（付）款凭证 | 直接交付车间使用.运费由销货方负担。 |
| 合　计 | 234 588.00 | | |
| 单位负责人审批 李一凡 | 财务主管 王丹 | 部门领导 赵婉茹 | 出纳员 张理财 |
| 同意。 | 同意。 | 同意。 | |

---

业务 19-4-2

**No 49463860**

510219913O

开票日期：2×19 年 12 月 10 日

| 购买方 | 名　称：西安一凡机械公司<br>纳税人识别号：91640040213AEH0701<br>地　址、电　话：西安市建设路 68 号 029-9870654З<br>开户行及账号：工商银行西安市支行 23004500б | | 密码区 | （略） |
| --- | --- | --- | --- | --- |
| | 货物或应税劳务.服务名称 | 规格型号 | 单位 | 数量 | 单价 | 金　额 | 税率 | 税　额 |
| | 机床 | HT98 型 | 台 | 3 | 69 200.00 | 207 600.00 | 13% | 26 988.00 |
| | 合　计 | | | | | ￥207 600.00 | | ￥26 988.00 |
| 价税合计（大写）| ⊗ 贰拾叁万肆仟伍佰捌拾元整 | | | | （小写）￥234 588.00 |
| 销售方 | 名　称：广州重型机械公司<br>纳税人识别号：91510206316A532AB7<br>地　址、电　话：广州市江川路 69 号 020-56089420<br>开户行及账号：工商银行江川路办事处 382206981 | | 备注 | |

收款人：黄爱发　　复核：　　　　　开票人：杨若凡　　销售方：（章）

广东增值税专用发票

发票联

购买方记账凭证

第三联

广州重型机械公司发票专用章 91510206316A532AB7

## 固定资产交接（验收）单

2×19 年 12 月 13 日

| 编号 | 0512 | 名称 | 机床 | 规格 | | 型号 | HT98 型 | 计量单位 | 台 | 数量 | 5 | 建造单位 | 广州重型机械公司 | 备注 |
|---|---|---|---|---|---|---|---|---|---|---|---|---|---|---|
| 总价 | 207 600.00 | 买价 | 207 600.00 | 安装费 | | 运杂费 | | 包装费 | | 原值 | 207 600.00 | 预计年限 | 10 年 | 净残值率 5% |
| 用途 | 生产用 | | 生产用 | | | 使用部门 | 使用部门 | | | | | | 已提折旧 | |
| 验收意见 | | | 合格、交付使用 | | | | | | 验收人签章 | | 合格 | | | |

财务主管：王丹　　制单：艾志丹　　复核：陆新华　高桂格

---

## 中国工商银行　托收凭证（付款通知）5　№ 00312

委托日期：2×19 年 12 月 10 日　　托收承付（□邮划、□电划）　　付款期限：2×19 年 12 月 13 日

业务类型

| 付款人 | 全称 | 西安一凡机械公司 | | | | 收款人 | 全称 | 广州重型机械公司 |
|---|---|---|---|---|---|---|---|---|
| | 账号 | 23004500　6 | | | | | 账号 | 38220698　1 |
| | 地址 | 陕西省西安市 | | | | | 地址 | 广东省广州市　开户行 工商银行江山路办事处 |

| 人民币（大写） | 贰拾叁万肆仟伍佰捌拾无捌角无分 | 千 | 百 | 十 | 万 | 千 | 百 | 十 | 元 | 角 | 分 | 分 |
|---|---|---|---|---|---|---|---|---|---|---|---|---|
| 金额 | | | | Y | 2 | 3 | 4 | 5 | 8 | 8 | 0 | 0 | 1 |

| 款项内容 | 货款 | | 附寄单证张数 | |
| 商品发运情况 | | | 合同名称号码 | |
| | | 托收凭据名称 商业承兑汇票 | |
| | | 托收凭据张数 | |

付款人开户银行签章
2×19 年 12 月 13 日

西安市支行　转讫　2×19.12.13
工商银行西安支行

备注：
复核　　记账

付款人注意：
1. 根据支付结算办法，上列委托收款（托收承付）款项在付款期限内未提出拒付，即视为同意付款，以此代付款通知。
2. 如需提出全部或部分拒付，应在规定期限内，将拒付理由书并附债务证明送交开户银行。

此联为付款人按期给付款人的通知

---

## 西安一凡机械公司　领料单

二　财务联

编号：123
仓库：原料库

领料单位：生产车间
领料用途：A 产品生产

2×19 年 12 月 13 日

| 材料类别 | 材料编号 | 名称及规格 | 计量单位 | 数量 | | 单价 | 金额 |
|---|---|---|---|---|---|---|---|
| | | | | 请领 | 实发 | | |
| （略） | （略） | 甲材料 | 千克 | 7 000 | 7 000 | | |
| | | 乙材料 | 千克 | 7 500 | 7 500 | | |
| | | 丙材料 | 千克 | 7 000 | 7 000 | | |

车间主管：蒋安全　　保管员：王认真　　记账：高桂格　　制单：艾志丹

**业务 20-2-2**

## 西安一凡机械公司　领料单

领料单位：生产车间
领料用途：B产品生产

编号：124
仓库：原料库

2×19 年 12 月 13 日

| 材料类别 | 材料编号 | 名称及规格 | 计量单位 | 数量 请领 | 数量 实发 | 单价 | 金额 |
|---|---|---|---|---|---|---|---|
| （略） | （略） | 甲材料 | 千克 | 6 000 | 6 000 | | |
| | | 乙材料 | 千克 | 6 500 | 6 500 | | |
| | | 丁材料 | 千克 | 6 750 | 6 750 | | |

车间主管：王认真　　保管员：蒋安全　　记账：高桂格　　制单：艾忐丹

财务联（二）

---

**业务 21**

☑普通　□加急

## 中国建设银行　电汇凭证（收账通知）　4　№ 00472

委托日期：2×19 年 12 月 13 日

| 汇款人 | 全称 | 上海联华机械公司 | 收款人 | 全称 | 西安一凡机械公司 |
|---|---|---|---|---|---|
| | 账号 | 9805101 04 | | 账号 | 230045006 |
| | 汇出行名称 | 工商银行申港支行 | | 汇入行名称 | 工商银行西安市支行 |

| 金额 | 人民币（大写） 叁拾贰万元整 | 亿 千 百 十 万 千 百 十 元 角 分 |
|---|---|---|
| | | ￥ 3 2 0 0 0 0 0 0 0 |

中国工商银行西安市支行　2×19.12.13　转讫

支付密码

附加信息及用途：
预付购货定金。

此汇款已收入收款人账户。

汇入行签章
2×19 年 12 月 13 日

复核：　　记账：

此联给收款人的收账通知

---

**业务 22-3-1**

## 西安一凡机械公司　报账（付款）审批单

部门：办公室

2×19 年 12 月 13 日

| 经手人 | 焦吉华 | 金额（元） | | | 备注 |
|---|---|---|---|---|---|
| 项目名称 | | | | 付款（结算）方式 | |
| 房屋修理费 | 76 550.00 | | | 转账支票 | 支付车间及办公楼房屋修理费 |
| 合计 | 76 550.00 | | | | |
| 单位负责人审批 同意。 李一凡 | 部门领导 同意。 王丹 | 财务主管 同意。 赵婉茹 | | 出纳员 张理财 | |

附单据2张

---

**6402196130**

陕西增值税专用发票

No 15454019

第三联 发票联 购买方记账凭证

开票日期：2×19 年 12 月 13 日

密码区 （略）

| 购买方 | 名　　称：西安一凡机械公司<br>纳税人识别号：91640040402134EH0701<br>地　　址、电话：西安市建设路 68 号 029-98706543<br>开户行及账号：工商银行西安市支行 23004S006 |

| 货物或应税劳务、服务名称 | 规格型号 | 单位 | 数量 | 单价 | 金额 | 税率 | 税额 |
|---|---|---|---|---|---|---|---|
| 车间房屋修缮费 | | m² | 731 | 50.00 | 36 550.00 | 6% | 2 193.00 |
| 办公楼修缮费 | | m² | 800 | 50.00 | 40 000.00 | 6% | 2 400.00 |
| 合　计 | | | | | ￥76 550.00 | | ￥4 593.00 |

价税合计(大写) ⊗捌万壹仟壹佰肆拾叁元整 （小写）￥81 143.00

| 销售方 | 名　　称：西安市方正建筑公司<br>纳税人识别号：91640212784668S2100<br>地　　址、电话：西安市建设路 12 号 029-98569519<br>开户行及账号：工商银行西安市支行 23005I441 | 备<br>注 |

收款人：高晓东　　复核：　　开票人：高晓晖　　销售方：(章)

西安市方正建筑公司
91640212784668S2100
发票专用章

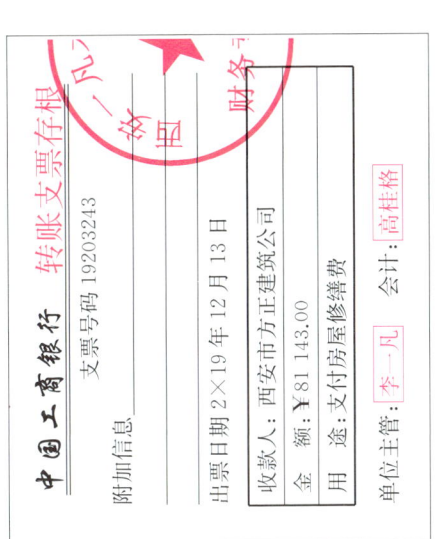

中国工商银行　转账支票存根

支票号码 1920S243

附加信息

出票日期 2×19 年 12 月 13 日
收款人：西安市方正建筑公司
金　额：￥81 143.00
用　途：支付房屋修缮费
单位主管：李一凡　　会计：高桂格

西安一凡机械公司　报账（付款）审批单

2×19 年 12 月 15 日

附单据 4 张

部门：供销科

| 经手人 | 鲍兆莫 | | 事　由 | 付款(结算)方式 | 备　注 |
|---|---|---|---|---|---|
| 项目名称 | 金　额(元) | | | 商业承兑汇票 | 合同规定运费由销货方负担。 |
| 产品销售 | 350 300.00 | 商业承兑汇票 | | 商业承兑汇票销售产品 | |
| 销售运费 | 2 725.00 | 转账支票 | | | |
| 合　计 | 353 025.00 | | | | |
| 单位负责人审批 | 同意。 | 财务主管 | 同意。 王 丹 | 部门领导 | 同意。 尚亚军 | 出纳员 | 张理财 |

同意。 李一凡

**业务 23-6-2**

## 西安一凡机械公司 产品出库单

仓库：成品库
编号：223

购买方：广州宏图机械公司 2×19 年 12 月 15 日

| 产品编号 | 规格型号 | 产品名称 | 计量单位 | 数量 应发 | 数量 实发 | 单位成本 | 金额 | 备注 |
|---|---|---|---|---|---|---|---|---|
| （略） | | A产品 | 台 | 50 | 50 | | | |
| | | B产品 | 台 | 50 | 50 | | | |
| 合计 | | | | | | | | |

供销主管：王进勇　保管员：尚亚轩　记账：高桂格　制单：严兑秋

---

**业务 23-6-3**

No 15452154

### 陕西增值税专用发票

此联不作报销、扣税凭证使用

开票日期：2×19 年 12 月 15 日

第一联 记账联 销售方记账凭证

6402196130

| 购买方 | 名　称：广州宏图机械公司<br>纳税人识别号：915101203149AB6380<br>地址、电话：广州市滨江路 72 号 020-37170060<br>开户行及账号：工商银行滨江支行 500510108 | | | 密码区 | （略） | | |
|---|---|---|---|---|---|---|---|

| 货物或应税劳务、服务名称 | 规格型号 | 单位 | 数量 | 单价 | 金额 | 税率 | 税额 |
|---|---|---|---|---|---|---|---|
| A产品 | | 台 | 50 | 4 000.00 | 200 000.00 | 13% | 26 000.00 |
| B产品 | | 台 | 50 | 2 200.00 | 110 000.00 | 13% | 14 300.00 |
| 合　计 | | | | | ¥310 000.00 | | ¥40 300.00 |

价税合计（大写）⊗叁拾伍万零叁佰元整　（小写）¥350 300.00

| 销售方 | 名　称：西安一凡机械公司<br>纳税人识别号：91640040213A EH0701<br>地址、电话：西安市建设路 68 号 029-98706543<br>开户行及账号：工商银行西安市支行 230045006 |
|---|---|

收款人：刘富民　复核：　开票人：刘富民　销售方：（章）

---

**业务 23-6-4**

No 00800392

### 商业承兑汇票 2

出票日期（大写）贰×壹玖年壹拾贰月壹拾伍日

| 付款人 | 全称 | 广州宏图机械公司 | 收款人 | 全称 | 西安一凡机械公司 |
|---|---|---|---|---|---|
| | 账号 | 500510108 | | 账号 | 230045006 |
| | 开户行 | 工商银行滨江支行 | | 开户行 | 工商银行西安市支行 |

| 出票金额（大写） | 人民币 叁拾伍万零叁佰元整 | 亿 | 千 | 百 | 十 | 万 | 千 | 百 | 十 | 元 | 角 | 分 |
|---|---|---|---|---|---|---|---|---|---|---|---|---|
| | | | ¥ | 3 | 5 | 0 | 3 | 0 | 0 | 0 | 0 | 0 |

汇票到期日（大写）贰×壹玖年壹拾贰月壹拾伍日

交易合同号码 38001486　行号

地址：广州市滨江路 268 号

本汇票已经承兑，到期无条件付款。　承兑人签章　承兑日期：2×19 年 12 月 15 日

本汇票请持票人于到期日付款。　出票人签章：

此联持票人开户行随付款回单寄给持票人开户行作付款传票附件

6401196130

陕西增值税专用发票

№ 15153900

开票日期：2×19 年 12 月 15 日

第三联 发票联 购买方记账凭证

| 购买方 | 名　称：西安一凡机械公司<br>纳税人识别号：9164004021341EH0701<br>地　址、电　话：西安市建设路 68 号 029-98706543<br>开户行及账号：工商银行西安市支行 230045006 |
| --- | --- |

| 货物或应税劳务、服务名称 | 规格型号 | 单位 | 数量 | 单价 | 金　额 | 税率 | 税　额 |
| --- | --- | --- | --- | --- | --- | --- | --- |
| 运费 | | 吨千米 | 3 125 | 0.80 | 2 500.00 | 9% | 225.00 |
| 合　计 | | | | | ¥2 500.00 | | ¥225.00 |

价税合计（大写）　⊗ 贰仟柒佰贰拾伍元整　（小写）¥2 725.00

| 销售方 | 名　称：西安市兴民物流公司<br>纳税人识别号：9164020631562I2AB6<br>地　址、电　话：西安市东大街 36 号 029-53089429<br>开户行及账号：工商银行东大街办事处 80224576O |
| --- | --- |

密码区：（略）

复核：　　收款人：张旺财　　销售方：（章）

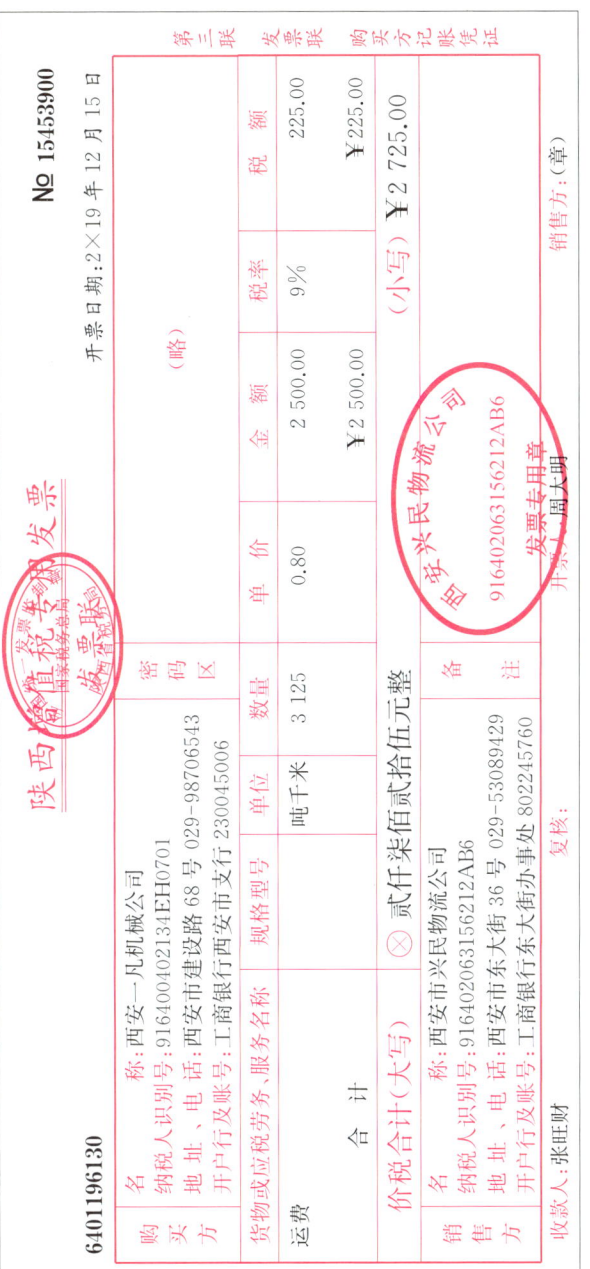

---

中国工商银行　转账支票存根

支票号码 19203244

附加信息

出票日期 2×19 年 12 月 15 日

收款人：西安市兴民物流公司

金　额：¥2 725.00

用　途：支票销售运费

单位主管　　　会计：高桂格

李一凡

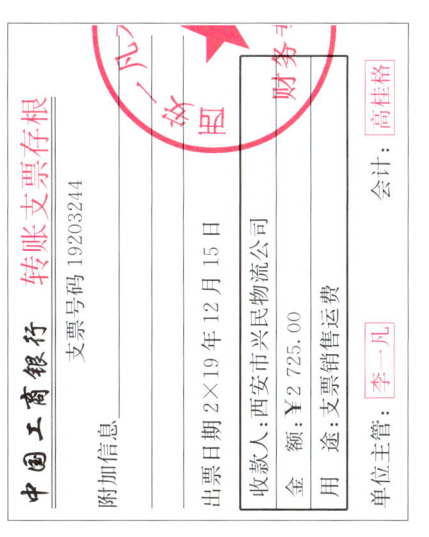

---

中国工商银行　现金支票存根

支票号码 19103135

附加信息

出票日期 2×19 年 12 月 15 日

收款人：西安晋源安装公司

金　额：¥6 540.00

用　途：支付安装费

单位主管　　　会计：高桂格

李一凡

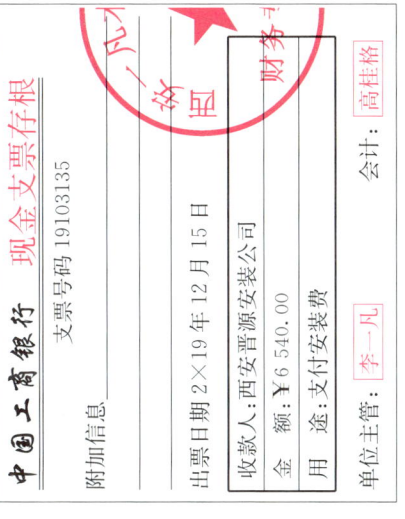

---

西安一凡机械公司　　报账（付款）审批单

2×19 年 12 月 15 日

部门：办公室

| 经手人 | 焦吉华 | | |
| --- | --- | --- | --- |
| 项目名称 | 金　额（元） | 付款（结算）方式 | 备　注 |
| 2 号生产线工程 | 6 540.00 | 转账支票 | 结算 2 号生产线安装费 |
| 合　计 | 6 540.00 | | |
| 单位负责人审批 | 财务主管 | 部门领导 | 出纳员 |
| 同意。<br>李一凡 | 同意。<br>王丹 | 同意。<br>赵婉茹 | 张理财 |

业务 24-4-3

6402196130

No 1548018

开票日期：2×19 年 12 月 15 日

| 购买方 | 名　称：西安一凡机械公司 |
| --- | --- |
| | 纳税人识别号：91640040213 4EH0701 |
| | 地　址、电话：西安市建设路 68 号 029-98706543 |
| | 开户行及账号：工商银行西安市支行 230045006 |

密码区：（略）

| 货物或应税劳务、服务名称 | 规格型号 | 单位 | 数量 | 单价 | 金额 | 税率 | 税额 |
| --- | --- | --- | --- | --- | --- | --- | --- |
| 安装费 | | | | | 6 000.00 | 9% | 540.00 |
| 合　计 | | | | | ￥6 000.00 | | ￥540.00 |

价税合计（大写）⊗ 陆仟伍佰肆拾元整　　（小写）￥6 540.00

| 销售方 | 名　称：西安晋源安装公司 |
| --- | --- |
| | 纳税人识别号：91640112784788 9310 |
| | 地　址、电话：西安市新建路 108 号 029-9856 9627 |
| | 开户行及账号：工商银行西安市支行 230051792 |

备注：

收款人：高高欢　　复核：　　开票人：张福康　　销售方：（章）

第三联 发票联 购买方记账凭证

---

业务 24-4-4

固 定 资 产 交 接（验 收）单

2×19 年 12 月 15 日

| 编号 | 名称 | 规格 | 型号 | 数量 | 计量单位 | 建造单位 | 备注 |
| --- | --- | --- | --- | --- | --- | --- | --- |
| 0512 | 机床 | | BN69 型 | 2 | 台 | 西安市重型机械厂 | |
| | 买价 | 安装费 | 运杂费 | 其他 | 包装费 | 原值 | 净残值率 |
| 总价 | 390 000.00 | 6 000.00 | | 50 000.00 | | 446 000.00 | 5% |
| | | | | | 生产车间 | 预计年限 | 10 年 |
| 用途 | 生产用 | | | | | 已提折旧 | |
| 验收意见 | 合格，交付使用 | | | 使用部门 | 使用 | | |

财务主管：王升　　制单：刘景明　　验收人签章：　　复核：陆新华

---

任务 5—3　16～31 日会计交易或事项的原始凭证

业务 25

西安一凡机械公司　产品入库单

2×19 年 12 月 17 日

交库单位：生产车间　　仓库：成品库　　编号：212

| 产品编号 | 产品名称 | 规格 | 计量单位 | 数量 | | 单位成本 | 总成本 | 备注 |
| --- | --- | --- | --- | --- | --- | --- | --- | --- |
| | | | | 送检 | 实收 | | | |
| （略） | A 产品 | （略） | 台 | 150 | 150 | | | 完工入库 |
| | B 产品 | | 台 | 150 | 150 | | | |

车间主管：蒋安全　　保管员：甄仔细　　记账：高桂格　　制单：严念秋

67

# 西安一凡机械公司　差旅费报销单

报销日期：2×19 年 12 月 17 日　　　　　　　　　　附件 3 张

姓名：艾笑寿

| 启程日期及地点 | | | 到达日期及地点 | | | 交通 | | 参加太原市新产品展销会 | | | | | |
|---|---|---|---|---|---|---|---|---|---|---|---|---|---|
| | | | | | | 工具 | 金额 | 出差事由 | 出差补助 | | 住宿费 | | 金额合计 |
| 月 | 日 | 地点 | 月 | 日 | 地点 | | | | 天 | 金额 | 价款 | 税额 | |
| 12 | 05 | 西安 | 12 | 05 | 太原 | 飞机 | 1 467.00 | | 5 | 900.00 | 1 500.00 | 90.00 | 3 957.00 |
| 12 | 09 | 太原 | 12 | 09 | 西安 | 飞机 | 1 467.00 | | | | | | 1 467.00 |
| 合计 | | | | | | | 2 934.00 | | | 900.00 | 1 500.00 | 90.00 | 5 424.00 |

实报金额（小写）¥5 424.00

人民币（大写）伍仟肆佰贰拾肆元整

| 预借金额 | 应补金额 | 应退金额 |
|---|---|---|
| 5 900.00 | | 476.00 |

以下由财务部门填写

购进国内旅客运输服务票外
应抵扣的进项税额计算　　　（1 417÷1 417）×（1＋9%）÷（1＋9%）＝234.00（元）

| 航空、铁路运输 | | 公路、水路等运输 |
|---|---|---|

实报金额：正丹

财务主管：高柱格　　记账：　　出差人：艾笑寿　　出纳：张理财

注：飞机票金额 1 467 元中，包含票价 1 417 元和民航发展基金（俗称机场建设费）50 元。

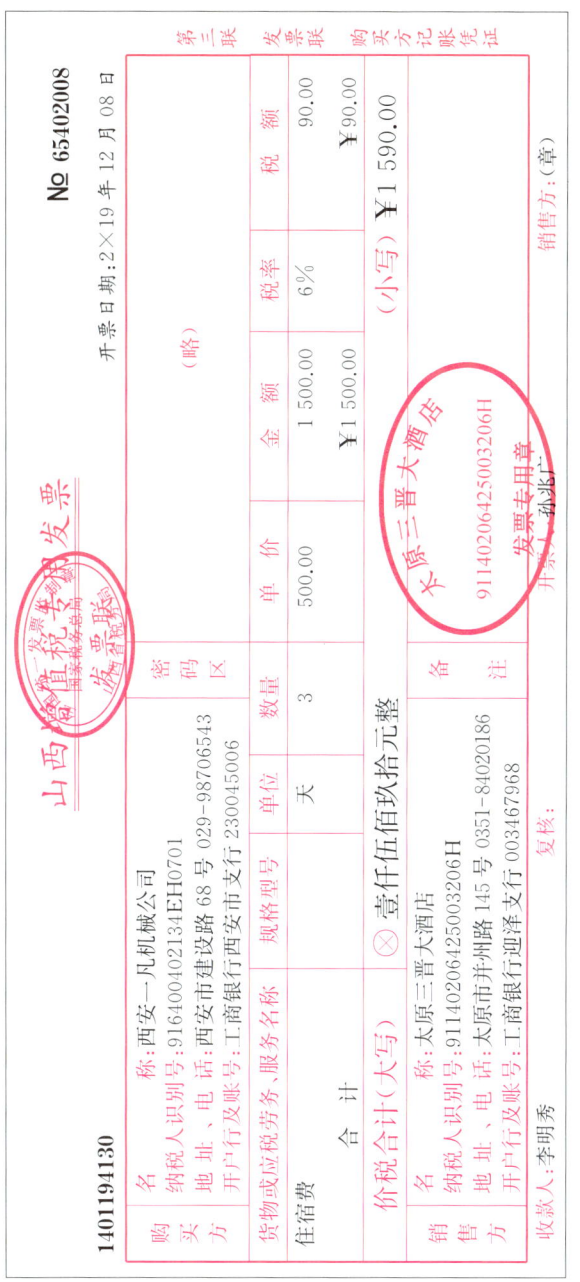

№ 6540 2008

山西增值税普通发票

开票日期：2×19 年 12 月 08 日

1401194130

| 购买方 | 名　　称：西安一凡机械公司 纳税人识别号：91640040213④EH0701 地址、电话：西安市建设路 68 号 029-98706543 开户行及账号：工商银行西安市支行 23004500⑥ |
| 密码区 | （略） |

| 货物或应税劳务、服务名称 | 规格型号 | 单位 | 数量 | 单价 | 金额 | 税率 | 税额 |
|---|---|---|---|---|---|---|---|
| 住宿费 | | 天 | 3 | 500.00 | 1 500.00 | 6% | 90.00 |
| 合　计 | | | | | ¥1 500.00 | | ¥90.00 |

价税合计（大写）⊗壹仟伍佰玖拾元整　（小写）¥1 590.00

| 销售方 | 名　　称：太原三晋大酒店 纳税人识别号：91140206425003206H 地址、电话：太原市并州路 145 号 0351-84020186 开户行及账号：工商银行迎泽支行 003467968 | 备注 |

收款人：李明秀　复核：　　开票人：孙沙广　　销售方（章）

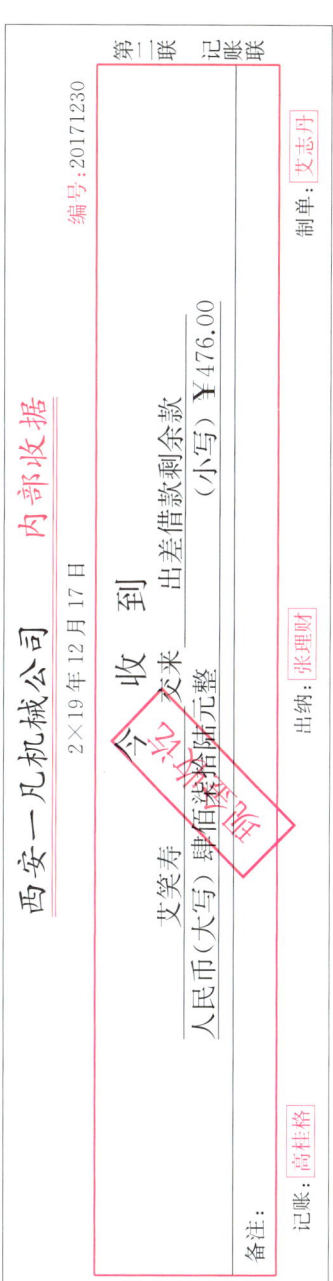

# 西安一凡机械公司　内部收据

编号：20171230

2×19 年 12 月 17 日

今收到：艾笑寿　出差借款剩余款

人民币（大写）肆佰柒拾陆元整　（小写）¥476.00

记账：　　　　制单：张理财

备注：

收款：艾志丹

业务 26-5-4

## 航空运输电子客票行程单
### ITINERARY/RECEIPT OF E-TICKET
### FOR AIR TRANSPORT

RECEIPT　　INVALID IN HANDWRITING

印刷序号：
SERIAL NUMBER: 1097781868 1

| 旅客姓名 NAME OF PASSENGER | 有效身份证件号码 ID NO | | | | | |
| --- | --- | --- | --- | --- | --- | --- |
| 艾爱君 | 330405198012272036 | | | | | |
| 承运人 CARRIER | 航班号 FLIGHT | 座位等级 CLASS | 日期 DATE | 时间 TIME | 客票生效日期 NOT VALID BEFORE | 免费行李 ALLOW |
| 海航 | 9C8977 | X | 2×19-12-05 | 12:25 | | 15KG |
| 自 FROM 西安咸阳 | | | | 客票级别/客票类别 FARE BASIS | 有效截至日期 NOT VALID AFTER | |
| 至 TO 太原武宿 VOID | | | | Y | | |
| 至 TO VOID | | | | | | |
| 至 TO VOID | | | | | | |
| 票价 FARE | | 机场建设费 AIRPORT TAX | 燃油附加费 FUEL SURCHARGE | 其他税费 OTHER TAXES | | |
| | 1417.00 | 50.00 | | | 合计 TOTAL | |
| 至 TO VOID | | | | | 保险费 INSURANCE | CNY1467.00 CNY0 |
| 电子客票号码 E-TICKET NO 1097781868 | | 验证码 CK | 不得转签 ENDORSEMENTS RESTRICTIONS (CARBON) | | | |
| 销售单位代号 AGENT CODE 1051/KSMICY/81868 | | 填开单位 ISSUED BY 98417 | 填开日期 DATE OF ISSUE 2×19-12-05 | | | |
| 验填网址：WWW.TRAVELSKY.COM | | 服务热线：400-815-888 | 提示信息：星城T1航站楼乘机 | 发送JP至10669018 | | |

请旅客乘机前认真阅读客票《旅客须知》及其运输的重要的运输总条件内容
The Important Notice and the general condition of carriage must be read before travelling

---

业务 26-5-5

## 航空运输电子客票行程单
### ITINERARY/RECEIPT OF E-TICKET
### FOR AIR TRANSPORT

RECEIPT　　INVALID IN HANDWRITING

印刷序号：
SERIAL NUMBER: 1097781868 1

| 旅客姓名 NAME OF PASSENGER | 有效身份证件号码 ID NO | | | | | |
| --- | --- | --- | --- | --- | --- | --- |
| 艾爱君 | 330405198012272036 | | | | | |
| 承运人 CARRIER | 航班号 FLIGHT | 座位等级 CLASS | 日期 DATE | 时间 TIME | 客票生效日期 NOT VALID BEFORE | 免费行李 ALLOW |
| 海航 | 9C8977 | X | 2×19-12-09 | 12:25 | | 15KG |
| 自 FROM 太原武宿 | | | | 客票级别/客票类别 FARE BASIS | 有效截至日期 NOT VALID AFTER | |
| 至 TO 西安咸阳 VOID | | | | Y | | |
| 至 TO VOID | | | | | | |
| 至 TO VOID | | | | | | |
| 票价 FARE | | 机场建设费 AIRPORT TAX | 燃油附加费 FUEL SURCHARGE | 其他税费 OTHER TAXES | | |
| | 1417.00 | 50.00 | | | 合计 TOTAL | |
| 至 TO VOID | | | | | 保险费 INSURANCE | CNY1467.00 CNY0 |
| 电子客票号码 E-TICKET NO 1097781868 | | 验证码 CK | 不得转签 ENDORSEMENTS RESTRICTIONS (CARBON) | | | |
| 销售单位代号 AGENT CODE 1051/KSMICY/81868 | | 填开单位 ISSUED BY 98417 | 填开日期 DATE OF ISSUE 2×19-12-09 | | | |
| 验填网址：WWW.TRAVELSKY.COM | | 服务热线：400-815-888 | 提示信息：星城T1航站楼乘机 | 发送JP至10669018 | | |

请旅客乘机前认真阅读客票《旅客须知》及其运输的重要的运输总条件内容
The Important Notice and the general condition of carriage must be read before travelling

---

业务 27

## 坏账损失确认单

2×16 年 9 月入账的应收达仁机械公司货款 12 000 元，经当地工商管理部门确认，该公司已于 1 年前破产倒闭。因此，该款项已无法收回，经公司董事会讨论决定，将该款项作为坏账损失处理。

制单：艾志君　　　财务经理：王丹

会计主管：王丹　　　复核：高佳格

2×19 年 12 月 17 日

71

## 中国工商银行 托收凭证（收账通知） 4 № 00931

委托日期：2×19 年 12 月 13 日　　托收承付（□邮划、□电划）　　付款期限：2×19 年 12 月 17 日

| 业务类型 | 全　称 | 委托收款（□邮划、☑电划） | | | | | | | | | | 此联付款人开户行凭以记账或付款给收款人开户行作收账通知 |
|---|---|---|---|---|---|---|---|---|---|---|---|---|
| 付款人 | 全　称 | 昆明金花机械公司 | 收款人 | 全　称 | 西安一凡机械公司 | | | | | | | |
| | 账　号 | 500510108 | | 账　号 | 230045006 | | | | | | | |
| | 地　址 | 云南省昆明市 | | 地　址 | 陕西省西安市 | | | | | | | |
| | 开户行 | 工商银行航空路支行 | | 开户行 | 工商银行西安市支行 | | | | | | | |

金额 人民币（大写）叁拾贰万元整

| | 亿 | 千 | 百 | 十 | 万 | 千 | 百 | 十 | 元 | 角 | 分 |
|---|---|---|---|---|---|---|---|---|---|---|---|
| | | | ¥ | 3 | 2 | 0 | 0 | 0 | 0 | 0 | 0 |

款项内容：货款　　附寄单证张数　1

商品发运情况：　　合同名称号码

备注：上列款项已划回收入你方账户内。

复核　　记账

商业承兑汇票　　收款人开户银行签章　2×19 年 12 月 17 日

托收凭据名称　中国工商银行航空路支行 2×19.12.17 转讫

第二联　作付款回单（无银行收讫章无效）

---

## 中国工商银行 电子缴税付款凭证

凭证字号：0256725 6　　转账日期：2×19 年 12 月 17 日

纳税人全称：西安一凡机械公司
付款人账号：230045006
付款人开户银行：工商银行西安市支行
小写（合计）金额：¥113 534.00
大写（合计）金额：人民币壹拾壹万叁仟伍佰叁拾肆元整

| 税费种名称 | 实缴金额 |
|---|---|
| 增值税 | 113 534.00 |
| 合　计 | ¥113 534.00 |

第一次打印

纳税人识别号：91640040 2134EH0701
征收机关名称：西安市国家税务局第三分局
收款国库名称（银行）名称：国家金库西安市支库
缴款书交易流水号：31136512
税票号码：1271591 9107 0216812
所属时期　2×19-12-01—2×19-12-15
打印时间：2×19-12-17

复核：李永胜　　记账：李明光

中国工商银行西安市支行 2×19.12.17 转讫

---

## 西安一凡机械公司 报账（付款）审批单

2×19 年 12 月 19 日

部门：供销科

| 经手人 | 鲍彩购 | 事　由（结算）方式 | 付款账款 | 备　注 |
|---|---|---|---|---|
| 项目名称 | 金　额（元） | | | |
| 材料采购 | 119 780.00 | 预付账款 | | 冲销预付货款购进丙材料 |
| 合　计 | 119 780.00 | | | 上月预付货款 74 780 元,不足款项暂欠,运费由对方负担。 |

单位负责人审批　李一凡　　财务主管　王月　　部门领导　尚亚轩
同意。　　　　　　同意。　　　　　　同意。

**河南增值税专用发票**　　No 21668729

第三联 发票联 购买方记账凭证

开票日期:2×19 年 12 月 17 日

4501195130

| 购买方 | 名称:西安一凡机械公司 |
|---|---|
| | 纳税人识别号:916400402134EH0701 |
| | 地址、电话:西安市建设路 68 号 029-9870543 |
| | 开户行及账号:工商银行西安市支行 230045006 |

| 货物或应税劳务、服务名称 | 规格型号 | 单位 | 数量 | 单价 | 金额 | 税率 | 税额 |
|---|---|---|---|---|---|---|---|
| 丙材料 | (略) | 千克 | 10 000 | 10.60 | 106 000.00 | 13% | 13 780.00 |
| 合计 | | | | | ¥106 000.00 | | ¥13 780.00 |

价税合计(大写) ⊗ 壹拾壹万玖仟柒佰捌拾元整　　(小写)¥119 780.00

| 销售方 | 名称:郑州前进机械公司 |
|---|---|
| | 纳税人识别号:91450206315853532AB7 |
| | 地址、电话:郑州市东昌路 136 号 0371-86089420 |
| | 开户行及账号:工商银行东昌路办事处 68224 5990 |

密码区

备注: 郑州前进机械公司 91450206315853532AB7 发票专用章

销售方:(章)

开票人:刘国锋

收款人:钱建国　　复核:

---

**西安一凡机械公司　收料单**

2×19 年 12 月 19 日

编号:114　仓库:原料库

供货单位:郑州前进机械公司

| 材料类别 | 材料编号 | 名称及规格 | 计量单位 | 数量 | | 实际成本(元) | | | 单价 |
|---|---|---|---|---|---|---|---|---|---|
| | | | | 应收 | 实收 | 发票价格 | 采购费用 | 合计 | |
| (略) | (略) | 丙材料 | 千克 | 10 000 | 10 000 | 106 000.00 | | 106 000.00 | 10.60 |
| 合计 | | | | | | | | | |

保管员:王认真　　记账:高佳格　　制单:发志丹

供销主管:尚亚轩

---

**西安一凡机械公司　报账(付款)审批单**

2×19 年 12 月 19 日

部门:供销科

附单据 2 张

经手人:鲍凤英

| 项目名称 | 金额(元) | 事由 | 结算方式 |
|---|---|---|---|
| 产品销售 | 350 300.00 | 冲销预收账款 | 付款(结算) |
| 代垫运费 | 2 180.00 | | |
| 合计 | 352 480.00 | | |

备注:冲销预收账款销售产品 上月预收 277 930 元,不足款项对方暂欠。

部门领导:王月　　财务主管:尚亚轩　　单位负责人审批:李一凡　　出纳员:

同意。　同意。　同意。

6402196130

## 陕西增值税专用发票

No 15452155

第一联 记账联 销售方记账凭证

开票日期：2×19 年 12 月 19 日

此联不作报销、扣税凭证使用

| 购买方 | 名 称：兰州明远机械公司<br>纳税人识别号：91620120311495463 85<br>地 址、电 话：兰州市圣贤路 72 号 0931-2867006 6<br>开户行及账号：工商银行圣贤支行 98051010 4 | 密码区 | （略） |
|---|---|---|---|

| 货物或应税劳务、服务名称 | 规格型号 | 单位 | 数量 | 单价 | 金额 | 税率 | 税额 |
|---|---|---|---|---|---|---|---|
| A产品 | | 台 | 50 | 4 000.00 | 200 000.00 | 13% | 26 000.00 |
| B产品 | | 台 | 50 | 2 200.00 | 110 000.00 | 13% | 14 300.00 |
| 合 计 | | | | | ￥310 000.00 | | ￥40 300.00 |

价税合计（大写） ⊗ 叁拾伍万零叁佰元整 （小写）￥350 300.00

| 销售方 | 名 称：西安一凡机械公司<br>纳税人识别号：91640402134EH0701<br>地 址、电 话：西安市建设路 68 号 029-9870654 3<br>开户行及账号：工商银行西安市支行 23004500 6 | 备注 | |
|---|---|---|---|

收款人：王进勇　　　复核：　　　开票人：刘富民　　　销售方：（章）

## 西安一凡机械公司 产品出库单

2×19 年 12 月 19 日

购买方：兰州明远机械公司　　仓库：成品库　　编号：224

| 产品编号 | 产品名称 | 规格型号 | 计量单位 | 数量 应发 | 数量 实发 | 单位成本 | 金额 |
|---|---|---|---|---|---|---|---|
| （略） | A产品 | （略） | 台 | 50 | 50 | | |
| | B产品 | | 台 | 50 | 50 | | |
| | | | | | | | |
| | | | | | | | |

供销主管：胡亚轩　　保管员：甄行细　　记账：高桂格　　制单：艾志丹

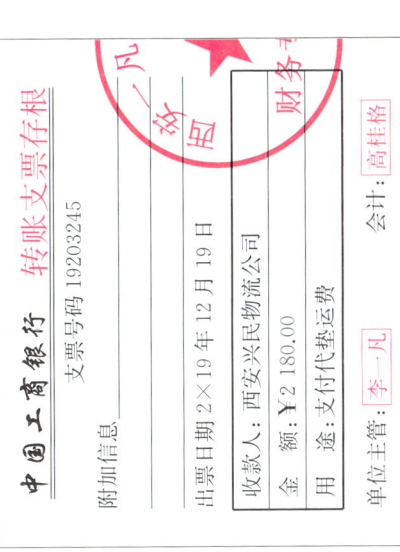

## 中国工商银行 转账支票存根

支票号码 19203245

附加信息

出票日期 2×19 年 12 月 19 日

收款人：西安兴民物流公司

金 额：￥ 2 180.00

用 途：支付代垫运费

单位主管：李一凡　　会计：高桂格

**业务 32-5-1**

## 西安一凡机械公司　　报账（付款）审批单

部门：供销科　　2×19 年 12 月 19 日

| 经手人 | 鲍凡英 | 事　由 | 购丁材料申请签发商业汇票 |
| --- | --- | --- | --- |
| 项目名称 | 材料采购 | 付款（结算）方式 商业承兑汇票 | 备　注 |
| 合　计 | 82 995.00 | | |
| 金　额（元） | 82 995.00 | 部门领导 | 同意。尚亚轩 |
| 单位负责人审批 | 财务主管 | | 出纳员 |
| 同意。 李一凡 | 同意。 王丹 | 同意。 | |

购丁材料采购

附单据 4 张

---

**业务 32-5-2**

3301199130

**浙江增值税专用发票**

发票联

购买方记账凭证　第三联

发票联

No 89452619

开票日期：2×19 年 12 月 17 日

| 购买方 | 名　　称：西安一凡机械公司<br>纳税人识别号：916400402134EH0701<br>地　　址、电　话：西安市建设路 68 号 029-98706543<br>开户行及账号：工商银行西安市雁宁230045006 | 密码区 | （略） |
| --- | --- | --- | --- |

| 货物或应税劳务、服务名称 | 规格型号 | 单位 | 数量 | 单价 | 金　额 | 税率 | 税　额 |
| --- | --- | --- | --- | --- | --- | --- | --- |
| 丁材料 | | 千克 | 15 000 | 4.80 | 72 000.00 | 13% | 9 360.00 |
| 合　计 | | | | | ￥72 000.00 | | ￥9 360.00 |

价税合计（大写）　⊗捌万壹仟叁佰陆拾元整　　（小写）￥81 360.00

| 销售方 | 名　　称：杭州大华机械公司<br>纳税人识别号：913302063158532AB7<br>地　　址、电　话：杭州市大华路 123 号 0571-86089120<br>开户行及账号：工商银行大华路办事处 682245990 | 备注 |
| --- | --- | --- |

收款人：吴梅花　　复核：　　开票人：刘莲花　　销售方：（章）

杭州大华机械公司
913302063158532AB7
发票专用章

---

**业务 32-5-3**

3301199130

**浙江增值税专用发票**

发票联

购买方记账凭证　第三联

发票联

No 89453642

开票日期：2×19 年 12 月 17 日

| 购买方 | 名　　称：西安一凡机械公司<br>纳税人识别号：916400402134EH0701<br>地　　址、电　话：西安市建设路 68 号 029-98706543<br>开户行及账号：工商银行西安市雁宁230045006 | 密码区 | （略） |
| --- | --- | --- | --- |

| 货物或应税劳务、服务名称 | 规格型号 | 单位 | 数量 | 单价 | 金　额 | 税率 | 税　额 |
| --- | --- | --- | --- | --- | --- | --- | --- |
| 运费 | | 吨干米 | 1 875 | 0.80 | 1 500.00 | 9% | 135.00 |
| 合　计 | | | | | ￥1 500.00 | | ￥135.00 |

价税合计（大写）　⊗壹仟陆佰叁拾伍元整　　（小写）￥1 635.00

| 销售方 | 名　　称：杭州华茂物流公司<br>纳税人识别号：913302062648332AB4<br>地　　址、电　话：杭州市希望路 310 号 0571-86089115<br>开户行及账号：工商银行希望路办事处 682236771 | 备注 |
| --- | --- | --- |

收款人：王明明　　复核：　　开票人：郭超仁　　销售方：（章）

杭州华茂物流公司
913302062648332AB4
发票专用章

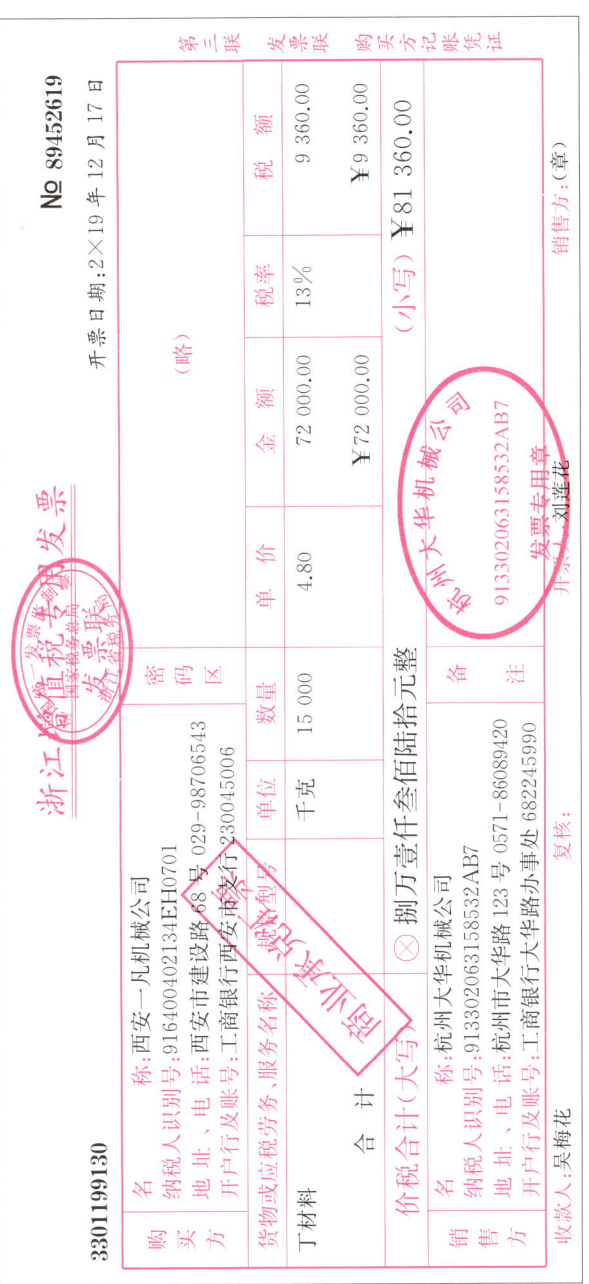

# 商业承兑汇票（卡片） 1

00800386

出票日期：贰×壹玖年壹拾贰月壹拾玖日
（大写）

| 付款人 | 全　称 | 西安一凡机械公司 | 收款人 | 全　称 | 杭州大华机械公司 |
|---|---|---|---|---|---|
| | 账　号 | 230045006 | | 账　号 | 682245990 |
| | 开户银行 | 工商银行西安市支行 | | 开户银行 | 工商银行大华路办事处 |

| 出票金额 | （大写）人民币 捌万贰仟玖佰伍拾元整 | 亿 | 千 | 百 | 十 | 万 | 千 | 百 | 十 | 元 | 角 | 分 |
|---|---|---|---|---|---|---|---|---|---|---|---|---|
| | | | | | ¥ | 8 | 2 | 9 | 5 | 0 | 0 |

| 汇票到期日（大写） | 贰×贰零年零陆月壹拾玖日 | 付款人开户行 | 行号 | 105603000606 |
|---|---|---|---|---|
| | | | 地址 | 西安市建设路180号 |

| 交易合同号码 | | 备注： |

此联由承兑人存查

出票人签章

（印章：西安一凡机械公司 财务专用章 李亚轩 贰×壹玖年壹拾贰月壹拾玖日 出票人签章 凡季印一）

## 西安一凡机械公司　收料单

编号：115

2×19 年 12 月 19 日

仓库：原料库

供货单位：杭州大华机械公司

| 材料类别 | 材料编号 | 名称及规格 | 数量 | | 计量单位 | 发票价格 | 实际成本（元） | | |
|---|---|---|---|---|---|---|---|---|---|
| | | | 应收 | 实收 | | | 采购费用 | 合计 | 单价 |
| （略） | （略） | 丁材料 | 15 000 | 15 000 | 千克 | 72 000.00 | 1 500.00 | 73 500.00 | 4.90 |
| 合　计 | | | | | | 72 000.00 | 1 500.00 | 73 500.00 | |

保管员：王认真　　记账：　　制单：艾志丹

供销主管：尚亚轩　　　　　　价格：高桂格

财务联

## 西安一凡机械公司　报账（付款）审批单

部门：供销科

2×19 年 12 月 21 日

附单据2张

| 经手人 | 鲍巩英 | 事　由 | 赊购大原新兴钢铁公司材料 |
|---|---|---|---|
| 项目名称 | | 付款（结算）方式 | |
| 材料采购 | 金额（元） 207 920.00 | 赊购 | 备　注 对方负担运费，并与对方商妥下月付款。 |
| 合　计 | 207 920.00 | 部门领导 尚亚轩 | |
| 单位负责人审批 李一凡 | 财务主管 王丹 | 出纳员 | |

同意。　　　　同意。　　　　同意。

## 业务 33-3-3 / 业务 34 2-1

### 发票一（No 65404421）

山西增值税专用发票

第三联 发票联 购买方记账凭证

开票日期：2×19 年 12 月 19 日

| 购买方 | 名称：西安一凡机械公司 纳税人识别号：916400402134EH0701 地址、电话：西安市建设路 68 号 029-98706543 开户行及账号：工商银行西安市支行 230045006 | | | | | | |
|---|---|---|---|---|---|---|

| 货物或应税劳务、服务名称 | 规格型号 | 单位 | 数量 | 单价 | 金额 | 税率 | 税额 |
|---|---|---|---|---|---|---|---|
| 甲材料 | | 千克 | 10 000 | 10.40 | 104 000.00 | 13% | 13 520.00 |
| 乙材料 | | 千克 | 10 000 | 8.00 | 80 000.00 | 13% | 10 400.00 |
| 合计 | | | | | ¥184 000.00 | | ¥23 920.00 |

价税合计（大写）⊗ 贰拾万柒仟玖佰贰拾元整 （小写）¥207 920.00

| 销售方 | 名称：太原新兴钢铁公司 纳税人识别号：91140206315 05327AB 地址、电话：太原市五一路 136 号 0351-86089420 开户行及账号：工商银行五一路办事处 00224 5420 |
|---|---|

收款人：黄来才 复核： 开票人：刘大科 销售方：（章）

1401194130

---

### 收料单

西安一凡机械公司 收料单

编号：116 仓库：原料库

2×19 年 12 月 21 日

供货单位：太原新兴钢铁公司

| 材料类别 | 材料编号 | 名称及规格 | 计量单位 | 数量 | | 实际成本（元） | | |
|---|---|---|---|---|---|---|---|---|
| | | | | 应收 | 实收 | 发票价格 | 采购费用 | 合计 |
| （略） | （略） | 甲材料 | 千克 | 10 000 | 10 000 | 104 000.00 | | 104 000.00 |
| | | 乙材料 | 千克 | 10 000 | 10 000 | 80 000.00 | | 80 000.00 |
| | | 合计 | | | | 184 000.00 | | 184 000.00 |

保管员：王认真 记账： 制单：艾志丹

---

### 发票二（No 15453978）

陕西增值税专用发票

第三联 发票联 购买方记账凭证

开票日期：2×19 年 12 月 19 日

| 购买方 | 名称：西安一凡机械公司 纳税人识别号：916400402134EH0701 地址、电话：西安市建设路 68 号 029-98706543 开户行及账号：工商银行西安市支行 230045006 |
|---|---|

| 货物或应税劳务、服务名称 | 规格型号 | 单位 | 数量 | 单价 | 金额 | 税率 | 税额 |
|---|---|---|---|---|---|---|---|
| 水费 | | m³ | 2 000 | 5.00 | 10 000.00 | 9% | 900.00 |
| 合计 | | | | | ¥10 000.00 | | ¥900.00 |

价税合计（大写）⊗ 壹万零玖佰元整 （小写）¥10 900.00

| 销售方 | 名称：西安市自来水公司 纳税人识别号：91640606352AW23201 地址、电话：西安市临港路 185 号 029-98024626 开户行及账号：工商银行三环路办事处 384567790 |
|---|---|

收款人：吴梅花 复核： 开票人：高永康 销售方：（章）

6401196130

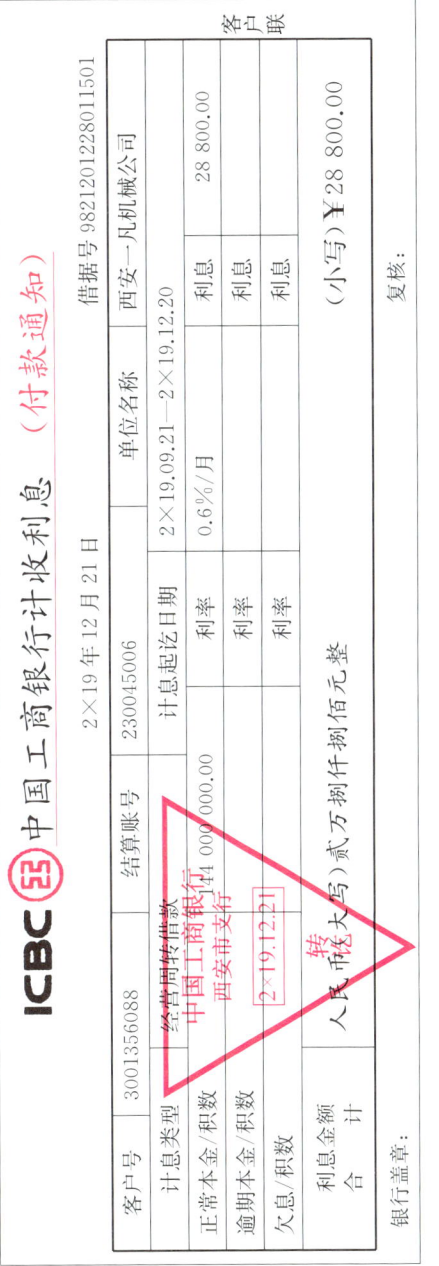

业务 34-2-2

**中国工商银行 同城特约托收凭证（付款通知） 5**

流水号:00218542

委托日期:2×19 年 12 月 21 日

此联交付款人作付款通知

| 付款人 | 全称 | 西安一凡机械公司 | 收款人 | 全称 | 西安市供水公司 |
|---|---|---|---|---|---|
| | 账号或地址 | 230045006 | | 账号或地址 | 384567790 |
| | 开户行 | 工商银行西安市支行 | | 开户行 | 工商银行三环路办事处 |

| 委收金额（大写） | 人民币 壹万零玖佰元整 | 亿 千 百 十 万 千 百 十 元 角 分 |
|---|---|---|
| | | ¥ 1 0 9 0 0 0 0 |

增值税专用发票  单证张数 1

托收凭据名称：水费  托收凭据张数

付款人开户银行收到日期：2×19.12.21

记账 复核

合同号 2×19.12.21 转讫

中国工商银行 西安市支行 2×19.12.21

付款人开户银行签章

备注：

付款人注意：
1.上列款项为"见票即付"。
2.上列款项如有误，请与收款单位协商解决。

---

业务 35-2-1

**中国工商银行计收利息 （付款通知）**

借据号 9821201228011501

2×19 年 12 月 21 日

| 客户号 | 3001356088 | 结算账号 | 230045006 | 计息起讫日期 | 2×19.09.21—2×19.12.20 |
|---|---|---|---|---|---|
| 计息类型 | 经营周转借款 | | | 利率 | 0.6%/月 | 利息 | 28 800.00 |
| 正常本金/积数 | 4 000 000.00 | | | 利率 | | 利息 | |
| 逾期本金/积数 | | | | 利率 | | 利息 | |
| 欠息/积数 | | | | | | | |
| 利息金额合计 | 人民币（大写）贰万捌仟捌佰元整 | | | | | （小写）¥28 800.00 |

中国工商银行 西安市支行 2×19.12.21 转

银行盖章  复核：

客户联

---

业务 35-2-2

**中国工商银行计付存款利息单 （收账通知）**

2×19 年 12 月 21 日

| 客户号 | 3001356088 | 结算账号 | 230045006 | 计息起讫日期 | 2×19.09.21—2×19.12.20 |
|---|---|---|---|---|---|
| 计息类型 | 活期存款 | | | 利率 | 0.36%/年 | 利息 | 2 125.00 |
| 正常本金/积数 | 25 000 000.00 | | | 利率 | | 利息 | |
| 逾期本金/积数 | | | | 利率 | | 利息 | |
| 欠息/积数 | | | | | | | |
| 利息金额合计 | 人民币（大写）贰仟壹佰贰拾伍元整 | | | | | （小写）¥2 125.00 |

中国工商银行 西安市支行 2×19.12.21 转

银行盖章  复核：

客户联

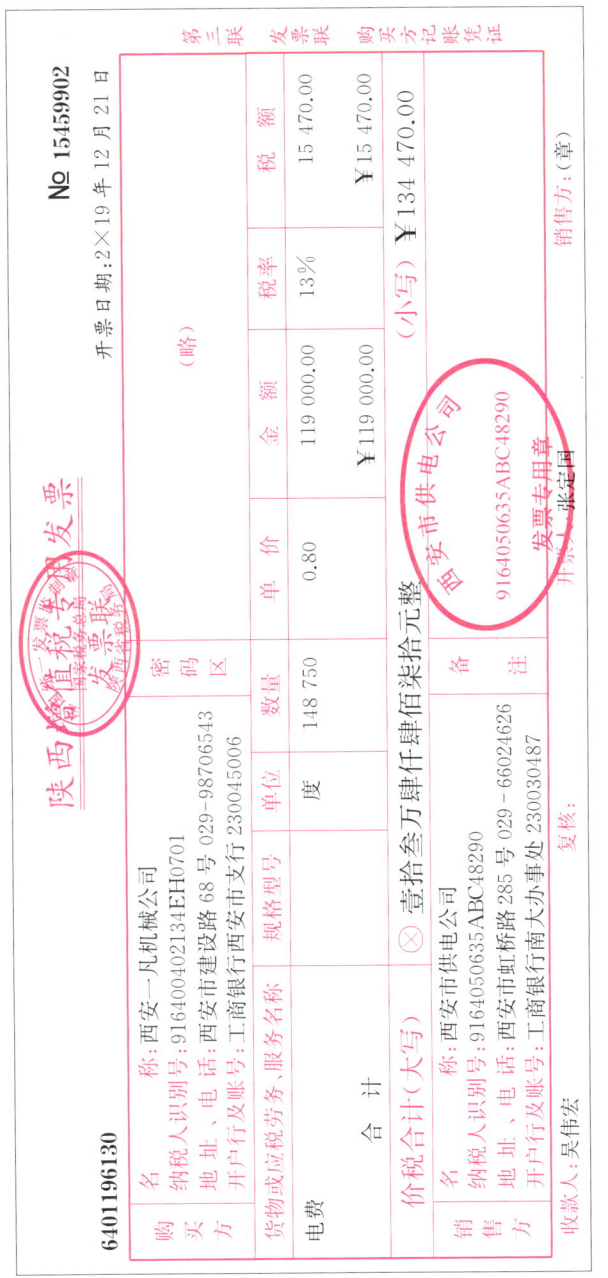

业务 36-2-1

**ICBC 圆 中国工商银行** 同城特约托收凭证（支款通知） 5

委托日期：2×19 年 12 月 21 日

流水号：00216751

| 付款人 | 全称 | 西安一凡机械公司 | 收款人 | 全称 | 西安市供电公司 |
|---|---|---|---|---|---|
| | 账号或地址 | 230045006 | | 账号或地址 | 230030487 |
| | 开户行 | 工商银行西安市支行 | | 开户行 | 工商银行南大办事处 |

| 委托收款 金额 | 人民币（大写）壹拾叁万肆仟肆佰柒拾元整 | 亿 千 百 十 万 千 百 十 元 角 分 ¥ 1 3 4 4 7 0 0 0 |
|---|---|---|

| 款项内容 | 电费 | 合同号 | | 单证张数 | 单位 | 增值税专用发票 |
|---|---|---|---|---|---|---|

付款人开户行收到日期：

2×19.12.21

复核　　　记账

付款人开户行签章

（2×19.12.21 西安市支行 转讫 中国工商银行）

备注：
付款人开户行收到后作付款通知

此联交付款人作付款通知

付款人注意：
1. 上列款项为"见票即付"。
2. 上列款项如有错误，请与收款单位协商解决。

复核　　　记账 2×19.12.21

复核人：吴伟宏

---

业务 36-2-2

6401196130

**陕西增值税专用发票**

No 15159902

第三联 发票联 购买方记账凭证

开票日期：2×19 年 12 月 21 日

| 购买方 | 名　称：西安一凡机械公司 纳税人识别号：91640040212 4EH0701 地　址、电　话：西安市建设路 68 号 029-9870643 开户行及账号：工商银行西安市支行 230045006 | 密码区 | （略） |
|---|---|---|---|

| 货物或应税劳务、服务名称 | 规格型号 | 单位 | 数量 | 单 价 | 金 额 | 税率 | 税 额 |
|---|---|---|---|---|---|---|---|
| 电费 | | 度 | 148 750 | 0.80 | 119 000.00 | 13% | 15 470.00 |
| 合　计 | | | | | ¥119 000.00 | | ¥15 470.00 |

| 价税合计（大写） | ⊗ 壹拾叁万肆仟肆佰柒拾元整 | （小写）¥134 470.00 |
|---|---|---|

| 销售方 | 名　称：西安市供电公司 纳税人识别号：91640050635ABC48290 地　址、电　话：西安市虹桥路 285 号 029-66024626 开户行及账号：工商银行南大办事处 230030487 | 备注 |
|---|---|---|

收款人：　　复核：　　开票人：张定国　　销售方：（章）

（西安市供电公司 91640050635ABC48290 发票专用章）

---

业务 37-3-1

**西安一凡机械公司** 领料单

领料单位：生产车间
领料用途：A 产品生产

2×19 年 12 月 23 日

编号：125
仓库：原料库

| 材料类别 | 名称及规格 | 材料编号 | 计量单位 | 数量 | | 单 价 | 金 额 |
|---|---|---|---|---|---|---|---|
| | | | | 请领 | 实发 | | |
| （略） | 甲材料 | （略） | 千克 | 7 000 | 7 000 | | |
| | 乙材料 | | 千克 | 7 500 | 7 500 | | |
| | 丙材料 | | 千克 | 7 000 | 7 000 | | |

车间主管：蒋安全　　保管员：王认真　　记账：高桂格　　制单：艾志丹

---

87

## 西安一凡机械公司　领料单

领料单位：生产车间
领料用途：B 产品生产

2×19 年 12 月 23 日

编号：126
仓库：原料库

二 财务联

| 材料类别 | 材料编号 | 名称及规格 | 计量单位 | 数量 请领 | 数量 实发 | 单价 | 金额 |
|---|---|---|---|---|---|---|---|
| （略） | （略） | 甲材料 | 千克 | 6 000 | 6 000 | | |
| | | 乙材料 | 千克 | 6 500 | 6 500 | | |
| | | 丁材料 | 千克 | 6 830 | 6 830 | | |

车间主管：蒋安全　保管员：王认真　记账：高桂格　制单：艾志丹

---

## 西安一凡机械公司　领料单

领料单位：生产车间
领料用途：车间一般消耗

2×19 年 12 月 23 日

编号：127
仓库：原料库

二 财务联

| 材料类别 | 材料编号 | 名称及规格 | 计量单位 | 数量 请领 | 数量 实发 | 单价 | 金额 |
|---|---|---|---|---|---|---|---|
| （略） | （略） | 丙材料 | 千克 | 1 650 | 1 650 | | |

车间主管：蒋安全　保管员：王认真　记账：高桂格　制单：艾志丹

---

## 中国建设银行　电汇凭证（收账通知）　4

委托日期：2×19 年 12 月 23 日

☑普通　□加急

| 汇款人 | 全称 | 广州江南机械公司 |
|---|---|---|
| | 账号 | 580006004 |
| | 汇出行名称 | 建设银行广州市分行 |

| 收款人 | 全称 | 西安一凡机械公司 |
|---|---|---|
| | 账号 | 230045006 |
| | 汇入行名称 | 工商银行西安市支行 |

金额：人民币（大写）捌万肆仟伍佰元整

| 亿 | 千 | 百 | 十 | 万 | 千 | 百 | 十 | 元 | 角 | 分 |
|---|---|---|---|---|---|---|---|---|---|---|
| | | | | ¥ 8 | 4 | 5 | 0 | 0 | 0 | 0 |

支付密码：

附加信息及用途：
此汇款已转入收款人账户。

偿还前人货款。

记账：
复核：

（盖章：建设银行 广州市支行 2×19.12.23；汇入行盖章 2×19年2月23日）

此联给收款人的收账通知

89

## 西安一凡机械公司　报账（付款）审批单

2×19 年 12 月 25 日

部门：供销科

附单据 2 张

| 经手人 | 鲍凡英 | 事　由 | 付款（结算）方式 | 商业承兑汇票销售产品 | 备　注 |
|---|---|---|---|---|---|
| 项目名称 | 金　额（元） | | 商业承兑汇票 | 对方自提货物，合同规定运费由购货方负担。 | |
| 产品销售 | 525 450.00 | | | | |
| 合　计 | 525 450.00 | 部门领导 | 尚亚轩 | 出纳员 | |
| 单位负责人审批 | 财务主管 | | | | |
| 同意。李一凡 | 同意。王丹 | 同意。尚亚轩 | | | |

## 陕西增值税专用发票

№ 1552156

此联不作报销、扣税凭证使用

开票日期：2×19 年 12 月 25 日

第一联 记账联 销售方记账凭证

6402196130

| 购买方 | 名　称：昆明金华机械公司<br>纳税人识别号：91650120200 09AB6382<br>地　址、电　话：昆明市航空路 172 号 0871-2717 0060<br>开户行及账号：工商银行航空路支行 30051 0108 | 密码区 | （略） |
|---|---|---|---|

| 货物或应税劳务、服务名称 | 规格型号 | 单位 | 数量 | 单价 | 金　额 | 税率 | 税　额 |
|---|---|---|---|---|---|---|---|
| A 产品 | | 台 | 75 | 4 000.00 | 300 000.00 | 13% | 39 000.00 |
| B 产品 | | 台 | 75 | 2 200.00 | 165 000.00 | 13% | 21 450.00 |
| 合　计 | | | | | ￥465 000.00 | | ￥60 450.00 |

| 价税合计（大写） | ⊗ 伍拾贰万伍仟肆佰伍拾元整 | （小写）￥525 450.00 |
|---|---|---|

| 销售方 | 名　称：西安一凡机械公司<br>纳税人识别号：91640040 2134EH0701<br>地　址、电　话：西安市建设路 68 号 029-9870 6543<br>开户行及账号：工商银行西安市支行 230045006 | 备注 | 销售方：（章） |
|---|---|---|---|

收款人：王进勇　复核：　开票人：刘富民

## 西安一凡机械公司　产品出库单

2×19 年 12 月 25 日

仓库：成品库

购买方：昆明金华机械公司

编号：225

| 产品编号 | 产品名称 | 规格型号 | 计量单位 | 数　量 | | | 单位成本 | 金额 | 备　注 |
|---|---|---|---|---|---|---|---|---|---|
| | | | | 应发 | 实发 | | | | |
| （略） | A 产品 | （略） | 台 | 75 | 75 | | | | |
| | B 产品 | | 台 | 75 | 75 | | | | |

供销主管：尚亚轩　保管员：甄仟祥　记账：高桂格　制单：严尧秋

91

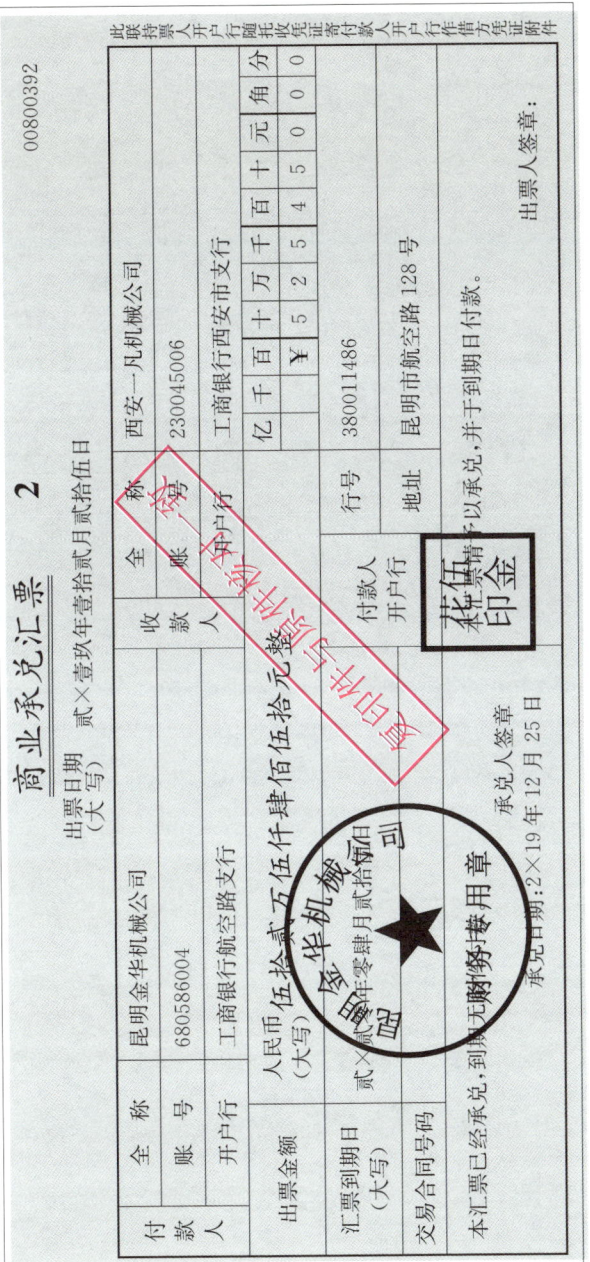

业务 39-4-4

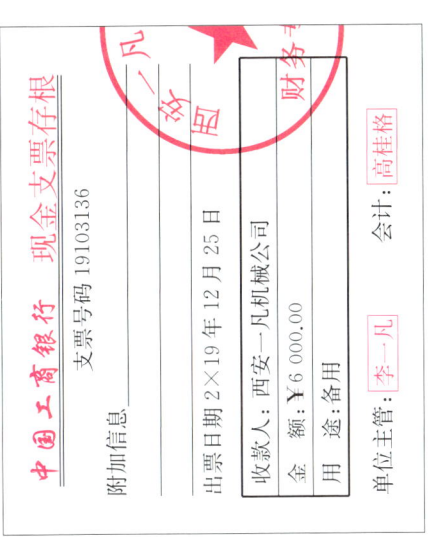

业务 40

## 西安一凡机械公司    报账（付款）审批单

业务 41-3-1

部门：办公室　　　　　　　　　　　　　　　2×19 年 12 月 25 日

| 经手人 | 焦吉华 | | 付款（结算）方式 | |
|---|---|---|---|---|
| 项目名称 | 金额（元） | 事　由 | | |
| 产品展销摊位 | 1 590.00 | | 库存现金 | |
| 广告费 | 1 855.00 | | 库存现金 | |
| 合　计 | 3 445.00 | 报销产品展销摊位和广告费 | | |
| 单位负责人审批 | | 财务主管 | | |
| 李一凡 | | 王丹 | 部门领导 | 出纳员 |
| 同意。 | | 同意。 | | 张理财 |

93

业务 41-3-2

6401196130

陕西增值税专用发票 第三联 发票联 购买方记账凭证

No 15450093

开票日期：2×19 年 12 月 25 日

| 购买方 | 名 称：西安一凡机械公司<br>纳税人识别号：91640040213 4EH0701<br>地 址、电 话：西安市建设路 68 号 029-98706543<br>开户行及账号：工商银行西安市支行 230045006 |
| --- | --- |

| 货物或应税劳务、服务名称 | 规格型号 | 单位 | 数量 | 单 价 | 金 额 | 税率 | 税 额 |
| --- | --- | --- | --- | --- | --- | --- | --- |
| 展销摊位费 | | 个 | 1 | 1 500.00 | 1 500.00 | 6% | 90.00 |
| 合 计 | | | | | ¥1 500.00 | | ¥90.00 |

| 价税合计（大写） | ⊗ 壹仟伍佰玖拾元整 | （小写）¥1 590.00 |

| 销售方 | 名 称：西安华盛展览中心<br>纳税人识别号：91640206318853 2060<br>地 址、电 话：西安市中环路 120 号 029-78029160<br>开户行及账号：工商银行中环办事处 246790025 | 西安华盛展览中心<br>91640206318853 2060<br>发票专用章 |

收款人：李洪彪　　复核：　　开票人：赵正茜　　销售方：（章）

业务 41-3-3

6401196130

陕西增值税专用发票 第三联 发票联 购买方记账凭证

No 15458910

开票日期：2×19 年 12 月 25 日

| 购买方 | 名 称：西安一凡机械公司<br>纳税人识别号：91640040213 4EH0701<br>地 址、电 话：西安市建设路 68 号 029-98706543<br>开户行及账号：工商银行西安市支行 230045006 |
| --- | --- |

| 货物或应税劳务、服务名称 | 规格型号 | 单位 | 数量 | 单 价 | 金 额 | 税率 | 税 额 |
| --- | --- | --- | --- | --- | --- | --- | --- |
| 广告费 | | 秒 | 35 | 50.00 | 1 750.00 | 6% | 105.00 |
| 合 计 | | | | | ¥1 750.00 | | ¥105.00 |

| 价税合计（大写） | ⊗ 壹仟捌佰伍拾伍元整 | （小写）¥1 855.00 |

| 销售方 | 名 称：西安市第二电视台<br>纳税人识别号：91640206 31MN532042<br>地 址、电 话：西安市南大街 165 号 029-88020180<br>开户行及账号：工商银行南大街办事处 76679 2509 | 西安市第二电视台<br>91640206 31MN532042<br>发票专用章 |

收款人：王玉婷　　复核：　　开票人：游焕芬　　销售方：（章）

业务 42

西安一凡机械公司　　借款单

2×19 年 12 月 25 日

| 借款单位：供销科 | |
| --- | --- |
| 借款理由：参加会议 | |
| 借款金额：人民币（大写）伍仟伍佰元整 | 高亚轩 |
| 本部门负责人意见：同意。 | |
| 会计主管审批：同意。 | 王 丹 |

付款方式：　　　　　库存现金

借款人签字：鲍凡英

（小写）¥5 500.00

出纳：张理财

95

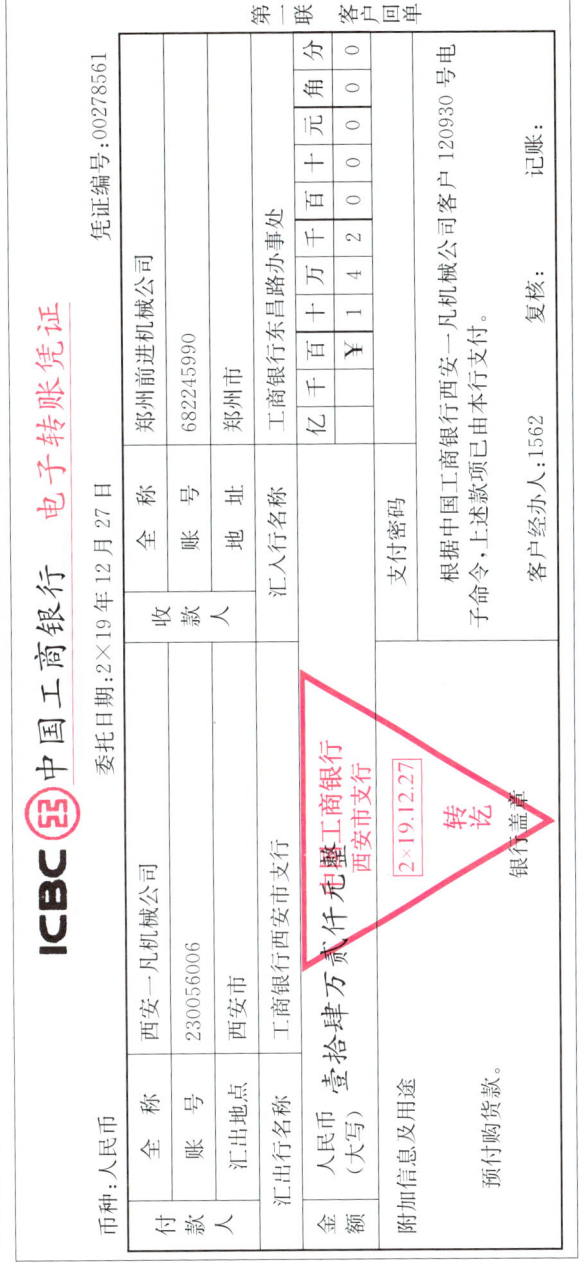

**业务 43-2-1**

部门：供销科

## 西安一凡机械公司　报账（付款）审批单

2×19 年 12 月 27 日

附单据 1 张

| 经手人 | 艾笑寿 | 事　由 | | 预付郑州前进机械公司货款 |
|---|---|---|---|---|
| 项目名称 | 金　额（元） | 付款（结算）方式 | | 备　注 |
| 预付货款 | 142 000.00 | 银行电子转账 | | |
| 合　计 | 142 000.00 | 部门领导 | 尚亚轩 | |
| 单位负责人审批 | 李一凡 | 财务主管 | | 出纳员 |
| 同意。 药章利 | | 同意。 | | 富友理 |

---

**业务 43-2-2**

凭证编号：0027 8561

## ICBC 中国工商银行　电子转账凭证

委托日期：2×19 年 12 月 27 日

第一联　客户回单

币种：人民币

| 付款人 | 全　称 | 西安一凡机械公司 | 收款人 | 全　称 | 郑州前进机械公司 |
|---|---|---|---|---|---|
| | 账　号 | 230056006 | | 账　号 | 682245990 |
| | 汇出地点 | 西安市 | | 地　址 | 郑州市 |
| 汇出行名称 | 工商银行西安市支行 | | 汇入行名称 | | 工商银行东昌路办事处 |

| 金额 | 人民币（大写） | 壹拾肆万贰仟元整 | | 亿 | 千 | 百 | 十 | 万 | 千 | 百 | 十 | 元 | 角 | 分 |
|---|---|---|---|---|---|---|---|---|---|---|---|---|---|---|
| | | | | | ￥ | 1 | 4 | 2 | 0 | 0 | 0 | 0 | 0 | 0 |

支付密码

| 附加信息及用途 | 预付购货款。 | 根据中国工商银行西安一凡机械公司客户 120930 号电子命令，上述款项已由本行支付。 |
|---|---|---|
| | | 客户经办人：1562　　复核：　　记账： |

转讫　2×19.12.27　工商银行　西安市支行

银行盖章

---

**业务 44**

## 西安一凡机械公司　产品入库单

2×19 年 12 月 27 日

仓库：成品库
编号：213

第二联 财务联

交库单位：生产车间

| 产品编号 | 产品名称 | 规格 | 计量单位 | 数量 | | 单位成本 | 总成本 | 备注 |
|---|---|---|---|---|---|---|---|---|
| | | | | 送检 | 实收 | | | |
| （略） | A产品 | （略） | 台 | 100 | 100 | | | 完工入库。 |
| | B产品 | | 台 | 150 | 150 | | | |

车间主管：蒋安全　　保管员：甄行细　　记账：高桂格　　制单：艾志丹

部门:办公室

## 西安一凡机械公司　报账(付款)审批单

2×19 年 12 月 27 日

| 经手人 | 焦吉华 | | 事　由 | 支付职工体检费 |
| --- | --- | --- | --- | --- |
| 项目名称 | 金　额(元) | | 付款(结算)方式 | 备　注 |
| 应付职工薪酬 | 63 600.00 | | 转账支票 | |
| 合　计 | 63 600.00 | | 部门领导 | 出纳员 |
| 单位负责人审批 | 财务主管 | | 赵婉茹 | |
| 同意。李一凡 | 同意。王丹 | | 同意。 | 张理财 |

附单据2张

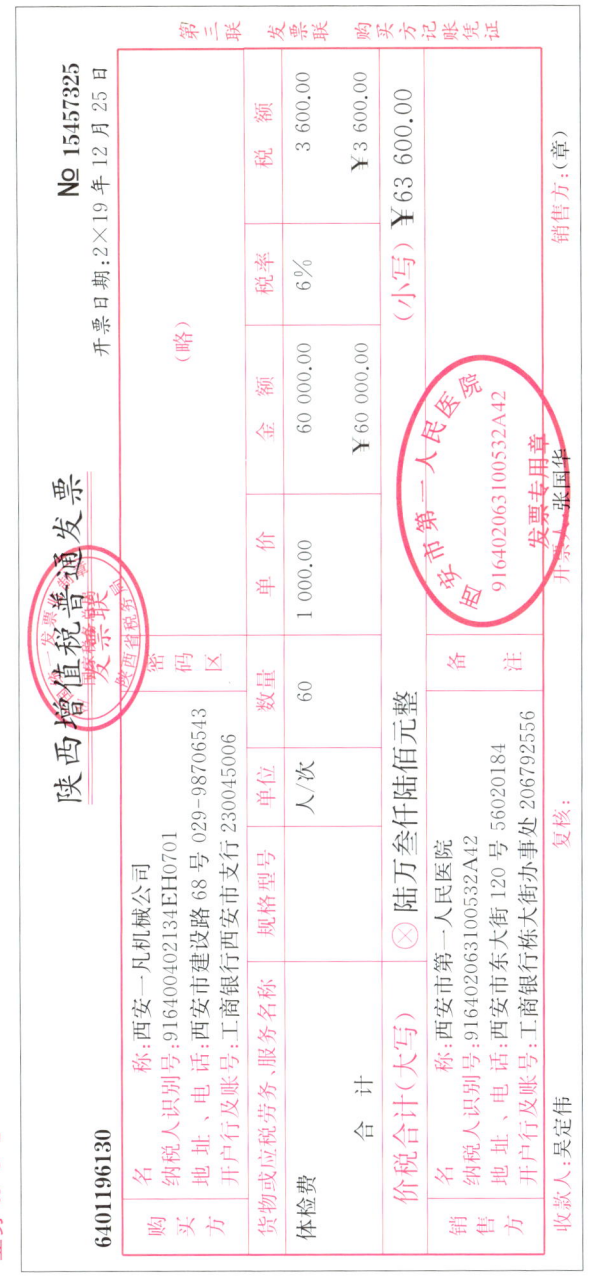

6401196130

No 15457325

### 陕西增值税普通发票

开票日期:2×19 年 12 月 25 日

| 购买方 | 名　称:西安一凡机械公司 纳税人识别号:91640040212134EH0701 地　址、电　话:西安市建设路 68 号 029-98706543 开户行及账号:工商银行西安市支行 230045006 | |
| --- | --- | --- |

| 货物或应税劳务、服务名称 | 规格型号 | 单位 | 数量 | 单　价 | 金　额 | 税率 | 税　额 |
| --- | --- | --- | --- | --- | --- | --- | --- |
| 体检费 | | 人/次 | 60 | 1 000.00 | 60 000.00 | 6% | 3 600.00 |
| 合　计 | | | | | ¥ 60 000.00 | | ¥ 3 600.00 |

| 价税合计(大写) | ⊗ 陆万叁仟陆佰元整 | (小写) ¥ 63 600.00 |
| --- | --- | --- |

| 销售方 | 名　称:西安市第一人民医院 纳税人识别号:91640206310053ZA42 地　址、电　话:西安市东大街 120 号 56020184 开户行及账号:工商银行栋大街办事处 20679255 | |
| --- | --- | --- |

收款人:吴定伟　　复核:

销售方:(章)

发票专用章 西安市第一人民医院 91640206310053ZA42

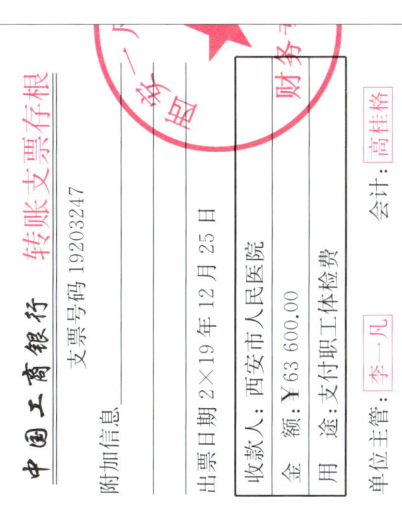

### 中国工商银行　转账支票存根

支票号码 19203247

出票日期 2×19 年 12 月 25 日

收款人:西安市人民医院

金　额:¥ 63 600.00

用　途:支付职工体检费

单位主管　　　　李一凡

附加信息

合计:高桂格

财务专用章

业务 46-3-1

西安一凡机械公司　　领料单

编号：128

领料单位：供销科
领料用途：对外销售

仓库：原料库

2×19年12月29日

| 材料类别 | 材料编号 | 名称及规格 | 计量单位 | 数量 | | 单价 | 金额 |
|---|---|---|---|---|---|---|---|
| | | | | 请发 | 实发 | | |
| （略） | | 丁材料 | 千克 | 13 000 | 13 000 | | |

保管员：王认真

车间主管：王进勇

记账：

制单：

长期合作单位，离更斜

业务 46-3-2

6402196130

No 15452157

陕西增值税专用发票

此联不作报销、扣税凭证使用

开票日期：2×19年12月29日

第一联　记账联　销售方记账凭证

| 购买方 | 名　称：西安红星汽车修理公司 | 密码区 | （略） |
|---|---|---|---|
| | 纳税人识别号：91610120200 9AB6300 | | |
| | 地　址、电　话：西安市三环路 170 号 029-57170260 | | |
| | 开户行及账号：工商银行三环路支行 46051 3008 | | |

| 货物或应税劳务、服务名称 | 规格型号 | 单位 | 数量 | 单价 | 金额 | 税率 | 税额 |
|---|---|---|---|---|---|---|---|
| 丁材料 | | 千克 | 13 000 | 5.50 | 71 500.00 | 13% | 9 295.00 |
| 合　计 | | | | | ￥71 500.00 | | ￥9 295.00 |

价税合计（大写）　⊗ 捌万零柒佰玖拾伍元整　　（小写）￥80 795.00

| 销售方 | 名　称：西安一凡机械公司 |
|---|---|
| | 纳税人识别号：91640040 2134EH0701 |
| | 地　址、电　话：西安市建设路 68 号 029-98706543 |
| | 开户行及账号：工商银行西安市支行 230045006 |

收款人：王进勇　　复核：刘富民　　开票人：刘富民　　销售方：（章）

业务 46-3-3

ICBC 中国工商银行　进账单　（收账通知） 3

此联是收款人开户银行交给收款人的收账通知

2×19年12月29日

| 出票人 | 全　称 | 西安红星汽车修理公司 | 收款人 | 全　称 | 西安一凡机械公司 |
|---|---|---|---|---|---|
| | 账　号 | 46051 3008 | | 账　号 | 230045006 |
| | 开户银行 | 工商银行三环路支行 | | 开户银行 | 中国工商银行西安市支行 |

| 金额 | 人民币（大写）捌万零柒佰玖拾伍元整 | 亿 | 千 | 百 | 十 | 万 | 千 | 百 | 十 | 元 | 角 | 分 |
|---|---|---|---|---|---|---|---|---|---|---|---|---|
| | | | | ￥ | 8 | 0 | 7 | 9 | 5 | 0 | 0 |

中国工商银行三环路支行　2×19.12.29　转讫

| 票据种类 | 转账支票 | 票据张数 | 1 |
|---|---|---|---|
| 票据号码 | 15025486 | | |

复核　记账

收款人开户银行签章

## 西安一凡机械公司　　报账（付款）审批单

2×19 年 12 月 29 日

部门：供销科

| 经手人 | 鲍巩英 | 事　由 | 付款（结算）方式 | 冲销预付账款购进丁材料。 |
| 项目名称 | 金　额（元） | | | 备　注 |
| 材料采购 | 27 685.00 | 付款账款 | 预付账款 | 运费由对方负担。剩余预付款对方下月继续发货。 |
| 合　计 | 27 685.00 | 部门领号 | | |
| 单位负责人审批 | 财务主管 | | 出纳员 | |
| 同意。 | | 同意。 | | |
| 李一凡 | | 正升 | | 高亚轩 |

同意。

附单据2张

## 湖北增值税专用发票

No 37002466

4501195130

第三联 发票联 购买方记账凭证

开票日期：2×19 年 12 月 27 日

| 购买方 | 名　称：西安一凡机械公司 纳税人识别号：916400402134EH0701 地　址、电　话：西安市建设路 68 号 029-98706543 开户行及账号：工商银行西安市支行 230045006 | | 密码区 | （略） | | |
| 货物或应税劳务、服务名称 | 规格型号 | 单位 | 数量 | 单价 | 金　额 | 税率 | 税额 |
| 丁材料 | | 千克 | 5 000 | 4.90 | 24 500.00 | 13% | 3 185.00 |
| 合　计 | | | | | ¥24 500.00 | | ¥3 185.00 |

价税合计（大写）⊗ 贰万柒仟陆佰捌拾伍元整　　（小写）¥ 27 685.00

| 销售方 | 名　称：武汉希望机械公司 纳税人识别号：914502063158532AB7 地　址、电　话：武汉市希望路 136 号 027-86089420 开户行及账号：工商银行希望路办事处 682245990 | | 备注 | |

收款人：焦金喜　　复核：　　开票人：杨万坟

销售方：（章）

武汉希望机械公司
914502063158532AB7
发票专用章

## 西安一凡机械公司　　收料单

2×19 年 12 月 29 日

供货单位：武汉希望机械公司

编号：117

仓库：原料库

财务联 二

| 材料类别 | 材料编号 | 名称及规格 | 计量单位 | 数量 | | 发票价格 | 实际成本（元） | | 单　价 |
| | | | | 应收 | 实收 | | 采购费用 | 合　计 | |
| （略） | （略） | 丁材料 | 千克 | 5 000 | 5 000 | 24 500.00 | | 24 500.00 | 4.90 |
| | | 合　计 | | | | | | 24 500.00 | |

供销主管：尚亚轩　　保管员：蒋认真　　记账：高佳格　　制单：支志丹

## 西安一凡机械公司　报账（付款）审批单

部门：供销科　2×19 年 12 月 31 日　附单据 2 张

| 经手人 | 鲍巩英 | 事　由 | 付款（结算）方式 | 购进丙材料申请签发商业汇票。 |
|---|---|---|---|---|
| 项目名称 | 金　额（元） | | 商业承兑汇票 | 备　注 |
| 材料采购 | 58 760.00 | | | 运费由对方负担，材料尚在运输途中。 |
| 合　计 | 58 760.00 | 部门领导 | | 出纳员 |
| 单位负责人审批 | 李一凡 | 同意。 | 财务主管 | 高亚轩 |
| 同意。　李一凡 | | 同意。 | 王丹 | |

---

第三联　发票联　购买方记账凭证

## 发票　No 27990000

开票日期：2×19 年 12 月 30 日

320119130

| 购买方 | 名　称：西安一凡机械公司 纳税人识别号：91640040213 4EH0701 地址、电话：西安市建设路 68 号 029-98706543 开户行及账号：工商银行西安市支行 230045006 |
|---|---|

| 货物或应税劳务、服务名称 | 规格型号 | 单位 | 数量 | 单价 | 金　额 | 税率 | 税　额 |
|---|---|---|---|---|---|---|---|
| 丙材料 | | 千克 | 5 000 | 10.40 | 52 000.00 | 13% | 6 760.00 |
| 合　计 | | | | | ¥52 000.00 | | ¥6 760.00 |

价税合计（大写）　⊗ 伍万捌仟柒佰陆拾元整　（小写）¥58 760.00

| 销售方 | 名　称：南京东方机械公司 纳税人识别号：91320206315 8532AB7 地址、电话：南京市中山路 136 号 025-36089020 开户行及账号：工商银行中山路办事处 226845954 |
|---|---|

收款人：蒋明艳　复核：　销售方：（章）

江苏增值税普通发票

南京东方机械公司
91320206315 8532AB7
发票专用章

---

00800386

## 商业承兑汇票（卡片）　1

出票日期（大写）：贰×壹玖年壹拾贰月叁拾壹日

| 付款人 | 全　称 | 西安一凡机械公司 | 收款人 | 全　称 | 南京东方机械公司 |
|---|---|---|---|---|---|
| | 账　号 | 230045006 | | 账　号 | 38224679O |
| | 开户银行 | 工商银行西安市支行 | | 开户银行 | 工商银行天明路办事处 |

| 出票金额 | 人民币（大写）伍万捌仟柒佰陆拾元整 | 亿 千 百 十 万 千 百 十 元 角 分 |
|---|---|---|
| | | ¥ 5 8 7 6 0 0 0 |

| 汇票到期日（大写） | 贰×贰零年零陆月叁拾壹日 | 付款人开户行 | 行号 | 105603000606 |
|---|---|---|---|---|
| 交易合同号码 | | | 地址 | 西安市建设路 180 号 |

备注：

出票人签章

一凡机械公司
财务专用章

商业承兑汇票 伍万捌仟柒佰陆拾元整

凡
印

105

6402196130

## 陕西增值税专用发票

No 15452158

第一联

此联不作报销、扣税凭证使用

开票日期:2×19 年 12 月 31 日

记账联 销售方记账凭证

| 购买方 | 名　称:太原一方机械公司 | | | | | |
|---|---|---|---|---|---|---|
| | 纳税人识别号:9114012020AB096381 | | | | | |
| | 地　址、电话:太原市平阳路 172 号 0351-87170060 | | | | | |
| | 开户行及账号:工商银行平阳路支行 36051340 | | | | | |

密码区 (略)

| 货物或应税劳务、服务名称 | 规格型号 | 单位 | 数量 | 单 价 | 金 额 | 税率 | 税 额 |
|---|---|---|---|---|---|---|---|
| A产品 | | 台 | 75 | 4 000.00 | 300 000.00 | 13% | 39 000.00 |
| B产品 | | 台 | 75 | 2 200.00 | 165 000.00 | 13% | 21 450.00 |
| 合　计 | | | | | ￥465 000.00 | | ￥60 450.00 |

价税合计(大写) ⊗ 伍拾贰万伍仟肆佰伍拾元整 (小写) ￥525 450.00

| 销售方 | 名　称:西安一凡机械公司 | | | 备 | |
|---|---|---|---|---|---|
| | 纳税人识别号:91640402134EH0701 | | | 注 | |
| | 地　址、电话:西安市建设路 68 号 029-9870654 | | | | |
| | 开户行及账号:工商银行西安市支行 23004500 | | | | |

收款人:王进勇　　复核:　　开票人:刘富民　　销售方:(章)

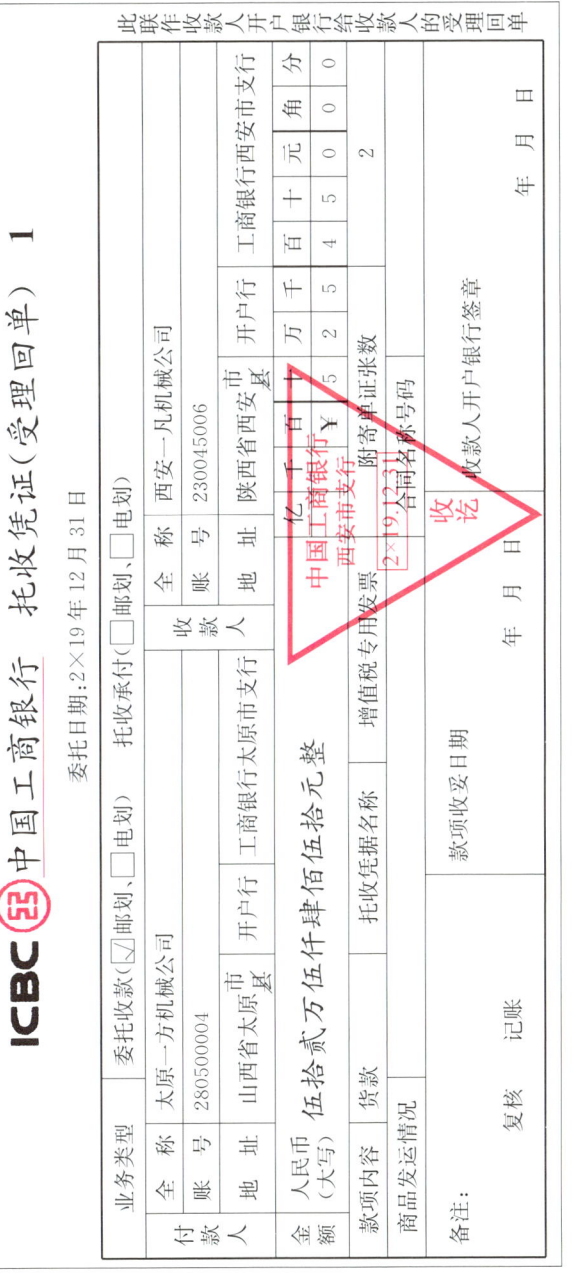

**ICBC 中国工商银行　托收凭证(受理回单)　1**

委托日期:2×19 年 12 月 31 日

| 业务类型 | 委托收款(☑邮划、□电划)　托收承付(□邮划、□电划) | | |
|---|---|---|---|

此联收款人开户银行给收款人的受理回单

| 付款人 | 全　称 | 太原一方机械公司 | 收款人 | 全　称 | 西安一凡机械公司 |
|---|---|---|---|---|---|
| | 账　号 | 280500004 | | 账　号 | 23004500 |
| | 地　址 | 山西省太原市　开户行:工商银行太原市支行 | | 地　址 | 陕西省西安县　开户行:工商银行西安市支行 |

| 金额 | 人民币(大写) 伍拾贰万伍仟肆佰伍拾元整 | | 亿 | 千 | 百 | 十 | 万 | 千 | 百 | 十 | 元 | 角 | 分 |
|---|---|---|---|---|---|---|---|---|---|---|---|---|---|
| | | | | | | ￥ | 5 | 2 | 5 | 4 | 5 | 0 | 0 |

| 款项内容 | 货款 | 托收凭据名称 | 增值税专用发票 | 附寄单证张数 | 5 |
|---|---|---|---|---|---|
| 商品发运情况 | | | | 合同名称号码 | 2×19,123 |

款项收妥日期 年 月 日

备注:　　　　　复核　　记账

收讫
中国工商银行
西安市支行
2×19,123
收款人开户银行签章
年 月 日

## 西安一凡机械公司　产品出库单

2×19 年 12 月 31 日

仓库:成品库
编号:226

购买方:太原一方机械公司

| 产品编号 | 产品名称 | 规格型号 | 计量单位 | 数量 | | | 单位成本 | 金额 | 备　注 |
|---|---|---|---|---|---|---|---|---|---|
| | | | | 应发 | 实发 | | | | |
| (略) | A产品 | (略) | 台 | 75 | 75 | | | | 高桂格 |
| | B产品 | | 台 | 75 | 75 | | | | 甄仟细 |

供销主管:尚亚轩　　保管员:　　记账:　　制单:艾志丹

货物由购买方自提。

# 项目 6　成本计算与期末会计事项的账务处理要求及其对应的原始凭证

## 任务 6-1　产品成本计算与期末会计事项及其账务处理要求

### 一、产品成本计算

产品成本计算是指按照成本计算对象及其分成本项目进行生产费用的归集和分配，并在此基础上计算产品成本。产品成本计算包括：材料费用、工薪费用，水电费用、折旧费用和制造费用的归集与分配，生产费用在完工产品和在产品之间进行分配，计算并结转完工产品成本。

### 二、期末会计事项

期末会计事项是指按权责发生制的要求，对有关收入和费用进行账项调整。期末会计事项包括：❶ 已销产品成本的计算与结转。❷ 应纳入转出未交增值税的计算。❸ 有关销售税费的计算与结转。❹ 短期借款利息费用的计提与结转。❺ 为计算本年利润进行损益类账户的结转。❻ 企业所得税按月预缴、纳税申报的清缴与结转。❼ 利润分配的计算与结转。❽ 未分配利润的计算与结转。

### 三、成本计算与期末会计事项的账务处理要求

成本计算与期末会计事项的账务处理要求包括：❶ 根据有关账簿记录填制原始凭证。❷ 根据原始凭证编制记账凭证。❸ 根据审核无误的记账凭证登记有关明细分类账。❹ 编制第三张科目汇总表。❺ 根据科目汇总表登记总分类账。

## 任务 6-2　产品成本计算会计事项的自制原始凭证

业务 50-2-1

### 原材料加权平均单价计算表

2×19 年 12 月 31 日

金额单位：元

| 材料名称 | 期 初 结 存 | | 本 期 收 入 | | 合 计 | | | 加权平均单价 |
|---|---|---|---|---|---|---|---|---|
| | 数量 | 金额 | 数量 | 金额 | 数量 | 金额 | |
| 甲材料 | | | | | | | |
| 乙材料 | | | | | | | |
| 丙材料 | | | | | | | |
| 丁材料 | | | | | | | |
| 合计 | — | 445 000.00 | — | 1 040 000.00 | — | 1 485 000.00 | |

会计主管：正丹　　　制单：艾志丹　　　复核：高桂格

**业务 50-2-2**

## 发料凭证汇总表

2×19年12月31日

附件 ___ 张

金额单位:元

| 材料名称＼用途 | 甲材料 | | 乙材料 | | 丙材料 | | 丁材料 | | 金额合计 |
|---|---|---|---|---|---|---|---|---|---|
| | 数量 | 金额 | 数量 | 金额 | 数量 | 金额 | 数量 | 金额 | |
| A产品生产 | | | | | | | | | |
| B产品生产 | | | — | | | | | | |
| 车间一般耗用 | — | | — | | — | | | | |
| 对外销售 | — | | — | | | | | | |
| 合 计 | | 429 000.00 | | 340 000.00 | | 226 500.00 | | 166 650.00 | 1 162 150.00 |

会计主管:王 丹　　制单:艾志丹　　复核:高桂格

**业务 51-2-1**

## 应付工资费用结算汇总表

2×19年12月31日

单位:元

| 车间或部门 | | 应付职工薪酬 | | | | 合 计 |
|---|---|---|---|---|---|---|
| | | 基本工资 | 津 贴 | 奖 金 | 其 他 | |
| 生产工人工资 | A产品 | 90 000 | 35 000 | 15 000 | 10 000 | 150 000 |
| | B产品 | 60 000 | 23 500 | 10 000 | 6 500 | 100 000 |
| | 小 计 | 150 000 | 58 500 | 25 000 | 16 500 | 250 000 |
| 车间管理人员工资 | | 16 000 | 5 000 | 2 500 | 1 500 | 25 000 |
| 专设销售机构人员工资 | | 10 000 | 4 000 | 9 500 | 1 500 | 25 000 |
| 行政管理人员工资 | | 32 000 | 9 000 | 6 000 | 3 000 | 50 000 |
| 合 计 | | 208 000 | 76 500 | 43 000 | 22 500 | 350 000 |

会计主管:王 丹　　制单:艾志丹　　复核:高桂格

**业务 51-2-2**

## 职工福利费计提表

2×19年12月31日

金额单位:元

| 车间或部门(人员类别) | | 工 资 总 额 | 计 提 比 例 | 计 提 金 额 |
|---|---|---|---|---|
| 生产工人 | A产品 | | 14% | |
| | B产品 | | 14% | |
| | 小 计 | | 14% | |
| 车间管理人员 | | | 14% | |
| 专设销售机构人员 | | | 14% | |
| 企业管理部门 | | | 14% | |
| 合 计 | | | | 49 000.00 |

财务主管:王 丹　　制单:艾志丹　　记账:高桂格

111

业务 52

## 水电费用计算分配表

2×19 年 12 月 31 日　　　　　　　　　　　　　金额单位：元

| 部门＼项目 | 水　费　分　配 | | | 电　费　分　配 | | | 总　计 |
|---|---|---|---|---|---|---|---|
| | 耗用量（m³） | 单　价 | 金　额 | 耗用量（度） | 单　价 | 金　额 | |
| 生产车间 | 1 000 | 5.00 | | 100 000 | 0.80 | | |
| 行政管理部门 | 1 050 | 5.00 | | 50 000 | 0.80 | | |
| 合　计 | 2 050 | — | | 150 000 | — | | 132 500.00 |

会计主管：王 丹　　制单：艾志丹　　复核：高桂格

---

业务 53

## 固定资产折旧计算表

2×19 年 12 月 31 日　　　　　　　　　　　　　金额单位：元

| 使用部门 | 固定资产类别 | 月初固定资产原值 | 月折旧率 | 月折旧额 |
|---|---|---|---|---|
| 生产车间 | 房屋建筑类 | 2 500 000.00 | 0.4％ | |
| | 机器设备类 | 11 500 000.00 | 0.8％ | |
| | 小　计 | 14 000 000.00 | | |
| 专设销售机构 | 房屋建筑类 | 1 000 000.00 | 0.2％ | |
| | 机器设备类 | 500 000.00 | 0.6％ | |
| | 小　计 | 1 500 000.00 | | |
| 企业管理部门 | 房屋建筑类 | 7 500 000.00 | 0.2％ | |
| | 机器设备类 | 1 500 000.00 | 0.6％ | |
| | 小　计 | 9 000 000.00 | | |
| 合　计 | | 24 500 000.00 | | 131 000.00 |

财务主管：王 丹　　制单：艾志丹　　记账：高桂格

---

业务 54

## 制造费用分配表

2×19 年 12 月 31 日　　　　　　　　　　　　　金额单位：元

| 车间或产品 | 分配标准（生产工人工资） | 分　配　率 | 分配金额 |
|---|---|---|---|
| A产品 | 150 000.00 | | |
| B产品 | 100 000.00 | | |
| 合　计 | 250 000.00 | — | |

会计主管：王 丹　　制单：艾志丹　　复核：高桂格

113

**业务 55-2-1**

## 月末在产品定额成本计算表

2×19 年 12 月 31 日

金额单位:元

| 在产品名称 | 计量单位 | 数量 | 直接材料 | | 直接人工 | | 制造费用 | | 合计 |
|---|---|---|---|---|---|---|---|---|---|
| | | | 成本定额 | 定额成本 | 成本定额 | 定额成本 | 成本定额 | 定额成本 | 定额成本合计 |
| A产品 | 台 | 10 | 900.00 | | 220.00 | | 180.00 | | 13 000.00 |
| B产品 | 台 | 40 | 450.00 | | 120.00 | | 95.00 | | 26 600.00 |
| 合 计 | — | — | — | | — | | — | | 39 600.00 |

制单:艾志丹　复核:高桂格

会计主管:王 丹

---

**业务 55-2-2**

## 产品成本计算表

2×19 年 12 月 31 日

附件＿张　金额单位:元

| 成本项目 | A产品(＿台) | | B产品(＿台) | |
|---|---|---|---|---|
| | 总成本 | 单位成本 | 总成本 | 单位成本 |
| 直接材料 | | | | |
| 直接人工 | | | | |
| 制造费用 | | | | |
| 生产成本合计 | | | | |

制单:艾志丹　复核:高桂格

会计主管:王 丹

---

# 任务 6-3　期末会计事项的自制原始凭证

**业务 56-2-1**

## 加权平均单位成本计算表

2×19 年 12 月 31 日

金额单位:元

| 商品名称 | 期初结存 | | 本期收入 | | 合计 | | 加权平均单位成本 |
|---|---|---|---|---|---|---|---|
| | 数量 | 金额 | 数量 | 金额 | 数量 | 金额 | |
| A产品 | | | | | | | 2 420.00 |
| B产品 | | | | | | | 1 315.00 |
| 合 计 | — | | — | | — | | |

制单:艾志丹　复核:高桂格

会计主管:王 丹

---

**业务 56-2-2**

## 主营业务成本计算表

2×19 年 12 月 31 日

附件 6 张　金额单位:元

| 商品名称 | 加权平均单位成本 | 本期销售数量 | 本期销售总成本 |
|---|---|---|---|
| A产品 | | | |
| B产品 | | | |
| 合 计 | | | |

制单:艾志丹　复核:高桂格

会计主管:王 丹

## 业务57

### 应纳增值税及转出未交增值税计算表

2×19年12月31日

金额单位:元

| 项目 | 当期销项税额① | 当期进项税额② | 当期应纳增值税额③=②-① | 已交增值税④ | 转出未交增值税⑤=③-④ |
|---|---|---|---|---|---|
| 金额 | 371 995 | 161 995 | 210 000 | 113 534 | 96 466 |

会计主管:王丹　　制单:艾志丹　　复核:高桂格

## 业务58

### 应纳城市维护建设税及教育费附加计算表

2×19年12月31日

金额单位:元

| 项目 | 计税依据 | 税(费)率 | 应纳税(费)额 |
|---|---|---|---|
| 城市维护建设税 | | 7% | |
| 教育费附加 | | 3% | |
| 合计 | | | |

会计主管:王丹　　制单:艾志丹　　复核:高桂格

## 业务59

### 坏账准备计提表

2×19年12月31日

单位:元

| 计算过程账户名称 | 期末账面余额 | 计提比例 | 期末"坏账准备"账户应有贷方余额 | 计提前"坏账准备"账户借方余额 | 计提前"坏账准备"账户贷方余额 | 本期应计提金额补提 | 本期应计提金额冲销 |
|---|---|---|---|---|---|---|---|
| 应收账款 | | 4% | | | | | |
| 应收票据 | | 0 | | | | | |
| 预付账款 | | 0 | | | | | |
| 其他应收款 | | 0 | | | | | |
| 合计 | | | | | | 28 925 | |

会计主管:王丹　　制单:艾志丹　　复核:高桂格

## 业务60

### 短期借款利息计提表

2×19年12月31日

金额单位:元

| 借款名称 | 借款金额 | 计息月份 | 借款利率 | 借款利息 |
|---|---|---|---|---|
| 短期借款——工商银行 | | 12月 | 6‰ | |
| 利息合计 | | | | |

会计主管:王丹　　制单:艾志丹　　复核:高桂格

## 业务 61

### 本月损益类账户发生额汇总表

2×19 年 12 月 31 日　　　　　　　单位:元

| 收入类账户 | | 贷方发生额 | 费用类账户 | | 借方发生额 |
|---|---|---|---|---|---|
| 主营业务收入 | A产品 | | 主营业务成本 | A产品 | |
| | B产品 | | | B产品 | |
| 其他业务收入 | 材料销售 | | 其他业务成本 | 材料销售 | |
| 营业外收入 | | | 税金及附加 | | |
| | | | 销售费用 | | |
| | | | 管理费用 | 管理费用 | |
| | | | 财务费用 | 财务费用 | |
| | | | | 信用减值损失 | |
| | | | | 营业外支出 | |
| 贷方发生额合计 | | 2 872 500 | 借方发生额合计 | | 2 284 500 |

财务主管：王丹　　　制单：艾志丹　　　记账：高桂格

---

## 业务 62-2-1　企业所得税月（季）度预缴纳税申报表（A 类）简易

税款所属期间：2×19 年 12 月 01 日至 2×19 年 12 月 31 日

纳税人识别号：□□□□□□□□□□□□□□□□□□

纳税人名称：西安一凡机械公司

金额单位：人民币元（列至角分）

预缴方式：□ 按照实际利润额预缴　□ 按照上一纳税年度应纳税所得额平均额预缴　□ 跨地区经营汇总纳税企业总机构

企业类型：□ 一般企业　□ 跨地区经营汇总纳税企业总机构

预缴税款计算

| 行次 | 项　目 | 本年累计金额 |
|---|---|---|
| 1 | 营业收入 | |
| 2 | 营业成本 | |
| 3 | 利润总额 | |
| 4 | 加：特定业务计算的应纳税所得额 | |
| 5 | 减：不征税收入 | |
| 6 | 减：免税收入、减计收入、所得税减免等优惠金额 | |
| 7 | 减：固定资产加速折旧（扣除）调减额 | |
| 8 | 减：弥补以前年度亏损 | |
| 9 | 实际利润额（3+4-5-6-7-8） | |
| 10 | 税率（25%） | |
| 11 | 应纳所得税额（9×10） | |
| 12 | 减：减免所得税额 | |
| 13 | 减：实际已缴纳所得税额 | |
| 14 | 减：特定业务预缴（征）所得税额 | |
| 15 | 本期应补（退）所得税额（11-12-13-14） | |

谨声明：此纳税申报表是根据《中华人民共和国企业所得税法》《中华人民共和国企业所得税法实施条例》以及有关税收政策和国家统一会计制度的规定填报的，是真实的、可靠的、完整的。

法定代表人（签章）：

2×19 年 12 月 31 日

注：本表的营业收入、营业成本项目仅填企业发生的主营业务和其他业务，与利润总额计算无关。

**业务 62-2-2**

## 损益类账户全年累计发生额汇总表

（2×19 年 12 月计算预缴所得税前）

单位：元

| 账户名称 | 金额 | 方向 | 账户名称 | 金额 | 方向 | 账户名称 | 金额 | 方向 |
|---|---|---|---|---|---|---|---|---|
| 主营业务收入 | 19 240 000 | 贷 | 其他业务成本 | 286 000 | 借 | 财务费用 | 72 045 | 借 |
| 其他业务收入 | 334 500 | 贷 | 税金及附加 | 167 500 | 借 | 信用减值损失 | 28 925 | 借 |
| 营业外收入 | 82 500 | 贷 | 销售费用 | 983 025 | 借 | 营业外支出 | 950 700 | 借 |
| 主营业务成本 | 11 421 655 | 借 | 管理费用 | 1 559 150 | 借 | 所得税费用 | 900 000 | 借 |
| 收入总额 | 19 657 000 | | 费用总额 | 15 469 000 | | 利润总额 | 4 188 000 | |

---

**业务 63**

## 可供分配利润计算及利润分配表

2×19 年 12 月 31 日

单位：元

| 项　目 | 金　额 | 项　目 | 金　额 |
|---|---|---|---|
| 一、本年度净利润 | | 三、本年度可供分配利润 | |
| 减：本年度应提取法定盈余公积 | | 减：实际分配利润 | 2 500 000 |
| 二、扣除盈余公积后的本年净利润 | | 其中：港城投资公司 | |
| 加：年初未分配利润 | | 海虹机械公司 | |

财务主管：王丹　　制单：艾志丹　　记账：高桂格

注：经公司董事会讨论决定，本年度实际分配利润 250 万元。

---

**业务 64**

## 净利润和已分配利润结转计算表

2×19 年 12 月 31 日

单位：元

| 账户名称 | 结转前余额 借方 | 结转前余额 贷方 | 实际结转 借方 | 实际结转 贷方 | 结转后余额 借方 | 结转后余额 贷方 |
|---|---|---|---|---|---|---|
| 本年利润 | — | | | | 无 | 无 |
| 利润分配——提取法定盈余公积 | | — | — | | 无 | 无 |
| 利润分配——应付利润 | | — | — | | 无 | 无 |
| 利润分配——未分配利润 | | — | | 185 000 | | 511 900 |

会计主管：王丹　　制单：艾志丹　　复核：高桂格

121

# 项目 7　编制会计报表

任务 7-1　编制总分类账户发生额及余额试算平衡表

业务 65

## 总分类账户发生额及余额试算平衡表

2×19 年 12 月 31 日

单位：元

| 行次 | 会计科目 | 月初余额 | | 本月发生额 | | 期末余额 | |
| --- | --- | --- | --- | --- | --- | --- | --- |
| | | 借方 | 贷方 | 借方 | 贷方 | 借方 | 贷方 |
| 1 | 库存现金 | 10 000 | | | | | |
| 2 | 银行存款 | 4 157 185 | | | | | |
| 3 | 应收票据 | 747 000 | | | | | |
| 4 | 应收账款 | 553 000 | | | | | |
| 5 | 预付账款 | 102 465 | | | | | |
| 6 | 其他应收款 | 8 900 | | | | | |
| 7 | 坏账准备 | | 7 075 | | | | |
| 8 | 在途物资 | 232 000 | | | | | |
| 9 | 原材料 | 445 000 | | | | | |
| 10 | 库存商品 | 617 000 | | | | | |
| 11 | 固定资产 | 24 500 000 | | | | | |
| 12 | 累计折旧 | | 4 087 995 | | | | |
| 13 | 在建工程 | 600 000 | | | | | |
| 14 | 短期借款 | | 1 750 000 | | | | |
| 15 | 应付票据 | | 494 000 | | | | |
| 16 | 应付账款 | | 127 000 | | | | |
| 17 | 预收账款 | | 997 130 | | | | |
| 18 | 应付职工薪酬 | | 354 600 | | | | |
| 19 | 应交税费 | | 210 000 | | | | |

| 行次 | 会计科目 | 月初余额 | | 本月发生额 | | 期末余额 | |
|---|---|---|---|---|---|---|---|
| | | 借方 | 贷方 | 借方 | 贷方 | 借方 | 贷方 |
| 20 | 应付利息 | | 18 600 | | | | |
| 21 | 应付股利 | | | | | | |
| 22 | 其他应付款 | | 300 | | | | |
| 23 | 实收资本 | | 20 000 000 | | | | |
| 24 | 资本公积 | | 160 000 | | | | |
| 25 | 盈余公积 | | 946 300 | | | | |
| 26 | 利润分配 | | 185 000 | | | | |
| 27 | 本年利润 | | 2 700 000 | | | | |
| 28 | 生产成本 | 65 450 | | | | | |
| 29 | 制造费用 | | | | | | |
| 30 | 主营业务收入 | | | | | | |
| 31 | 其他业务收入 | | | | | | |
| 32 | 营业外收入 | | | | | | |
| 33 | 主营业务成本 | | | | | | |
| 34 | 其他业务成本 | | | | | | |
| 35 | 税金及附加 | | | | | | |
| 36 | 销售费用 | | | | | | |
| 37 | 管理费用 | | | | | | |
| 38 | 财务费用 | | | | | | |
| 39 | 信用减值损失 | | | | | | |
| 40 | 营业外支出 | | | | | | |
| 41 | 所得税费用 | | | | | | |
| | 合　计 | 32 038 000 | 32 038 000 | | | | |

# 任务7-2　编制资产负债表

业务66

## 资产负债表

2×19年12月31日

会企01表

编制单位:(盖章)　　　　　　　　　　　　　　　　　　　　　　　　　　　　　　单位:元

| 资产 | 期末余额 | 上年年末余额（略） | 负债和所有者权益（或股东权益） | 期末余额 | 上年年末余额（略） |
|---|---|---|---|---|---|
| 流动资产: | | | 流动负债: | | |
| 货币资金 | | | 短期借款 | | |
| 交易性金融资产 | | | 交易性金融负债 | | |
| 衍生金融资产 | | | 衍生金融负债 | | |
| 应收票据 | | | 应付票据 | | |
| 应收账款 | | | 应付账款 | | |
| 预付款项 | | | 预收款项 | | |
| 其他应收款 | | | 合同负债 | | |
| 存货 | | | 应付职工薪酬 | | |
| 合同资产 | | | 应交税费 | | |
| 持有待售资产 | | | 其他应付款 | | |
| 一年内到期的非流动资产 | | | 持有待售负债 | | |
| 其他流动资产 | | | 一年内到期的非流动负债 | | |
| 流动资产合计 | | | 其他流动负债 | | |
| 非流动资产: | | | 流动负债合计 | | |
| 债权投资 | | | 非流动负债: | | |
| 其他债权投资 | | | 长期借款 | | |
| 长期应收款 | | | 应付债券 | | |
| 长期股权投资 | | | 其中:优先股 | | |
| 其他权益工具投资 | | | 永续债 | | |
| 其他非流动金融资产 | | | 租赁负债 | | |
| 投资性房地产 | | | 长期应付款 | | |
| 固定资产 | | | 预计负债 | | |
| 在建工程 | | | 递延收益 | | |
| 生产性生物资产 | | | 递延所得税负债 | | |
| 油气资产 | | | 其他非流动负债 | | |
| 无形资产 | | | 非流动负债合计 | | |
| 开发支出 | | | 负债合计 | | |
| 商誉 | | | 所有者权益（或股东权益）: | | |
| 长期待摊费用 | | | 实收资本（或股本） | | |
| 递延所得税资产 | | | 其他权益工具 | | |
| 其他非流动资产 | | | 其中:优先股 | | |
| 非流动资产合计 | | | 永续债 | | |
| | | | 资本公积 | | |
| | | | 减:库存股 | | |
| | | | 其他综合收益 | | |
| | | | 专项储备 | | |
| | | | 盈余公积 | | |
| | | | 未分配利润 | | |
| | | | 所有者权益（或股东权益）合计 | | |
| 资产总计 | | | 负债和所有者权益（或股东权益）总计 | | |

# 任务 7-3 编制利润表

**业务 67**

编制利润表

## 利 润 表

### 2×19 年 12 月

编制单位：（盖章）　　　　　　　　　　　　　　　　　　　　　　　　　　会企 02 表
单位：元

| 项　　目 | 本期金额 | 本年累计金额 |
|---|---|---|
| 一、营业收入 | | |
| 减：营业成本 | | |
| 　　税金及附加 | | |
| 　　销售费用 | | |
| 　　管理费用 | | |
| 　　研发费用 | | |
| 　　财务费用 | | |
| 　　其中：利息费用 | | |
| 　　　　　利息收入 | | |
| 加：其他收益 | | |
| 　　投资收益（损失以"－"号填列） | | |
| 　　其中：对联营企业和合营企业的投资收益 | | |
| 　　以摊余成本计量的金融资产终止确认收益（损失以"－"号填列） | | |
| 　　净敞口套期收益（损失以"－"号填列） | | |
| 　　公允价值变动收益（损失以"－"号填列） | | |
| 　　信用减值损失（损失以"－"号填列） | | |
| 　　资产减值损失（损失以"－"号填列） | | |
| 　　资产处置收益（损失以"－"号填列） | | |
| 二、营业利润（亏损以"－"号填列） | | |
| 加：营业外收入 | | |
| 减：营业外支出 | | |
| 三、利润总额（亏损总额以"－"号填列） | | |
| 减：所得税费用 | | |
| 四、净利润（净亏损以"－"号填列） | | |
| 　（一）持续经营净利润（净亏损以"－"号填列） | | |
| 　（二）终止经营净利润（净亏损以"－"号填列） | | |
| 五、其他综合收益的税后净额 | | |
| 　（一）不能重分类进损益的其他综合收益 | | |
| 　（二）将重分类进损益的其他综合收益 | | |
| 六、综合收益总额 | | |
| 七、每股收益： | | |
| 　（一）基本每股收益 | | |
| 　（二）稀释每股收益 | | |

## 收 款 凭 证

| | 总号 | 3 |
|---|---|---|
| | 分号 | 收1 |

附件　2　张

2×19 年 12 月 01 日

借方科目　银行存款

| 摘要 | 应贷科目 | | 过账 | 金额 | | | | | | | | | |
|---|---|---|---|---|---|---|---|---|---|---|---|---|---|
| | 一级科目 | 二级及明细科目 | | 亿 | 千 | 百 | 十 | 万 | 千 | 百 | 十 | 元 | 角 | 分 |
| 现销永宏机械公司产品 | 主营业务收入 | A产品 | | | | 4 | 0 | 0 | 0 | 0 | 0 | 0 | 0 | 0 |
| | | B产品 | | | | 2 | 2 | 0 | 0 | 0 | 0 | 0 | 0 | 0 |
| | 应交税费 | 应交增值税(销项税额) | | | | | 8 | 0 | 6 | 0 | 0 | 0 | 0 | 0 |
| 合　计 | | | | ¥ | 7 | 0 | 0 | 6 | 0 | 0 | 0 | 0 | 0 |

财会主管　王丹　　记账　　出纳　　复核　　制单

---

## 收 款 凭 证

| | 总号 | |
|---|---|---|
| | 分号 | |

附件　　张

　年　月　日

借方科目

| 摘要 | 应贷科目 | | 过账 | 金额 | | | | | | | | | |
|---|---|---|---|---|---|---|---|---|---|---|---|---|---|---|
| | 一级科目 | 二级及明细科目 | | 亿 | 千 | 百 | 十 | 万 | 千 | 百 | 十 | 元 | 角 | 分 |
| | | | | | | | | | | | | | | |
| | | | | | | | | | | | | | | |
| | | | | | | | | | | | | | | |
| 合　计 | | | | | | | | | | | | | | |

财会主管　　记账　　出纳　　复核　　制单

# 收款凭证

| 总号 | |
|---|---|
| 分号 | |

附件　张

年　月　日

| 摘要 | 应贷科目 | | 过账 | 金额 |
|---|---|---|---|---|
| | 一级科目 | 二级及明细科目 | | 亿 千 百 十 万 千 百 十 元 角 分 |
| | | | | |
| | | | | |
| | | | | |
| | | | | |
| | | | | |
| 合计 | | | | |

借方科目

制单　　复核　　出纳　　记账　　财会主管

---

# 收款凭证

| 总号 | |
|---|---|
| 分号 | |

附件　张

年　月　日

| 摘要 | 应贷科目 | | 过账 | 金额 |
|---|---|---|---|---|
| | 一级科目 | 二级及明细科目 | | 亿 千 百 十 万 千 百 十 元 角 分 |
| | | | | |
| | | | | |
| | | | | |
| | | | | |
| | | | | |
| 合计 | | | | |

借方科目

制单　　复核　　出纳　　记账　　财会主管

收 款 凭 证

总 号
分 号

附件

年 月 日

借方科目 .........

摘 要

应 贷 科 目
一级科目
二级及明细科目

过账

金 额
亿 千 百 十 万 千 百 十 元 角 分

张

合 计

制单　　　复核　　　出纳　　　记账　　　财会主管

---

收 款 凭 证

总 号
分 号

附件

年 月 日

借方科目 .........

摘 要

应 贷 科 目
一级科目
二级及明细科目

过账

金 额
亿 千 百 十 万 千 百 十 元 角 分

张

合 计

制单　　　复核　　　出纳　　　记账　　　财会主管

收款凭证

收款凭证

| 总号 | |
|---|---|
| 分号 | |

附件　　　　张

年　月　日

借方科目 …………

| 摘要 | 应贷科目 | | 过账 | 金额 | | | | | | | | | | |
|---|---|---|---|---|---|---|---|---|---|---|---|---|---|---|
| | 一级科目 | 二级及明细科目 | | 亿 | 千 | 百 | 十 | 万 | 千 | 百 | 十 | 元 | 角 | 分 |
| | | | | | | | | | | | | | | |
| | | | | | | | | | | | | | | |
| | | | | | | | | | | | | | | |
| 合计 | | | | | | | | | | | | | | |

制单　　复核　　出纳　　记账　　财会主管

## 收 款 凭 证

总号　　号
分号　　号

附件　　　　张

借方科目 _____

| 摘要 | 应 贷 科 目 | | 过账 | 金　额 | | | | | | | | | | |
|---|---|---|---|---|---|---|---|---|---|---|---|---|---|---|
| | 一级科目 | 二级及明细科目 | | 亿 | 千 | 百 | 十 | 万 | 千 | 百 | 十 | 元 | 角 | 分 |
| | | | | | | | | | | | | | | |
| | | | | | | | | | | | | | | |
| | | | | | | | | | | | | | | |
| | | | | | | | | | | | | | | |
| | | | | | | | | | | | | | | |
| 合　计 | | | | | | | | | | | | | | |

年　月　日

财会主管　　　记账　　　出纳　　　复核　　　制单

## 收 款 凭 证

总号　　号
分号　　号

附件　　　　张

借方科目 _____

| 摘要 | 应 贷 科 目 | | 过账 | 金　额 | | | | | | | | | | |
|---|---|---|---|---|---|---|---|---|---|---|---|---|---|---|
| | 一级科目 | 二级及明细科目 | | 亿 | 千 | 百 | 十 | 万 | 千 | 百 | 十 | 元 | 角 | 分 |
| | | | | | | | | | | | | | | |
| | | | | | | | | | | | | | | |
| | | | | | | | | | | | | | | |
| | | | | | | | | | | | | | | |
| | | | | | | | | | | | | | | |
| 合　计 | | | | | | | | | | | | | | |

年　月　日

财会主管　　　记账　　　出纳　　　复核　　　制单

收 款 凭 证

总 号
分 号

附件　　　张

借方科目

年　月　日

过账

应贷科目
一级科目　二级及明细科目

金额
亿千百十万千百十元角分

摘要

合计

合 计

制单　　复核　　出纳　　记账　　财会主管

收 款 凭 证

总 号
分 号

附件　　　张

借方科目

年　月　日

过账

应贷科目
一级科目　二级及明细科目

金额
亿千百十万千百十元角分

摘要

合计

合 计

制单　　复核　　出纳　　记账　　财会主管

# 付款凭证

贷方科目　银行存款

2×19 年 12 月 01 日

| 摘要 | 应借科目 | | 金额（亿千百十万千百十元角分） | 过账 |
|---|---|---|---|---|
| | 一级科目 | 二级及明细科目 | | |
| 钱货两清购进丙、丁材料 | 原材料 | 丙材料 | 1 0 0 0 0 0 0 0 0 | |
| | | 丁材料 | 5 0 0 0 0 0 0 0 | |
| | 应交税费 | 应交增值税(进项税额) | 1 9 5 0 0 0 0 0 | |
| 合计 | | | ¥1 6 9 5 0 0 0 0 0 0 | |

财会主管　王升　记账　出纳　复核　制单　领款人签章

---

# 付款凭证

贷方科目

　年　月　日

| 摘要 | 应借科目 | | 金额（亿千百十万千百十元角分） | 过账 |
|---|---|---|---|---|
| | 一级科目 | 二级及明细科目 | | |
| | | | | |
| | | | | |
| | | | | |
| 合计 | | | | |

财会主管　记账　出纳　复核　制单　领款人签章

付 款 凭 证

总 号
分 号

附件　　　张

贷方科目

年　月　日

| 摘要 | 应借科目 | | 过账 | 金额 | | | | | | | | | |
|---|---|---|---|---|---|---|---|---|---|---|---|---|---|
| | 一级科目 | 二级及明细科目 | | 亿 | 千 | 百 | 十 | 万 | 千 | 百 | 十 | 元 | 角 | 分 |
| | | | | | | | | | | | | | |
| | | | | | | | | | | | | | |
| | | | | | | | | | | | | | |
| | | | | | | | | | | | | | |
| 合　计 | | | | | | | | | | | | | | |

领款人签章　　制单　　复核　　出纳　　记账　　财会主管

---

付 款 凭 证

总 号
分 号

附件　　　张

贷方科目

年　月　日

| 摘要 | 应借科目 | | 过账 | 金额 | | | | | | | | | |
|---|---|---|---|---|---|---|---|---|---|---|---|---|---|
| | 一级科目 | 二级及明细科目 | | 亿 | 千 | 百 | 十 | 万 | 千 | 百 | 十 | 元 | 角 | 分 |
| | | | | | | | | | | | | | |
| | | | | | | | | | | | | | |
| | | | | | | | | | | | | | |
| | | | | | | | | | | | | | |
| 合　计 | | | | | | | | | | | | | | |

领款人签章　　制单　　复核　　出纳　　记账　　财会主管

付 款 凭 证

总 号
分 号

附件　　　　张

贷方科目 ……………

| 摘要 | 应 借 科 目 | | 过账 | 金 额 | | | | | | | | | | |
|------|------|------|------|---|---|---|---|---|---|---|---|---|---|---|
| | 一级科目 | 二级及明细科目 | | 亿 | 千 | 百 | 十 | 万 | 千 | 百 | 十 | 元 | 角 | 分 |
| | | | | | | | | | | | | | | |
| | | | | | | | | | | | | | | |
| | | | | | | | | | | | | | | |
| | | | | | | | | | | | | | | |
| 合计 | | | | | | | | | | | | | | |

年　月　日

财会主管　　　　记账　　　　出纳　　　　复核　　　　制单　　　　领款人签章

付 款 凭 证

总 号
分 号

附件　　　　张

贷方科目 ……………

| 摘要 | 应 借 科 目 | | 过账 | 金 额 | | | | | | | | | | |
|------|------|------|------|---|---|---|---|---|---|---|---|---|---|---|
| | 一级科目 | 二级及明细科目 | | 亿 | 千 | 百 | 十 | 万 | 千 | 百 | 十 | 元 | 角 | 分 |
| | | | | | | | | | | | | | | |
| | | | | | | | | | | | | | | |
| | | | | | | | | | | | | | | |
| | | | | | | | | | | | | | | |
| 合计 | | | | | | | | | | | | | | |

年　月　日

财会主管　　　　记账　　　　出纳　　　　复核　　　　制单　　　　领款人签章

付 款 凭 证

总号

分号

附件 　　 张

贷方科目 　　　　

| 摘要 | 应借科目 | | 过账 | 金额 |
|---|---|---|---|---|
| | 一级科目 | 二级及明细科目 | | 亿千百十万千百十元角分 |
| | | | | |
| | | | | |
| | | | | |
| | | | | |
| 合 计 | | | | |

年 月 日

财会主管　　　　　　记账　　　　　　出纳　　　　　　复核　　　　　　制单　　　　　　领款人签章

付 款 凭 证

总号

分号

附件 　　 张

贷方科目 　　　　

| 摘要 | 应借科目 | | 过账 | 金额 |
|---|---|---|---|---|
| | 一级科目 | 二级及明细科目 | | 亿千百十万千百十元角分 |
| | | | | |
| | | | | |
| | | | | |
| | | | | |
| 合 计 | | | | |

年 月 日

财会主管　　　　　　记账　　　　　　出纳　　　　　　复核　　　　　　制单　　　　　　领款人签章

付 款 凭 证

总 号
分 号

附件　　　张

贷方科目 ……

| 摘 要 | 应 借 科 目 | | 过账 | 金 额 | | | | | | | | | |
|---|---|---|---|---|---|---|---|---|---|---|---|---|---|
| | 一级科目 | 二级及明细科目 | | 亿 | 千 | 百 | 十 | 万 | 千 | 百 | 十 | 元 | 角 | 分 |
| | | | | | | | | | | | | | |
| | | | | | | | | | | | | | |
| | | | | | | | | | | | | | |
| | | | | | | | | | | | | | |
| | | | | | | | | | | | | | |
| 合 计 | | | | | | | | | | | | | |

年 月 日

财会主管　　　记账　　　出纳　　　复核　　　制单　　　领款人签章

付 款 凭 证

总 号
分 号

附件　　　张

贷方科目 ……

| 摘 要 | 应 借 科 目 | | 过账 | 金 额 | | | | | | | | | |
|---|---|---|---|---|---|---|---|---|---|---|---|---|---|
| | 一级科目 | 二级及明细科目 | | 亿 | 千 | 百 | 十 | 万 | 千 | 百 | 十 | 元 | 角 | 分 |
| | | | | | | | | | | | | | |
| | | | | | | | | | | | | | |
| | | | | | | | | | | | | | |
| | | | | | | | | | | | | | |
| | | | | | | | | | | | | | |
| 合 计 | | | | | | | | | | | | | |

年 月 日

财会主管　　　记账　　　出纳　　　复核　　　制单　　　领款人签章

## 付款凭证

总号
分号

附件　　　张

贷方科目

年　月　日

| 摘要 | 应借科目 | | 过账 | 金额 |
| --- | --- | --- | --- | --- |
| | 一级科目 | 二级及明细科目 | | 亿千百十万千百十元角分 |
| | | | | |
| | | | | |
| | | | | |
| | | | | |
| 合计 | | | | |

领款人签章　　制单　　复核　　出纳　　记账　　财会主管

---

## 付款凭证

总号
分号

附件　　　张

贷方科目

年　月　日

| 摘要 | 应借科目 | | 过账 | 金额 |
| --- | --- | --- | --- | --- |
| | 一级科目 | 二级及明细科目 | | 亿千百十万千百十元角分 |
| | | | | |
| | | | | |
| | | | | |
| | | | | |
| 合计 | | | | |

领款人签章　　制单　　复核　　出纳　　记账　　财会主管

付 款 凭 证

总 号
分 号

贷方科目

附件　　　　张

年　月　日

| 摘要 | 应　借　科　目 | | 过账 | 金　额 | | | | | | | | | | |
|---|---|---|---|---|---|---|---|---|---|---|---|---|---|---|
| | 一级科目 | 二级及明细科目 | | 亿 | 千 | 百 | 十 | 万 | 千 | 百 | 十 | 元 | 角 | 分 |
| | | | | | | | | | | | | | | |
| | | | | | | | | | | | | | | |
| | | | | | | | | | | | | | | |
| | | | | | | | | | | | | | | |
| | | | | | | | | | | | | | | |
| 合　计 | | | | | | | | | | | | | | |

财会主管　　　记账　　　出纳　　　复核　　　制单　　　领款人签章

付 款 凭 证

总 号
分 号

贷方科目

附件　　　　张

年　月　日

| 摘要 | 应　借　科　目 | | 过账 | 金　额 | | | | | | | | | | |
|---|---|---|---|---|---|---|---|---|---|---|---|---|---|---|
| | 一级科目 | 二级及明细科目 | | 亿 | 千 | 百 | 十 | 万 | 千 | 百 | 十 | 元 | 角 | 分 |
| | | | | | | | | | | | | | | |
| | | | | | | | | | | | | | | |
| | | | | | | | | | | | | | | |
| | | | | | | | | | | | | | | |
| | | | | | | | | | | | | | | |
| 合　计 | | | | | | | | | | | | | | |

财会主管　　　记账　　　出纳　　　复核　　　制单　　　领款人签章

## 付 款 凭 证

| 总号 | |
|---|---|
| 分号 | |

附件　　张

贷方科目

年　月　日

| 应借科目 | | 摘要 | 金额 | | | | | | | | | | | 过账 |
|---|---|---|---|---|---|---|---|---|---|---|---|---|---|---|
| 一级科目 | 二级及明细科目 | | 亿 | 千 | 百 | 十 | 万 | 千 | 百 | 十 | 元 | 角 | 分 | |
| | | | | | | | | | | | | | | |
| | | | | | | | | | | | | | | |
| | | | | | | | | | | | | | | |
| | | | | | | | | | | | | | | |
| | | | | | | | | | | | | | | |
| 合计 | | | | | | | | | | | | | | |

财会主管　　　记账　　　出纳　　　复核　　　制单　　　领款人签章

---

## 付 款 凭 证

| 总号 | |
|---|---|
| 分号 | |

附件　　张

贷方科目

年　月　日

| 应借科目 | | 摘要 | 金额 | | | | | | | | | | | 过账 |
|---|---|---|---|---|---|---|---|---|---|---|---|---|---|---|
| 一级科目 | 二级及明细科目 | | 亿 | 千 | 百 | 十 | 万 | 千 | 百 | 十 | 元 | 角 | 分 | |
| | | | | | | | | | | | | | | |
| | | | | | | | | | | | | | | |
| | | | | | | | | | | | | | | |
| | | | | | | | | | | | | | | |
| | | | | | | | | | | | | | | |
| 合计 | | | | | | | | | | | | | | |

财会主管　　　记账　　　出纳　　　复核　　　制单　　　领款人签章

付款凭证

贷方科目＿＿＿＿＿＿

总号
分号

年 月 日

附件 张

| 摘要 | 应借科目 | | 过账 | 金额 |
|---|---|---|---|---|
| | 一级科目 | 二级及明细科目 | | 亿千百十万千百十元角分 |
| | | | | |
| | | | | |
| | | | | |
| | | | | |
| 合计 | | | | |

财会主管　　　记账　　　出纳　　　复核　　　制单　　　领款人签章

付款凭证

贷方科目＿＿＿＿＿＿

总号
分号

年 月 日

附件 张

| 摘要 | 应借科目 | | 过账 | 金额 |
|---|---|---|---|---|
| | 一级科目 | 二级及明细科目 | | 亿千百十万千百十元角分 |
| | | | | |
| | | | | |
| | | | | |
| | | | | |
| 合计 | | | | |

财会主管　　　记账　　　出纳　　　复核　　　制单　　　领款人签章

付 款 凭 证

总 号
分 号

附件　　　　　　张

贷方科目

| 摘要 | 应　借　科　目 | | 过账 | 金　　额 | | | | | | | | | | |
|---|---|---|---|---|---|---|---|---|---|---|---|---|---|---|
| | 一级科目 | 二级及明细科目 | | 亿 | 千 | 百 | 十 | 万 | 千 | 百 | 十 | 元 | 角 | 分 |
| | | | | | | | | | | | | | | |
| | | | | | | | | | | | | | | |
| | | | | | | | | | | | | | | |
| | | | | | | | | | | | | | | |
| | | | | | | | | | | | | | | |
| 合计 | | | | | | | | | | | | | | |

年　月　日

财会主管　　　记账　　　出纳　　　复核　　　制单　　　领款人签章

---

付 款 凭 证

总 号
分 号

附件　　　　　　张

贷方科目

| 摘要 | 应　借　科　目 | | 过账 | 金　　额 | | | | | | | | | | |
|---|---|---|---|---|---|---|---|---|---|---|---|---|---|---|
| | 一级科目 | 二级及明细科目 | | 亿 | 千 | 百 | 十 | 万 | 千 | 百 | 十 | 元 | 角 | 分 |
| | | | | | | | | | | | | | | |
| | | | | | | | | | | | | | | |
| | | | | | | | | | | | | | | |
| | | | | | | | | | | | | | | |
| | | | | | | | | | | | | | | |
| 合计 | | | | | | | | | | | | | | |

年　月　日

财会主管　　　记账　　　出纳　　　复核　　　制单　　　领款人签章

# 付款凭证

| 总号 | |
| --- | --- |
| 分号 | |

附件 张

应借科目

| 过账 | 一级科目 | 二级及明细科目 | 金额 |
| --- | --- | --- | --- |
| | | | 亿 千 百 十 万 千 百 十 元 角 分 |

年 月 日

摘要

合计

贷方科目

领款人签章 　 制单 　 复核 　 出纳 　 记账 　 财会主管

# 付款凭证

| 总号 | |
| --- | --- |
| 分号 | |

附件 张

应借科目

| 过账 | 一级科目 | 二级及明细科目 | 金额 |
| --- | --- | --- | --- |
| | | | 亿 千 百 十 万 千 百 十 元 角 分 |

年 月 日

摘要

合计

贷方科目

领款人签章 　 制单 　 复核 　 出纳 　 记账 　 财会主管

付 款 凭 证

总 号
分 号

张

附件

年 月 日

应 借 科 目

| 一级科目 | 二级及明细科目 | 过账 | 金　额 | | | | | | | | | | |
|---|---|---|---|---|---|---|---|---|---|---|---|---|
| | | | 亿 | 千 | 百 | 十 | 万 | 千 | 百 | 十 | 元 | 角 | 分 |
| | | | | | | | | | | | | | |
| | | | | | | | | | | | | | |
| | | | | | | | | | | | | | |
| | | | | | | | | | | | | | |
| 合　计 | | | | | | | | | | | | | |

摘　要

贷方科目

出纳　　复核　　制单　　领款人签章

财会主管　　　记账

付 款 凭 证

总 号
分 号

张

附件

年 月 日

应 借 科 目

| 一级科目 | 二级及明细科目 | 过账 | 金　额 | | | | | | | | | | |
|---|---|---|---|---|---|---|---|---|---|---|---|---|
| | | | 亿 | 千 | 百 | 十 | 万 | 千 | 百 | 十 | 元 | 角 | 分 |
| | | | | | | | | | | | | | |
| | | | | | | | | | | | | | |
| | | | | | | | | | | | | | |
| | | | | | | | | | | | | | |
| 合　计 | | | | | | | | | | | | | |

摘　要

贷方科目

出纳　　复核　　制单　　领款人签章

财会主管　　　记账

# 付款凭证

| 总号 | |
|---|---|
| 分号 | |

附件 ___ 张

| 摘要 | 应借科目 | | 过账 | 金额 | | | | | | | | | | |
|---|---|---|---|---|---|---|---|---|---|---|---|---|---|---|
| | 一级科目 | 二级及明细科目 | | 亿 | 千 | 百 | 十 | 万 | 千 | 百 | 十 | 元 | 角 | 分 |
| | | | | | | | | | | | | | | |
| | | | | | | | | | | | | | | |
| | | | | | | | | | | | | | | |
| | | | | | | | | | | | | | | |
| 合计 | | | | | | | | | | | | | | |

贷方科目 ............

领款人签章　　　　制单　　　　复核　　　　出纳　　　　记账　　　　财会主管

---

# 付款凭证

| 总号 | |
|---|---|
| 分号 | |

附件 ___ 张

| 摘要 | 应借科目 | | 过账 | 金额 | | | | | | | | | | |
|---|---|---|---|---|---|---|---|---|---|---|---|---|---|---|
| | 一级科目 | 二级及明细科目 | | 亿 | 千 | 百 | 十 | 万 | 千 | 百 | 十 | 元 | 角 | 分 |
| | | | | | | | | | | | | | | |
| | | | | | | | | | | | | | | |
| | | | | | | | | | | | | | | |
| | | | | | | | | | | | | | | |
| 合计 | | | | | | | | | | | | | | |

贷方科目 ............

领款人签章　　　　制单　　　　复核　　　　出纳　　　　记账　　　　财会主管

付 款 凭 证

总号
分号

附件　　　张

| 摘要 | 借 应 科目 | | 过账 | 金额 | | | | | | | | | |
|------|------|------|------|------|------|------|------|------|------|------|------|------|------|
| | 一级科目 | 二级及明细科目 | | 亿 | 千 | 百 | 十 | 万 | 千 | 百 | 十 | 元 | 角 | 分 |
| | | | | | | | | | | | | | | |
| 合　计 | | | | | | | | | | | | | | |

贷方科目

领款人签章　　制单　　复核　　出纳　　记账　　财会主管

付 款 凭 证

总号
分号

附件　　　张

| 摘要 | 借 应 科目 | | 过账 | 金额 | | | | | | | | | |
|------|------|------|------|------|------|------|------|------|------|------|------|------|------|
| | 一级科目 | 二级及明细科目 | | 亿 | 千 | 百 | 十 | 万 | 千 | 百 | 十 | 元 | 角 | 分 |
| | | | | | | | | | | | | | | |
| 合　计 | | | | | | | | | | | | | | |

贷方科目

领款人签章　　制单　　复核　　出纳　　记账　　财会主管

付 款 凭 证

| | | |
|---|---|---|
| 总 | 号 | |
| 分 | 号 | |

贷方科目

摘要

| 应 借 科 目 | | 过账 | 金 额 | | | | | | | | | | | |
|---|---|---|---|---|---|---|---|---|---|---|---|---|---|
| 一级科目 | 二级及明细科目 | | 亿 | 千 | 百 | 十 | 万 | 千 | 百 | 十 | 元 | 角 | 分 |
| | | | | | | | | | | | | | |
| | | | | | | | | | | | | | |
| | | | | | | | | | | | | | |
| | | | | | | | | | | | | | |
| | | | | | | | | | | | | | |
| 合 计 | | | | | | | | | | | | | |

年 月 日    附件    张

财会主管    记账    出纳    复核    制单    领款人签章

付 款 凭 证

| | | |
|---|---|---|
| 总 | 号 | |
| 分 | 号 | |

贷方科目

摘要

| 应 借 科 目 | | 过账 | 金 额 | | | | | | | | | | | |
|---|---|---|---|---|---|---|---|---|---|---|---|---|---|
| 一级科目 | 二级及明细科目 | | 亿 | 千 | 百 | 十 | 万 | 千 | 百 | 十 | 元 | 角 | 分 |
| | | | | | | | | | | | | | |
| | | | | | | | | | | | | | |
| | | | | | | | | | | | | | |
| | | | | | | | | | | | | | |
| | | | | | | | | | | | | | |
| 合 计 | | | | | | | | | | | | | |

年 月 日    附件    张

财会主管    记账    出纳    复核    制单    领款人签章

付 款 凭 证

| 总 号 | |
|---|---|
| 分 号 | |

附件　　　张

贷方科目

| 摘要 | 应借科目 | | 过账 | 金额 |
|---|---|---|---|---|
| | 一级科目 | 二级及明细科目 | | 亿千百十万千百十元角分 |
| | | | | |
| | | | | |
| | | | | |
| | | | | |
| | | | | |
| 合　计 | | | | |

年　月　日

财会主管　　　记账　　　出纳　　　复核　　　制单　　　领款人签章

---

付 款 凭 证

| 总 号 | |
|---|---|
| 分 号 | |

附件　　　张

贷方科目

| 摘要 | 应借科目 | | 过账 | 金额 |
|---|---|---|---|---|
| | 一级科目 | 二级及明细科目 | | 亿千百十万千百十元角分 |
| | | | | |
| | | | | |
| | | | | |
| | | | | |
| | | | | |
| 合　计 | | | | |

年　月　日

财会主管　　　记账　　　出纳　　　复核　　　制单　　　领款人签章

## 转 账 凭 证

2×19 年 12 月 01 日

| 摘要 | 一级科目 | 二级明细科目 | 过账 | 借方金额 千百十万千百十元角分 | 贷方金额 千百十万千百十元角分 |
|---|---|---|---|---|---|
| 在途材料验收入库 | 原材料 | 甲材料 | | 1 1 2 0 0 0 0 0 | |
| | | 乙材料 | | 1 2 0 0 0 0 0 | |
| | 在途物资 | 虹海金属公司 | | | 2 3 2 0 0 0 0 0 |
| 合　计 | | | | ¥2 3 2 0 0 0 0 0 | ¥2 3 2 0 0 0 0 0 |

财会主管 王丹　复核　记账　制单

---

## 转 账 凭 证

___ 年 ___ 月 ___ 日

| 摘要 | 一级科目 | 二级明细科目 | 过账 | 借方金额 千百十万千百十元角分 | 贷方金额 千百十万千百十元角分 |
|---|---|---|---|---|---|
| | | | | | |
| | | | | | |
| | | | | | |
| 合　计 | | | | | |

财会主管　复核　记账　制单

# 转 账 凭 证

总 号
分 号

附件 _____ 张

| 摘 要 | 一级科目 | 二级明细科目 | 过账 | 借方金额 |  |  |  |  |  |  |  |  | 贷方金额 |  |  |  |  |  |  |  |  |
|---|---|---|---|---|---|---|---|---|---|---|---|---|---|---|---|---|---|---|---|---|---|---|
|  |  |  |  | 千 | 百 | 十 | 万 | 千 | 百 | 十 | 元 | 角 | 分 | 千 | 百 | 十 | 万 | 千 | 百 | 十 | 元 | 角 | 分 |
|  |  |  |  |  |  |  |  |  |  |  |  |  |  |  |  |  |  |  |  |  |  |  |  |
|  |  |  |  |  |  |  |  |  |  |  |  |  |  |  |  |  |  |  |  |  |  |  |  |
|  |  |  |  |  |  |  |  |  |  |  |  |  |  |  |  |  |  |  |  |  |  |  |  |
|  |  |  |  |  |  |  |  |  |  |  |  |  |  |  |  |  |  |  |  |  |  |  |  |
| 合 计 |  |  |  |  |  |  |  |  |  |  |  |  |  |  |  |  |  |  |  |  |  |  |  |

年 月 日

财会主管 _____ 复核 _____ 记账 _____ 制单 _____

# 转 账 凭 证

总 号
分 号

附件 _____ 张

| 摘 要 | 一级科目 | 二级明细科目 | 过账 | 借方金额 |  |  |  |  |  |  |  |  | 贷方金额 |  |  |  |  |  |  |  |  |
|---|---|---|---|---|---|---|---|---|---|---|---|---|---|---|---|---|---|---|---|---|---|---|
|  |  |  |  | 千 | 百 | 十 | 万 | 千 | 百 | 十 | 元 | 角 | 分 | 千 | 百 | 十 | 万 | 千 | 百 | 十 | 元 | 角 | 分 |
|  |  |  |  |  |  |  |  |  |  |  |  |  |  |  |  |  |  |  |  |  |  |  |  |
|  |  |  |  |  |  |  |  |  |  |  |  |  |  |  |  |  |  |  |  |  |  |  |  |
|  |  |  |  |  |  |  |  |  |  |  |  |  |  |  |  |  |  |  |  |  |  |  |  |
|  |  |  |  |  |  |  |  |  |  |  |  |  |  |  |  |  |  |  |  |  |  |  |  |
| 合 计 |  |  |  |  |  |  |  |  |  |  |  |  |  |  |  |  |  |  |  |  |  |  |  |

年 月 日

财会主管 _____ 复核 _____ 记账 _____ 制单 _____

## 转账凭证

| 总号 | |
|---|---|
| 分号 | |

附件　　　　张

| 摘要 | 一级科目 | 二级明细科目 | 过账 | 借方金额 | | | | | | | | | | 贷方金额 | | | | | | | | | |
|---|---|---|---|---|---|---|---|---|---|---|---|---|---|---|---|---|---|---|---|---|---|---|---|
| | | | | 千 | 百 | 十 | 万 | 千 | 百 | 十 | 元 | 角 | 分 | 千 | 百 | 十 | 万 | 千 | 百 | 十 | 元 | 角 | 分 |
| | | | | | | | | | | | | | | | | | | | | | | | |
| | | | | | | | | | | | | | | | | | | | | | | | |
| | | | | | | | | | | | | | | | | | | | | | | | |
| | | | | | | | | | | | | | | | | | | | | | | | |
| 合　计 | | | | | | | | | | | | | | | | | | | | | | | |

年　月　日

财会主管　　　　复核　　　　记账　　　　制单

---

## 转账凭证

| 总号 | |
|---|---|
| 分号 | |

附件　　　　张

| 摘要 | 一级科目 | 二级明细科目 | 过账 | 借方金额 | | | | | | | | | | 贷方金额 | | | | | | | | | |
|---|---|---|---|---|---|---|---|---|---|---|---|---|---|---|---|---|---|---|---|---|---|---|---|
| | | | | 千 | 百 | 十 | 万 | 千 | 百 | 十 | 元 | 角 | 分 | 千 | 百 | 十 | 万 | 千 | 百 | 十 | 元 | 角 | 分 |
| | | | | | | | | | | | | | | | | | | | | | | | |
| | | | | | | | | | | | | | | | | | | | | | | | |
| | | | | | | | | | | | | | | | | | | | | | | | |
| | | | | | | | | | | | | | | | | | | | | | | | |
| 合　计 | | | | | | | | | | | | | | | | | | | | | | | |

年　月　日

财会主管　　　　复核　　　　记账　　　　制单

# 转 账 凭 证

| 总 号 | |
|---|---|
| 分 号 | |

张

附件

| 摘 要 | 一级科目 | 二级明细科目 | 过账 | 借方金额 | | | | | | | | | | 贷方金额 | | | | | | | | |
|---|---|---|---|---|---|---|---|---|---|---|---|---|---|---|---|---|---|---|---|---|---|---|
| | | | | 千 | 百 | 十 | 万 | 千 | 百 | 十 | 元 | 角 | 分 | 千 | 百 | 十 | 万 | 千 | 百 | 十 | 元 | 角 | 分 |
| | | | | | | | | | | | | | | | | | | | | | | | |
| | | | | | | | | | | | | | | | | | | | | | | | |
| | | | | | | | | | | | | | | | | | | | | | | | |
| | | | | | | | | | | | | | | | | | | | | | | | |
| 合 计 | | | | | | | | | | | | | | | | | | | | | | | |

财会主管　　　　复核　　　　记账　　　　制单

# 转 账 凭 证

| 总 号 | |
|---|---|
| 分 号 | |

张

附件

| 摘 要 | 一级科目 | 二级明细科目 | 过账 | 借方金额 | | | | | | | | | | 贷方金额 | | | | | | | | |
|---|---|---|---|---|---|---|---|---|---|---|---|---|---|---|---|---|---|---|---|---|---|---|
| | | | | 千 | 百 | 十 | 万 | 千 | 百 | 十 | 元 | 角 | 分 | 千 | 百 | 十 | 万 | 千 | 百 | 十 | 元 | 角 | 分 |
| | | | | | | | | | | | | | | | | | | | | | | | |
| | | | | | | | | | | | | | | | | | | | | | | | |
| | | | | | | | | | | | | | | | | | | | | | | | |
| | | | | | | | | | | | | | | | | | | | | | | | |
| 合 计 | | | | | | | | | | | | | | | | | | | | | | | |

财会主管　　　　复核　　　　记账　　　　制单

# 转账凭证

总号
分号

附件　　　张

年　月　日

| 摘要 | 一级科目 | 二级明细科目 | 过账 | 借方金额 千百十万千百十元角分 | 贷方金额 千百十万千百十元角分 |
|---|---|---|---|---|---|
|  |  |  |  |  |  |
|  |  |  |  |  |  |
|  |  |  |  |  |  |
|  |  |  |  |  |  |
|  |  |  |  |  |  |
|  |  |  |  |  |  |
| 合计 |  |  |  |  |  |

财会主管　　　复核　　　记账　　　制单

# 转账凭证

总号
分号

附件　　　张

年　月　日

| 摘要 | 一级科目 | 二级明细科目 | 过账 | 借方金额 千百十万千百十元角分 | 贷方金额 千百十万千百十元角分 |
|---|---|---|---|---|---|
|  |  |  |  |  |  |
|  |  |  |  |  |  |
|  |  |  |  |  |  |
|  |  |  |  |  |  |
|  |  |  |  |  |  |
|  |  |  |  |  |  |
| 合计 |  |  |  |  |  |

财会主管　　　复核　　　记账　　　制单

## 转 账 凭 证

| 总 号 | |
|---|---|
| 分 号 | |

附件 张

| 摘 要 | 一级科目 | 二级明细科目 | 过账 | 借方金额 | | | | | | | | | | 贷方金额 | | | | | | | | | |
|---|---|---|---|---|---|---|---|---|---|---|---|---|---|---|---|---|---|---|---|---|---|---|---|---|
| | | | | 千 | 百 | 十 | 万 | 千 | 百 | 十 | 元 | 角 | 分 | 千 | 百 | 十 | 万 | 千 | 百 | 十 | 元 | 角 | 分 |
| | | | | | | | | | | | | | | | | | | | | | | | |
| | | | | | | | | | | | | | | | | | | | | | | | |
| | | | | | | | | | | | | | | | | | | | | | | | |
| | | | | | | | | | | | | | | | | | | | | | | | |
| 合 计 | | | | | | | | | | | | | | | | | | | | | | | |

财会主管　　　复核　　　记账　　　制单

## 转 账 凭 证

| 总 号 | |
|---|---|
| 分 号 | |

附件 张

| 摘 要 | 一级科目 | 二级明细科目 | 过账 | 借方金额 | | | | | | | | | | 贷方金额 | | | | | | | | | |
|---|---|---|---|---|---|---|---|---|---|---|---|---|---|---|---|---|---|---|---|---|---|---|---|---|
| | | | | 千 | 百 | 十 | 万 | 千 | 百 | 十 | 元 | 角 | 分 | 千 | 百 | 十 | 万 | 千 | 百 | 十 | 元 | 角 | 分 |
| | | | | | | | | | | | | | | | | | | | | | | | |
| | | | | | | | | | | | | | | | | | | | | | | | |
| | | | | | | | | | | | | | | | | | | | | | | | |
| | | | | | | | | | | | | | | | | | | | | | | | |
| 合 计 | | | | | | | | | | | | | | | | | | | | | | | |

财会主管　　　复核　　　记账　　　制单

# 转 账 凭 证

总号 ___ 分号 ___

附件 ___ 张

| 摘 要 | 一级科目 | 二级明细科目 | 过账 | 借方金额 千百十万千百十元角分 | 贷方金额 千百十万千百十元角分 |
|---|---|---|---|---|---|
| | | | | | |
| | | | | | |
| | | | | | |
| | | | | | |
| | | | | | |
| | | | | | |
| 合 计 | | | | | |

财会主管 ___ 复核 ___ 记账 ___ 制单 ___

---

# 转 账 凭 证

总号 ___ 分号 ___

附件 ___ 张

| 摘 要 | 一级科目 | 二级明细科目 | 过账 | 借方金额 千百十万千百十元角分 | 贷方金额 千百十万千百十元角分 |
|---|---|---|---|---|---|
| | | | | | |
| | | | | | |
| | | | | | |
| | | | | | |
| | | | | | |
| | | | | | |
| 合 计 | | | | | |

财会主管 ___ 复核 ___ 记账 ___ 制单 ___

# 转账凭证

总号 ___ 分号 ___ 附件 ___ 张

| 摘要 | 一级科目 | 二级明细科目 | 过账 | 借方金额 千百十万千百十元角分 | 贷方金额 千百十万千百十元角分 |
|------|---------|-------------|------|--------|--------|
| | | | | | |
| | | | | | |
| | | | | | |
| | | | | | |
| | | | | | |
| 合计 | | | | | |

制单 ___ 记账 ___ 复核 ___ 财会主管 ___

# 转账凭证

总号 ___ 分号 ___ 附件 ___ 张

| 摘要 | 一级科目 | 二级明细科目 | 过账 | 借方金额 千百十万千百十元角分 | 贷方金额 千百十万千百十元角分 |
|------|---------|-------------|------|--------|--------|
| | | | | | |
| | | | | | |
| | | | | | |
| | | | | | |
| | | | | | |
| 合计 | | | | | |

制单 ___ 记账 ___ 复核 ___ 财会主管 ___

转账凭证

| 总号 | | |
|---|---|---|
| 分号 | | |

附件　　　　张

| 摘要 | 一级科目 | 二级明细科目 | 年 月 日 过账 | 借方金额 千百十万千百十元角分 | 贷方金额 千百十万千百十元角分 |
|---|---|---|---|---|---|
| | | | | | |
| | | | | | |
| | | | | | |
| | | | | | |
| | | | | | |
| 合计 | | | | | |

财会主管　　　　复核　　　　记账　　　　制单

---

转账凭证

| 总号 | | |
|---|---|---|
| 分号 | | |

附件　　　　张

| 摘要 | 一级科目 | 二级明细科目 | 年 月 日 过账 | 借方金额 千百十万千百十元角分 | 贷方金额 千百十万千百十元角分 |
|---|---|---|---|---|---|
| | | | | | |
| | | | | | |
| | | | | | |
| | | | | | |
| | | | | | |
| 合计 | | | | | |

财会主管　　　　复核　　　　记账　　　　制单

转 账 凭 证

总 号
分 号

附件 ___ 张

| 摘要 | 一级科目 | 二级明细科目 | 过账 | 借方金额 | | | | | | | | | | 贷方金额 | | | | | | | | | |
|---|---|---|---|---|---|---|---|---|---|---|---|---|---|---|---|---|---|---|---|---|---|---|---|
| | | | | 千 | 百 | 十 | 万 | 千 | 百 | 十 | 元 | 角 | 分 | 千 | 百 | 十 | 万 | 千 | 百 | 十 | 元 | 角 | 分 |
| | | | | | | | | | | | | | | | | | | | | | | | |
| | | | | | | | | | | | | | | | | | | | | | | | |
| | | | | | | | | | | | | | | | | | | | | | | | |
| | | | | | | | | | | | | | | | | | | | | | | | |
| 合计 | | | | | | | | | | | | | | | | | | | | | | | |

年 月 日

财会主管 ___ 复核 ___ 记账 ___ 制单 ___

转 账 凭 证

总 号
分 号

附件 ___ 张

| 摘要 | 一级科目 | 二级明细科目 | 过账 | 借方金额 | | | | | | | | | | 贷方金额 | | | | | | | | | |
|---|---|---|---|---|---|---|---|---|---|---|---|---|---|---|---|---|---|---|---|---|---|---|---|
| | | | | 千 | 百 | 十 | 万 | 千 | 百 | 十 | 元 | 角 | 分 | 千 | 百 | 十 | 万 | 千 | 百 | 十 | 元 | 角 | 分 |
| | | | | | | | | | | | | | | | | | | | | | | | |
| | | | | | | | | | | | | | | | | | | | | | | | |
| | | | | | | | | | | | | | | | | | | | | | | | |
| | | | | | | | | | | | | | | | | | | | | | | | |
| 合计 | | | | | | | | | | | | | | | | | | | | | | | |

年 月 日

财会主管 ___ 复核 ___ 记账 ___ 制单 ___

| 总号 | |
|---|---|
| 分号 | |

# 转 账 凭 证

年 月 日　　　　附件　　张

| 摘要 | 一级科目 | 二级明细科目 | 过账 | 借方金额 | | | | | | | | | | 贷方金额 | | | | | | | | | |
|---|---|---|---|---|---|---|---|---|---|---|---|---|---|---|---|---|---|---|---|---|---|---|---|
| | | | | 千 | 百 | 十 | 万 | 千 | 百 | 十 | 元 | 角 | 分 | 千 | 百 | 十 | 万 | 千 | 百 | 十 | 元 | 角 | 分 |
| | | | | | | | | | | | | | | | | | | | | | | | |
| | | | | | | | | | | | | | | | | | | | | | | | |
| | | | | | | | | | | | | | | | | | | | | | | | |
| | | | | | | | | | | | | | | | | | | | | | | | |
| | | | | | | | | | | | | | | | | | | | | | | | |
| | | | | | | | | | | | | | | | | | | | | | | | |
| 合计 | | | | | | | | | | | | | | | | | | | | | | | |

财会主管　　复核　　记账　　制单

| 总号 | |
|---|---|
| 分号 | |

# 转 账 凭 证

年 月 日　　　　附件　　张

| 摘要 | 一级科目 | 二级明细科目 | 过账 | 借方金额 | | | | | | | | | | 贷方金额 | | | | | | | | | |
|---|---|---|---|---|---|---|---|---|---|---|---|---|---|---|---|---|---|---|---|---|---|---|---|
| | | | | 千 | 百 | 十 | 万 | 千 | 百 | 十 | 元 | 角 | 分 | 千 | 百 | 十 | 万 | 千 | 百 | 十 | 元 | 角 | 分 |
| | | | | | | | | | | | | | | | | | | | | | | | |
| | | | | | | | | | | | | | | | | | | | | | | | |
| | | | | | | | | | | | | | | | | | | | | | | | |
| | | | | | | | | | | | | | | | | | | | | | | | |
| | | | | | | | | | | | | | | | | | | | | | | | |
| | | | | | | | | | | | | | | | | | | | | | | | |
| 合计 | | | | | | | | | | | | | | | | | | | | | | | |

财会主管　　复核　　记账　　制单

## 转账凭证

总号

分号

附件 张

| 年 月 日 | 摘要 | 一级科目 | 二级明细科目 | 过账 | 借方金额 千百十万千百十元角分 | 贷方金额 千百十万千百十元角分 |
|---|---|---|---|---|---|---|
| | | | | | | |
| | | | | | | |
| | | | | | | |
| | | | | | | |
| | | | | | | |
| | 合计 | | | | | |

财会主管　　　复核　　　记账　　　制单

---

## 转账凭证

总号

分号

附件 张

| 年 月 日 | 摘要 | 一级科目 | 二级明细科目 | 过账 | 借方金额 千百十万千百十元角分 | 贷方金额 千百十万千百十元角分 |
|---|---|---|---|---|---|---|
| | | | | | | |
| | | | | | | |
| | | | | | | |
| | | | | | | |
| | | | | | | |
| | 合计 | | | | | |

财会主管　　　复核　　　记账　　　制单

| 转 账 凭 证 | | | | | | |
|---|---|---|---|---|---|---|
| 总 号 | | | | | | |
| 分 号 | | | | | | |
| 附件 张 | | | | | | |

| 年 月 日 | | | | 借方金额 | 贷方金额 |
|---|---|---|---|---|---|
| 摘 要 | 一级科目 | 二级明细科目 | 过账 | 千百十万千百十元角分 | 千百十万千百十元角分 |
| | | | | | |
| | | | | | |
| | | | | | |
| | | | | | |
| | | | | | |
| 合 计 | | | | | |

财会主管　　　　　　　　　　复核　　　　　　　　　　记账　　　　　　　　　　制单

| 转 账 凭 证 | | | | | | |
|---|---|---|---|---|---|---|
| 总 号 | | | | | | |
| 分 号 | | | | | | |
| 附件 张 | | | | | | |

| 年 月 日 | | | | 借方金额 | 贷方金额 |
|---|---|---|---|---|---|
| 摘 要 | 一级科目 | 二级明细科目 | 过账 | 千百十万千百十元角分 | 千百十万千百十元角分 |
| | | | | | |
| | | | | | |
| | | | | | |
| | | | | | |
| | | | | | |
| 合 计 | | | | | |

财会主管　　　　　　　　　　复核　　　　　　　　　　记账　　　　　　　　　　制单

转 账 凭 证

转 账 凭 证

| 总 号 | | 分 号 | |
|---|---|---|---|

附件 张

| 摘 要 | 一级科目 | 二级明细科目 | 过账 | 借方金额 | | | | | | | | | | 贷方金额 | | | | | | | | | |
|---|---|---|---|---|---|---|---|---|---|---|---|---|---|---|---|---|---|---|---|---|---|---|---|
| | | | | 千 | 百 | 十 | 万 | 千 | 百 | 十 | 元 | 角 | 分 | 千 | 百 | 十 | 万 | 千 | 百 | 十 | 元 | 角 | 分 |
| | | | | | | | | | | | | | | | | | | | | | | | |
| | | | | | | | | | | | | | | | | | | | | | | | |
| | | | | | | | | | | | | | | | | | | | | | | | |
| | | | | | | | | | | | | | | | | | | | | | | | |
| | | | | | | | | | | | | | | | | | | | | | | | |
| 合 计 | | | | | | | | | | | | | | | | | | | | | | | |

年 月 日

财会主管    复核    记账    制单

转 账 凭 证

总 号
分 号

附件　　　　　张

| 摘　要 | 一级科目 | 二级明细科目 | 过账 | 借方金额 | | | | | | | | | | 贷方金额 | | | | | | | | | |
|---|---|---|---|---|---|---|---|---|---|---|---|---|---|---|---|---|---|---|---|---|---|---|---|
| | | | | 千 | 百 | 十 | 万 | 千 | 百 | 十 | 元 | 角 | 分 | 千 | 百 | 十 | 万 | 千 | 百 | 十 | 元 | 角 | 分 |
| | | | | | | | | | | | | | | | | | | | | | | | |
| | | | | | | | | | | | | | | | | | | | | | | | |
| | | | | | | | | | | | | | | | | | | | | | | | |
| | | | | | | | | | | | | | | | | | | | | | | | |
| | | | | | | | | | | | | | | | | | | | | | | | |
| 合　计 | | | | | | | | | | | | | | | | | | | | | | | |

年　月　日

财会主管　　　　复核　　　　记账　　　　制单

---

转 账 凭 证

总 号
分 号

附件　　　　　张

| 摘　要 | 一级科目 | 二级明细科目 | 过账 | 借方金额 | | | | | | | | | | 贷方金额 | | | | | | | | | |
|---|---|---|---|---|---|---|---|---|---|---|---|---|---|---|---|---|---|---|---|---|---|---|---|
| | | | | 千 | 百 | 十 | 万 | 千 | 百 | 十 | 元 | 角 | 分 | 千 | 百 | 十 | 万 | 千 | 百 | 十 | 元 | 角 | 分 |
| | | | | | | | | | | | | | | | | | | | | | | | |
| | | | | | | | | | | | | | | | | | | | | | | | |
| | | | | | | | | | | | | | | | | | | | | | | | |
| | | | | | | | | | | | | | | | | | | | | | | | |
| | | | | | | | | | | | | | | | | | | | | | | | |
| 合　计 | | | | | | | | | | | | | | | | | | | | | | | |

年　月　日

财会主管　　　　复核　　　　记账　　　　制单

# 转 账 凭 证

总 号

分 号

附件 ____ 张

| 摘要 | 一级科目 | 二级明细科目 | 过账 | 借方金额 | | | | | | | | | 贷方金额 | | | | | | | | |
|---|---|---|---|---|---|---|---|---|---|---|---|---|---|---|---|---|---|---|---|---|---|
| | | | | 千 | 百 | 十 | 万 | 千 | 百 | 十 | 元 | 角 | 分 | 千 | 百 | 十 | 万 | 千 | 百 | 十 | 元 | 角 | 分 |
| | | | | | | | | | | | | | | | | | | | | | | | |
| | | | | | | | | | | | | | | | | | | | | | | | |
| | | | | | | | | | | | | | | | | | | | | | | | |
| | | | | | | | | | | | | | | | | | | | | | | | |
| 合 计 | | | | | | | | | | | | | | | | | | | | | | | |

年 月 日

财会主管     复核     记账     制单

---

# 转 账 凭 证

总 号

分 号

附件 ____ 张

| 摘要 | 一级科目 | 二级明细科目 | 过账 | 借方金额 | | | | | | | | | 贷方金额 | | | | | | | | |
|---|---|---|---|---|---|---|---|---|---|---|---|---|---|---|---|---|---|---|---|---|---|
| | | | | 千 | 百 | 十 | 万 | 千 | 百 | 十 | 元 | 角 | 分 | 千 | 百 | 十 | 万 | 千 | 百 | 十 | 元 | 角 | 分 |
| | | | | | | | | | | | | | | | | | | | | | | | |
| | | | | | | | | | | | | | | | | | | | | | | | |
| | | | | | | | | | | | | | | | | | | | | | | | |
| | | | | | | | | | | | | | | | | | | | | | | | |
| 合 计 | | | | | | | | | | | | | | | | | | | | | | | |

年 月 日

财会主管     复核     记账     制单

转 账 凭 证

总 号
分 号

附件　　　张

| 摘　要 | 一级科目 | 二级明细科目 | 过账 | 借方金额 | | | | | | | | | | 贷方金额 | | | | | | | | | |
|---|---|---|---|---|---|---|---|---|---|---|---|---|---|---|---|---|---|---|---|---|---|---|---|---|
| | | | | 千 | 百 | 十 | 万 | 千 | 百 | 十 | 元 | 角 | 分 | 千 | 百 | 十 | 万 | 千 | 百 | 十 | 元 | 角 | 分 |
| | | | | | | | | | | | | | | | | | | | | | | | |
| | | | | | | | | | | | | | | | | | | | | | | | |
| | | | | | | | | | | | | | | | | | | | | | | | |
| | | | | | | | | | | | | | | | | | | | | | | | |
| | | | | | | | | | | | | | | | | | | | | | | | |
| 合　计 | | | | | | | | | | | | | | | | | | | | | | | |

财会主管　　　　　复核　　　　　记账　　　　　制单

转 账 凭 证

总 号
分 号

附件　　　张

| 摘　要 | 一级科目 | 二级明细科目 | 过账 | 借方金额 | | | | | | | | | | 贷方金额 | | | | | | | | | |
|---|---|---|---|---|---|---|---|---|---|---|---|---|---|---|---|---|---|---|---|---|---|---|---|---|
| | | | | 千 | 百 | 十 | 万 | 千 | 百 | 十 | 元 | 角 | 分 | 千 | 百 | 十 | 万 | 千 | 百 | 十 | 元 | 角 | 分 |
| | | | | | | | | | | | | | | | | | | | | | | | |
| | | | | | | | | | | | | | | | | | | | | | | | |
| | | | | | | | | | | | | | | | | | | | | | | | |
| | | | | | | | | | | | | | | | | | | | | | | | |
| | | | | | | | | | | | | | | | | | | | | | | | |
| 合　计 | | | | | | | | | | | | | | | | | | | | | | | |

财会主管　　　　　复核　　　　　记账　　　　　制单

转 账 凭 证

总 号
分 号

附件　　　张

| 摘要 | 一级科目 | 二级明细科目 | 过账 | 借方金额 | | | | | | | | | | | 贷方金额 | | | | | | | | | | |
|---|---|---|---|---|---|---|---|---|---|---|---|---|---|---|---|---|---|---|---|---|---|---|---|---|---|
| | | | | 千 | 百 | 十 | 万 | 千 | 百 | 十 | 元 | 角 | 分 | 千 | 百 | 十 | 万 | 千 | 百 | 十 | 元 | 角 | 分 |
| | | | | | | | | | | | | | | | | | | | | | | | |
| | | | | | | | | | | | | | | | | | | | | | | | |
| | | | | | | | | | | | | | | | | | | | | | | | |
| | | | | | | | | | | | | | | | | | | | | | | | |
| | | | | | | | | | | | | | | | | | | | | | | | |
| 合计 | | | | | | | | | | | | | | | | | | | | | | | |

年　月　日

财会主管　　　复核　　　记账　　　制单

---

转 账 凭 证

总 号
分 号

附件　　　张

| 摘要 | 一级科目 | 二级明细科目 | 过账 | 借方金额 | | | | | | | | | | | 贷方金额 | | | | | | | | | | |
|---|---|---|---|---|---|---|---|---|---|---|---|---|---|---|---|---|---|---|---|---|---|---|---|---|---|
| | | | | 千 | 百 | 十 | 万 | 千 | 百 | 十 | 元 | 角 | 分 | 千 | 百 | 十 | 万 | 千 | 百 | 十 | 元 | 角 | 分 |
| | | | | | | | | | | | | | | | | | | | | | | | |
| | | | | | | | | | | | | | | | | | | | | | | | |
| | | | | | | | | | | | | | | | | | | | | | | | |
| | | | | | | | | | | | | | | | | | | | | | | | |
| | | | | | | | | | | | | | | | | | | | | | | | |
| 合计 | | | | | | | | | | | | | | | | | | | | | | | |

年　月　日

财会主管　　　复核　　　记账　　　制单

转 账 凭 证

总 号
分 号

附件　　　张

| 摘　要 | 一级科目 | 二级明细科目 | 过账 | 借方金额 | | | | | | | | 贷方金额 | | | | | | | | |
|---|---|---|---|---|---|---|---|---|---|---|---|---|---|---|---|---|---|---|---|---|
| | | 年　月　日 | | 千 | 百 | 十 | 万 | 千 | 百 | 十 | 元 | 角 | 分 | 千 | 百 | 十 | 万 | 千 | 百 | 十 | 元 | 角 | 分 |
| | | | | | | | | | | | | | | | | | | | | | | | |
| | | | | | | | | | | | | | | | | | | | | | | | |
| | | | | | | | | | | | | | | | | | | | | | | | |
| | | | | | | | | | | | | | | | | | | | | | | | |
| 合　计 | | | | | | | | | | | | | | | | | | | | | | |

财会主管　　　　复核　　　　记账　　　　制单

转 账 凭 证

总 号
分 号

附件　　　张

| 摘　要 | 一级科目 | 二级明细科目 | 过账 | 借方金额 | | | | | | | | 贷方金额 | | | | | | | | |
|---|---|---|---|---|---|---|---|---|---|---|---|---|---|---|---|---|---|---|---|---|
| | | 年　月　日 | | 千 | 百 | 十 | 万 | 千 | 百 | 十 | 元 | 角 | 分 | 千 | 百 | 十 | 万 | 千 | 百 | 十 | 元 | 角 | 分 |
| | | | | | | | | | | | | | | | | | | | | | | | |
| | | | | | | | | | | | | | | | | | | | | | | | |
| | | | | | | | | | | | | | | | | | | | | | | | |
| | | | | | | | | | | | | | | | | | | | | | | | |
| 合　计 | | | | | | | | | | | | | | | | | | | | | | |

财会主管　　　　复核　　　　记账　　　　制单

# 转账凭证

| | | | | |
|---|---|---|---|---|
| 总号 | | | | |
| 分号 | | | | |

附件　　张

| 摘要 | 一级科目 | 二级明细科目 | 过账 | 借方金额 千百十万千百十元角分 | 贷方金额 千百十万千百十元角分 |
|---|---|---|---|---|---|
| | | | | | |
| | | | | | |
| | | | | | |
| | | | | | |
| 合计 | | | | | |

财会主管　　　复核　　　记账　　　制单

# 转账凭证

| | |
|---|---|
| 总号 | |
| 分号 | |

附件　　张

| 摘要 | 一级科目 | 二级明细科目 | 过账 | 借方金额 千百十万千百十元角分 | 贷方金额 千百十万千百十元角分 |
|---|---|---|---|---|---|
| | | | | | |
| | | | | | |
| | | | | | |
| | | | | | |
| 合计 | | | | | |

财会主管　　　复核　　　记账　　　制单

转 账 凭 证

总 号
分 号

附件　　　张

| 摘要 | 一级科目 | 二级明细科目 | 过账 | 借方金额 | | | | | | | | | | 贷方金额 | | | | | | | | | |
|------|----------|--------------|------|--------|---|---|---|---|---|---|---|---|---|--------|---|---|---|---|---|---|---|---|---|---|
| | | | | 千 | 百 | 十 | 万 | 千 | 百 | 十 | 元 | 角 | 分 | 千 | 百 | 十 | 万 | 千 | 百 | 十 | 元 | 角 | 分 |
| | | | | | | | | | | | | | | | | | | | | | | | |
| | | | | | | | | | | | | | | | | | | | | | | | |
| | | | | | | | | | | | | | | | | | | | | | | | |
| | | | | | | | | | | | | | | | | | | | | | | | |
| 合计 | | | | | | | | | | | | | | | | | | | | | | | |

财会主管　　　　复核　　　　记账　　　　制单

转 账 凭 证

总 号
分 号

附件　　　张

| 摘要 | 一级科目 | 二级明细科目 | 过账 | 借方金额 | | | | | | | | | | 贷方金额 | | | | | | | | | |
|------|----------|--------------|------|--------|---|---|---|---|---|---|---|---|---|--------|---|---|---|---|---|---|---|---|---|---|
| | | | | 千 | 百 | 十 | 万 | 千 | 百 | 十 | 元 | 角 | 分 | 千 | 百 | 十 | 万 | 千 | 百 | 十 | 元 | 角 | 分 |
| | | | | | | | | | | | | | | | | | | | | | | | |
| | | | | | | | | | | | | | | | | | | | | | | | |
| | | | | | | | | | | | | | | | | | | | | | | | |
| | | | | | | | | | | | | | | | | | | | | | | | |
| 合计 | | | | | | | | | | | | | | | | | | | | | | | |

财会主管　　　　复核　　　　记账　　　　制单

# 转 账 凭 证

总 号

分 号

附件　　　张

年　　月　　日

| 摘要 | 一级科目 | 二级明细科目 | 过账 | 借方金额 | | | | | | | | | | 贷方金额 | | | | | | | | | |
|---|---|---|---|---|---|---|---|---|---|---|---|---|---|---|---|---|---|---|---|---|---|---|---|---|
| | | | | 千 | 百 | 十 | 万 | 千 | 百 | 十 | 元 | 角 | 分 | 千 | 百 | 十 | 万 | 千 | 百 | 十 | 元 | 角 | 分 |
| | | | | | | | | | | | | | | | | | | | | | | | |
| | | | | | | | | | | | | | | | | | | | | | | | |
| | | | | | | | | | | | | | | | | | | | | | | | |
| | | | | | | | | | | | | | | | | | | | | | | | |
| | | | | | | | | | | | | | | | | | | | | | | | |
| 合计 | | | | | | | | | | | | | | | | | | | | | | | |

财会主管　　　复核　　　记账　　　制单

---

# 转 账 凭 证

总 号

分 号

附件　　　张

年　　月　　日

| 摘要 | 一级科目 | 二级明细科目 | 过账 | 借方金额 | | | | | | | | | | 贷方金额 | | | | | | | | | |
|---|---|---|---|---|---|---|---|---|---|---|---|---|---|---|---|---|---|---|---|---|---|---|---|---|
| | | | | 千 | 百 | 十 | 万 | 千 | 百 | 十 | 元 | 角 | 分 | 千 | 百 | 十 | 万 | 千 | 百 | 十 | 元 | 角 | 分 |
| | | | | | | | | | | | | | | | | | | | | | | | |
| | | | | | | | | | | | | | | | | | | | | | | | |
| | | | | | | | | | | | | | | | | | | | | | | | |
| | | | | | | | | | | | | | | | | | | | | | | | |
| | | | | | | | | | | | | | | | | | | | | | | | |
| 合计 | | | | | | | | | | | | | | | | | | | | | | | |

财会主管　　　复核　　　记账　　　制单

# 科 目 汇 总 表

年 月 日至 月 日

| 会计科目 | 本期发生额汇总 | |
|---|---|---|
| | 借方 千百十万千百十元角分 | 贷方 千百十万千百十元角分 |
| | | |

| 会计科目 | 本期发生额汇总 | |
|---|---|---|
| | 借方 千百十万千百十元角分 | 贷方 千百十万千百十元角分 |
| | | |

制表　　　复核　　　记账　　　财会主管

科 目 汇 总 表

年 月 日至 月 日

编号：

附件共 张

| 记账凭证 | 收款第 号至 号共 张 |
| | 付款第 号至 号共 张 |
| | 转账第 号至 号共 张 |

| 会计科目 | 本期发生额汇总 | |
| --- | --- | --- |
| | 借 方 | 贷 方 |
| | 千百十万千百十元角分 | 千百十万千百十元角分 |
| | | |
| | | |
| | | |
| | | |
| | | |
| | | |

| 会计科目 | 本期发生额汇总 | |
| --- | --- | --- |
| | 借 方 | 贷 方 |
| | 千百十万千百十元角分 | 千百十万千百十元角分 |
| | | |
| | | |
| | | |
| | | |
| | | |
| | | |

财会主管　　　　　记账　　　　　复核　　　　　制表

# 科 目 汇 总 表

年 月 日 至 月 日

| 会计科目 | 本期发生额汇总 | | | | | | | | | | | | | | | | | |
|---|---|---|---|---|---|---|---|---|---|---|---|---|---|---|---|---|---|---|
| | 借方 | | | | | | | | 贷方 | | | | | | | | | |
| | 千 | 百 | 十 | 万 | 千 | 百 | 十 | 元 | 角 | 分 | 千 | 百 | 十 | 万 | 千 | 百 | 十 | 元 | 角 | 分 |

| 会计科目 | 本期发生额汇总 | | | | | | | | | | | | | | | | | |
|---|---|---|---|---|---|---|---|---|---|---|---|---|---|---|---|---|---|---|
| | 借方 | | | | | | | | 贷方 | | | | | | | | | |
| | 千 | 百 | 十 | 万 | 千 | 百 | 十 | 元 | 角 | 分 | 千 | 百 | 十 | 万 | 千 | 百 | 十 | 元 | 角 | 分 |

制表　　　　复核　　　　记账　　　　财会主管

# 科 目 汇 总 表

___ 年 ___ 月 ___ 日至 ___ 月 ___ 日

编号：

附件共 ___ 张

| 记账凭证 | 收款第 ___ 号至 ___ 号共 ___ 张 |
| | 付款第 ___ 号至 ___ 号共 ___ 张 |
| | 转账第 ___ 号至 ___ 号共 ___ 张 |

| 会计科目 | 本期发生额汇总 | |
|---|---|---|
| | 借方 | 贷方 |
| | 千百十万千百十元角分 | 千百十万千百十元角分 |
| | | |
| | | |
| | | |
| | | |
| | | |
| | | |
| | | |

| 会计科目 | 本期发生额汇总 | |
|---|---|---|
| | 借方 | 贷方 |
| | 千百十万千百十元角分 | 千百十万千百十元角分 |
| | | |
| | | |
| | | |
| | | |
| | | |
| | | |
| | | |

财会主管　　　　　记账　　　　　复核　　　　　制表

# 科 目 汇 总 表

年 月 日 至 月 日

| 记账凭证 | | 附件共 张 |
|---|---|---|
| 收款 | 第 号至 号共 张 |
| 付款 | 第 号至 号共 张 |
| 转账 | 第 号至 号共 张 |

| 会计科目 | 本期发生额汇总 | | | | | | | | | | | | | | | | | |
|---|---|---|---|---|---|---|---|---|---|---|---|---|---|---|---|---|---|---|
| | 借 方 | | | | | | | | 贷 方 | | | | | | | | | |
| | 千 | 百 | 十 | 万 | 千 | 百 | 十 | 元 | 角 | 分 | 千 | 百 | 十 | 万 | 千 | 百 | 十 | 元 | 角 | 分 |

| 会计科目 | 本期发生额汇总 | | | | | | | | | | | | | | | | | |
|---|---|---|---|---|---|---|---|---|---|---|---|---|---|---|---|---|---|---|
| | 借 方 | | | | | | | | 贷 方 | | | | | | | | | |
| | 千 | 百 | 十 | 万 | 千 | 百 | 十 | 元 | 角 | 分 | 千 | 百 | 十 | 万 | 千 | 百 | 十 | 元 | 角 | 分 |

制表　　复核　　记账　　财会主管

# 科 目 汇 总 表

年 月 日至 月 日

编号：

附件共　　张

| 记账凭证 | 收款第　　号至　　号共　　张 |
| | 付款第　　号至　　号共　　张 |
| | 转账第　　号至　　号共　　张 |

| 会计科目 | 本期发生额汇总 | | | | | | | | | | | | |
|---|---|---|---|---|---|---|---|---|---|---|---|---|
| | 借　方 | | | | | | 贷　方 | | | | | |
| | 千 | 百 | 十 | 万 | 千 | 百 | 十 | 元 | 角 | 分 | 千 | 百 | 十 | 万 | 千 | 百 | 十 | 元 | 角 | 分 |

| 会计科目 | 本期发生额汇总 | | | | | | | | | | | | |
|---|---|---|---|---|---|---|---|---|---|---|---|---|
| | 借　方 | | | | | | 贷　方 | | | | | |
| | 千 | 百 | 十 | 万 | 千 | 百 | 十 | 元 | 角 | 分 | 千 | 百 | 十 | 万 | 千 | 百 | 十 | 元 | 角 | 分 |

财会主管　　　　　记账　　　　　复核　　　　　制表

| 2×19年 | | 凭证 | | 摘　要 | 对方科目 | ✓ | 借方金额 千百十万千百十元角分 | 贷方金额 千百十万千百十元角分 | 结余金额 千百十万千百十元角分 |
|---|---|---|---|---|---|---|---|---|---|
| 月 | 日 | 种类 | 号数 | | | | | | |
| 11 | 29 | | | 承前页 | | | 18790000 | 22350000 | 9794000 |
| | 30 | 收 | 13 | 报销差旅费交回余数 | 其他应收款 | | 456000 | | |
| | 30 | 付 | 21 | 现金报销办公费 | 管理费用 | | | 250000 | |
| | 30 | | | 本月合计 | | | 19246000 | 22600000 | 10000000 |
| 12 | | | | | | | | | |

| 年 | | 凭证 | | 摘　要 | 对方科目 | ✓ | 借方金额 | | | | | | | | | | 贷方金额 | | | | | | | | | | 结余金额 | | | | | | | | | |
|---|---|---|---|---|---|---|---|---|---|---|---|---|---|---|---|---|---|---|---|---|---|---|---|---|---|---|---|---|---|---|---|---|---|---|---|---|
| 月 | 日 | 种类 | 号数 | | | | 千 | 百 | 十 | 万 | 千 | 百 | 十 | 元 | 角 | 分 | 千 | 百 | 十 | 万 | 千 | 百 | 十 | 元 | 角 | 分 | 千 | 百 | 十 | 万 | 千 | 百 | 十 | 元 | 角 | 分 |
| | | | | | | | | | | | | | | | | | | | | | | | | | | | | | | | | | | | | |
| | | | | | | | | | | | | | | | | | | | | | | | | | | | | | | | | | | | | |
| | | | | | | | | | | | | | | | | | | | | | | | | | | | | | | | | | | | | |
| | | | | | | | | | | | | | | | | | | | | | | | | | | | | | | | | | | | | |
| | | | | | | | | | | | | | | | | | | | | | | | | | | | | | | | | | | | | |
| | | | | | | | | | | | | | | | | | | | | | | | | | | | | | | | | | | | | |
| | | | | | | | | | | | | | | | | | | | | | | | | | | | | | | | | | | | | |
| | | | | | | | | | | | | | | | | | | | | | | | | | | | | | | | | | | | | |
| | | | | | | | | | | | | | | | | | | | | | | | | | | | | | | | | | | | | |
| | | | | | | | | | | | | | | | | | | | | | | | | | | | | | | | | | | | | |
| | | | | | | | | | | | | | | | | | | | | | | | | | | | | | | | | | | | | |
| | | | | | | | | | | | | | | | | | | | | | | | | | | | | | | | | | | | | |
| | | | | | | | | | | | | | | | | | | | | | | | | | | | | | | | | | | | | |
| | | | | | | | | | | | | | | | | | | | | | | | | | | | | | | | | | | | | |

| 2×19年 | | 凭证 | | 支票号码 | 摘　要 | 对方科目 | ✓ | 收入(借方)金额 | 付出(贷方)金额 | 结余金额 |
|---|---|---|---|---|---|---|---|---|---|---|
| 月 | 日 | 种类 | 号数 | | | | | 亿千百十万千百十元角分 | 亿千百十万千百十元角分 | 亿千百十万千百十元角分 |
| 11 | | | | (略) | 承前页 | | | 1 9 8 9 0 0 0 0 0 | 1 8 9 7 6 0 0 0 0 | 4 1 6 1 8 6 5 0 0 |
| | 29 | 付 | 25 | | 报销修理费 | 管理费用 | | | 2 0 8 8 0 0 0 | |
| | 30 | 收 | 14 | | 收回高斯公司前欠货款 | 应收账款 | | 1 6 2 0 0 0 0 | | |
| | 30 | | | | 本日合计 | | | 3 5 8 7 0 0 0 | 3 8 9 6 0 0 0 | 4 1 5 7 1 8 5 0 0 |
| | 30 | | | | 本月合计 | | | 2 0 0 5 2 0 0 0 0 | 1 9 1 8 4 8 0 0 0 | 4 1 5 7 1 8 5 0 0 |
| 12 | | | | | | | | | | |

| 年 | | 凭证 | | 支票号码 | 摘　要 | 对 方 科 目 | ✓ | 收入（借方）金额 | | | | | | | | | | 付出（贷方）金额 | | | | | | | | | | 结 余 金 额 | | | | | | | | | |
|---|---|---|---|---|---|---|---|---|---|---|---|---|---|---|---|---|---|---|---|---|---|---|---|---|---|---|---|---|---|---|---|---|---|---|---|---|---|
| 月 | 日 | 种类 | 号数 | | | | | 亿 | 千 | 百 | 十 | 万 | 千 | 百 | 十 | 元 | 角 | 分 | 亿 | 千 | 百 | 十 | 万 | 千 | 百 | 十 | 元 | 角 | 分 | 亿 | 千 | 百 | 十 | 万 | 千 | 百 | 十 | 元 | 角 | 分 |

| 年 | | 凭证 | | 支票号码 | 摘　要 | 对方科目 | ✓ | 收入(借方)金额 | | | | | | | | | | 付出(贷方)金额 | | | | | | | | | | 结余金额 | | | | | | | | | |
|---|---|---|---|---|---|---|---|---|---|---|---|---|---|---|---|---|---|---|---|---|---|---|---|---|---|---|---|---|---|---|---|---|---|---|---|---|---|
| 月 | 日 | 种类 | 号数 | | | | | 亿 | 千 | 百 | 十 | 万 | 千 | 百 | 十 | 元 | 角 | 分 | 亿 | 千 | 百 | 十 | 万 | 千 | 百 | 十 | 元 | 角 | 分 | 亿 | 千 | 百 | 十 | 万 | 千 | 百 | 十 | 元 | 角 | 分 |
| | | | | | | | | | | | | | | | | | | | | | | | | | | | | | | | | | | | | | | | | |
| | | | | | | | | | | | | | | | | | | | | | | | | | | | | | | | | | | | | | | | | |
| | | | | | | | | | | | | | | | | | | | | | | | | | | | | | | | | | | | | | | | | |
| | | | | | | | | | | | | | | | | | | | | | | | | | | | | | | | | | | | | | | | | |
| | | | | | | | | | | | | | | | | | | | | | | | | | | | | | | | | | | | | | | | | |
| | | | | | | | | | | | | | | | | | | | | | | | | | | | | | | | | | | | | | | | | |
| | | | | | | | | | | | | | | | | | | | | | | | | | | | | | | | | | | | | | | | | |
| | | | | | | | | | | | | | | | | | | | | | | | | | | | | | | | | | | | | | | | | |
| | | | | | | | | | | | | | | | | | | | | | | | | | | | | | | | | | | | | | | | | |
| | | | | | | | | | | | | | | | | | | | | | | | | | | | | | | | | | | | | | | | | |
| | | | | | | | | | | | | | | | | | | | | | | | | | | | | | | | | | | | | | | | | |
| | | | | | | | | | | | | | | | | | | | | | | | | | | | | | | | | | | | | | | | | |
| | | | | | | | | | | | | | | | | | | | | | | | | | | | | | | | | | | | | | | | | |
| | | | | | | | | | | | | | | | | | | | | | | | | | | | | | | | | | | | | | | | | |
| | | | | | | | | | | | | | | | | | | | | | | | | | | | | | | | | | | | | | | | | |

# 银行存款日记账

| 年 | | 凭证 | | 支票号码 | 摘要 | 对方科目 | √ | 收入(借方)金额 | | | | | | | | | | 付出(贷方)金额 | | | | | | | | | | 结余金额 | | | | | | | | | |
|---|---|---|---|---|---|---|---|---|---|---|---|---|---|---|---|---|---|---|---|---|---|---|---|---|---|---|---|---|---|---|---|---|---|---|---|---|---|
| 月 | 日 | 种类 | 号数 | | | | | 亿 | 千 | 百 | 十 | 万 | 千 | 百 | 十 | 元 | 角 | 分 | 亿 | 千 | 百 | 十 | 万 | 千 | 百 | 十 | 元 | 角 | 分 | 亿 | 千 | 百 | 十 | 万 | 千 | 百 | 十 | 元 | 角 | 分 |
| | | | | | | | | | | | | | | | | | | | | | | | | | | | | | | | | | | | | | | | | |

# 账簿启用及接交表

| 单位名称 | | 公　章 |
|---|---|---|
| 账簿名称 | **总分类账**　　　　　　　　　　（第　　册） | |
| 账簿编号 | | |
| 账簿页数 | 本账簿共计　　　　页（本账簿页数<br>检点人盖章　　　　） | |
| 启用日期 | 公元　　　年　　月　　日 | |

| 经管人员 | 单位主管 | | 财务主管 | | 复　核 | | 记　账 | |
|---|---|---|---|---|---|---|---|---|
| | 姓　名 | 盖章 | 姓　名 | 盖章 | 姓　名 | 盖章 | 姓　名 | 盖章 |
| | | | | | | | | |

| 接交记录 | 经管人员 | | 接　管 | | | | 交　出 | | | |
|---|---|---|---|---|---|---|---|---|---|---|
| | 职　别 | 姓　名 | 年 | 月 | 日 | 盖章 | 年 | 月 | 日 | 盖章 |
| | | | | | | | | | | |
| | | | | | | | | | | |

| 备注 | |
|---|---|
| | |

# 目　录

# 库存现金　　总分类账

| 2×19年 月 | 日 | 凭证 种类 | 号数 | 摘要 | 日页 | 借方金额 亿千百十万千百十元角分 | 贷方金额 亿千百十万千百十元角分 | 借或贷 | 余额 亿千百十万千百十元角分 |
|---|---|---|---|---|---|---|---|---|---|
| 12 | 1 | | | 月初余额 | | | | 借 | 1 0 0 0 0 0 0 0 |
| | 15 | 科汇 | 1 | 1~15日发生额 | | 1 3 0 0 0 0 0 0 | 1 3 0 0 0 0 0 0 | | |
| | 31 | 科汇 | 2 | 16~31日发生额 | | 6 7 4 6 0 0 | 8 9 4 5 0 0 | | |
| | 31 | | | 月结 | | | | | |
| | 31 | | | 结转下年 | | | | | |
| | | | | | | | | | |
| | | | | | | | | | |

# 总分类账

| 年 月 | 日 | 凭证 种类 | 号数 | 摘要 | 日页 | 借方金额 亿千百十万千百十元角分 | 贷方金额 亿千百十万千百十元角分 | 借或贷 | 余额 亿千百十万千百十元角分 |
|---|---|---|---|---|---|---|---|---|---|
| | | | | | | | | | |
| | | | | | | | | | |
| | | | | | | | | | |
| | | | | | | | | | |
| | | | | | | | | | |
| | | | | | | | | | |

# 总分类账

| 年 | | 凭 证 | | 摘 要 | 日 页 | 借方金额 | | | | | | | | | | 贷方金额 | | | | | | | | | | 借或贷 | 余 额 | | | | | | | | | |
|---|---|---|---|---|---|---|---|---|---|---|---|---|---|---|---|---|---|---|---|---|---|---|---|---|---|---|---|---|---|---|---|---|---|---|---|---|
| 月 | 日 | 种类 | 号数 | | | 亿 | 千 | 百 | 十 | 万 | 千 | 百 | 十 | 元 | 角 | 分 | 亿 | 千 | 百 | 十 | 万 | 千 | 百 | 十 | 元 | 角 | 分 | | 亿 | 千 | 百 | 十 | 万 | 千 | 百 | 十 | 元 | 角 | 分 |
| | | | | | | | | | | | | | | | | | | | | | | | | | | | | | | | | | | | | | | | |
| | | | | | | | | | | | | | | | | | | | | | | | | | | | | | | | | | | | | | | | |
| | | | | | | | | | | | | | | | | | | | | | | | | | | | | | | | | | | | | | | | |
| | | | | | | | | | | | | | | | | | | | | | | | | | | | | | | | | | | | | | | | |
| | | | | | | | | | | | | | | | | | | | | | | | | | | | | | | | | | | | | | | | |

# 总分类账

| 年 | | 凭 证 | | 摘 要 | 日 页 | 借方金额 | | | | | | | | | | 贷方金额 | | | | | | | | | | 借或贷 | 余 额 | | | | | | | | | |
|---|---|---|---|---|---|---|---|---|---|---|---|---|---|---|---|---|---|---|---|---|---|---|---|---|---|---|---|---|---|---|---|---|---|---|---|---|
| 月 | 日 | 种类 | 号数 | | | 亿 | 千 | 百 | 十 | 万 | 千 | 百 | 十 | 元 | 角 | 分 | 亿 | 千 | 百 | 十 | 万 | 千 | 百 | 十 | 元 | 角 | 分 | | 亿 | 千 | 百 | 十 | 万 | 千 | 百 | 十 | 元 | 角 | 分 |
| | | | | | | | | | | | | | | | | | | | | | | | | | | | | | | | | | | | | | | | |
| | | | | | | | | | | | | | | | | | | | | | | | | | | | | | | | | | | | | | | | |
| | | | | | | | | | | | | | | | | | | | | | | | | | | | | | | | | | | | | | | | |
| | | | | | | | | | | | | | | | | | | | | | | | | | | | | | | | | | | | | | | | |

# 总分类账

| 年 | | 凭证 | | 摘要 | 日页 | 借方金额 | | | | | | | | | | 贷方金额 | | | | | | | | | | 借或贷 | 余额 | | | | | | | | | |
|---|---|---|---|---|---|---|---|---|---|---|---|---|---|---|---|---|---|---|---|---|---|---|---|---|---|---|---|---|---|---|---|---|---|---|---|---|
| 月 | 日 | 种类 | 号数 | | | 亿 | 千 | 百 | 十 | 万 | 千 | 百 | 十 | 元 | 角 | 分 | 亿 | 千 | 百 | 十 | 万 | 千 | 百 | 十 | 元 | 角 | 分 | | 亿 | 千 | 百 | 十 | 万 | 千 | 百 | 十 | 元 | 角 | 分 |
| | | | | | | | | | | | | | | | | | | | | | | | | | | | | | | | | | | | | | | | |
| | | | | | | | | | | | | | | | | | | | | | | | | | | | | | | | | | | | | | | | |
| | | | | | | | | | | | | | | | | | | | | | | | | | | | | | | | | | | | | | | | |
| | | | | | | | | | | | | | | | | | | | | | | | | | | | | | | | | | | | | | | | |
| | | | | | | | | | | | | | | | | | | | | | | | | | | | | | | | | | | | | | | | |
| | | | | | | | | | | | | | | | | | | | | | | | | | | | | | | | | | | | | | | | |
| | | | | | | | | | | | | | | | | | | | | | | | | | | | | | | | | | | | | | | | |
| | | | | | | | | | | | | | | | | | | | | | | | | | | | | | | | | | | | | | | | |

# 总分类账

| 年 | | 凭证 | | 摘要 | 日页 | 借方金额 | | | | | | | | | | 贷方金额 | | | | | | | | | | 借或贷 | 余额 | | | | | | | | | |
|---|---|---|---|---|---|---|---|---|---|---|---|---|---|---|---|---|---|---|---|---|---|---|---|---|---|---|---|---|---|---|---|---|---|---|---|---|
| 月 | 日 | 种类 | 号数 | | | 亿 | 千 | 百 | 十 | 万 | 千 | 百 | 十 | 元 | 角 | 分 | 亿 | 千 | 百 | 十 | 万 | 千 | 百 | 十 | 元 | 角 | 分 | | 亿 | 千 | 百 | 十 | 万 | 千 | 百 | 十 | 元 | 角 | 分 |
| | | | | | | | | | | | | | | | | | | | | | | | | | | | | | | | | | | | | | | | |
| | | | | | | | | | | | | | | | | | | | | | | | | | | | | | | | | | | | | | | | |
| | | | | | | | | | | | | | | | | | | | | | | | | | | | | | | | | | | | | | | | |
| | | | | | | | | | | | | | | | | | | | | | | | | | | | | | | | | | | | | | | | |
| | | | | | | | | | | | | | | | | | | | | | | | | | | | | | | | | | | | | | | | |
| | | | | | | | | | | | | | | | | | | | | | | | | | | | | | | | | | | | | | | | |
| | | | | | | | | | | | | | | | | | | | | | | | | | | | | | | | | | | | | | | | |
| | | | | | | | | | | | | | | | | | | | | | | | | | | | | | | | | | | | | | | | |

# 总分类账

| 年 | | 凭 证 | | 摘 要 | 日页 | 借方金额 | | | | | | | | | | 贷方金额 | | | | | | | | | | 借或贷 | 余 额 | | | | | | | | | |
|---|---|---|---|---|---|---|---|---|---|---|---|---|---|---|---|---|---|---|---|---|---|---|---|---|---|---|---|---|---|---|---|---|---|---|---|---|
| 月 | 日 | 种类 | 号数 | | | 亿 | 千 | 百 | 十 | 万 | 千 | 百 | 十 | 元 | 角 | 分 | 亿 | 千 | 百 | 十 | 万 | 千 | 百 | 十 | 元 | 角 | 分 | 亿 | 千 | 百 | 十 | 万 | 千 | 百 | 十 | 元 | 角 | 分 |
| | | | | | | | | | | | | | | | | | | | | | | | | | | | | | | | | | | | | | | |
| | | | | | | | | | | | | | | | | | | | | | | | | | | | | | | | | | | | | | | |
| | | | | | | | | | | | | | | | | | | | | | | | | | | | | | | | | | | | | | | |
| | | | | | | | | | | | | | | | | | | | | | | | | | | | | | | | | | | | | | | |
| | | | | | | | | | | | | | | | | | | | | | | | | | | | | | | | | | | | | | | |
| | | | | | | | | | | | | | | | | | | | | | | | | | | | | | | | | | | | | | | |

# 总分类账

| 年 | | 凭 证 | | 摘 要 | 日页 | 借方金额 | | | | | | | | | | 贷方金额 | | | | | | | | | | 借或贷 | 余 额 | | | | | | | | | |
|---|---|---|---|---|---|---|---|---|---|---|---|---|---|---|---|---|---|---|---|---|---|---|---|---|---|---|---|---|---|---|---|---|---|---|---|---|
| 月 | 日 | 种类 | 号数 | | | 亿 | 千 | 百 | 十 | 万 | 千 | 百 | 十 | 元 | 角 | 分 | 亿 | 千 | 百 | 十 | 万 | 千 | 百 | 十 | 元 | 角 | 分 | 亿 | 千 | 百 | 十 | 万 | 千 | 百 | 十 | 元 | 角 | 分 |
| | | | | | | | | | | | | | | | | | | | | | | | | | | | | | | | | | | | | | | |
| | | | | | | | | | | | | | | | | | | | | | | | | | | | | | | | | | | | | | | |
| | | | | | | | | | | | | | | | | | | | | | | | | | | | | | | | | | | | | | | |
| | | | | | | | | | | | | | | | | | | | | | | | | | | | | | | | | | | | | | | |
| | | | | | | | | | | | | | | | | | | | | | | | | | | | | | | | | | | | | | | |

# 总分类账

| 年 | | 凭证 | | 摘要 | 日页 | 借方金额 | | | | | | | | | | 贷方金额 | | | | | | | | | | 借或贷 | 余额 | | | | | | | | | |
|---|---|---|---|---|---|---|---|---|---|---|---|---|---|---|---|---|---|---|---|---|---|---|---|---|---|---|---|---|---|---|---|---|---|---|---|---|
| 月 | 日 | 种类 | 号数 | | | 亿 | 千 | 百 | 十 | 万 | 千 | 百 | 十 | 元 | 角 | 分 | 亿 | 千 | 百 | 十 | 万 | 千 | 百 | 十 | 元 | 角 | 分 | | 亿 | 千 | 百 | 十 | 万 | 千 | 百 | 十 | 元 | 角 | 分 |
| | | | | | | | | | | | | | | | | | | | | | | | | | | | | | | | | | | | | | | | |
| | | | | | | | | | | | | | | | | | | | | | | | | | | | | | | | | | | | | | | | |
| | | | | | | | | | | | | | | | | | | | | | | | | | | | | | | | | | | | | | | | |
| | | | | | | | | | | | | | | | | | | | | | | | | | | | | | | | | | | | | | | | |
| | | | | | | | | | | | | | | | | | | | | | | | | | | | | | | | | | | | | | | | |
| | | | | | | | | | | | | | | | | | | | | | | | | | | | | | | | | | | | | | | | |
| | | | | | | | | | | | | | | | | | | | | | | | | | | | | | | | | | | | | | | | |

# 总分类账

| 年 | | 凭证 | | 摘要 | 日页 | 借方金额 | | | | | | | | | | 贷方金额 | | | | | | | | | | 借或贷 | 余额 | | | | | | | | | |
|---|---|---|---|---|---|---|---|---|---|---|---|---|---|---|---|---|---|---|---|---|---|---|---|---|---|---|---|---|---|---|---|---|---|---|---|---|
| 月 | 日 | 种类 | 号数 | | | 亿 | 千 | 百 | 十 | 万 | 千 | 百 | 十 | 元 | 角 | 分 | 亿 | 千 | 百 | 十 | 万 | 千 | 百 | 十 | 元 | 角 | 分 | | 亿 | 千 | 百 | 十 | 万 | 千 | 百 | 十 | 元 | 角 | 分 |
| | | | | | | | | | | | | | | | | | | | | | | | | | | | | | | | | | | | | | | | |
| | | | | | | | | | | | | | | | | | | | | | | | | | | | | | | | | | | | | | | | |
| | | | | | | | | | | | | | | | | | | | | | | | | | | | | | | | | | | | | | | | |
| | | | | | | | | | | | | | | | | | | | | | | | | | | | | | | | | | | | | | | | |
| | | | | | | | | | | | | | | | | | | | | | | | | | | | | | | | | | | | | | | | |
| | | | | | | | | | | | | | | | | | | | | | | | | | | | | | | | | | | | | | | | |
| | | | | | | | | | | | | | | | | | | | | | | | | | | | | | | | | | | | | | | | |

# 总分类账

| 年 | | 凭证 | | 摘要 | 日页 | 借方金额 | | | | | | | | | | 贷方金额 | | | | | | | | | | 借或贷 | 余额 | | | | | | | | | |
|---|---|---|---|---|---|---|---|---|---|---|---|---|---|---|---|---|---|---|---|---|---|---|---|---|---|---|---|---|---|---|---|---|---|---|---|---|
| 月 | 日 | 种类 | 号数 | | | 亿 | 千 | 百 | 十 | 万 | 千 | 百 | 十 | 元 | 角 | 分 | 亿 | 千 | 百 | 十 | 万 | 千 | 百 | 十 | 元 | 角 | 分 | 亿 | 千 | 百 | 十 | 万 | 千 | 百 | 十 | 元 | 角 | 分 |
| | | | | | | | | | | | | | | | | | | | | | | | | | | | | | | | | | | | | | | |
| | | | | | | | | | | | | | | | | | | | | | | | | | | | | | | | | | | | | | | |
| | | | | | | | | | | | | | | | | | | | | | | | | | | | | | | | | | | | | | | |
| | | | | | | | | | | | | | | | | | | | | | | | | | | | | | | | | | | | | | | |
| | | | | | | | | | | | | | | | | | | | | | | | | | | | | | | | | | | | | | | |

# 总分类账

| 年 | | 凭证 | | 摘要 | 日页 | 借方金额 | | | | | | | | | | 贷方金额 | | | | | | | | | | 借或贷 | 余额 | | | | | | | | | |
|---|---|---|---|---|---|---|---|---|---|---|---|---|---|---|---|---|---|---|---|---|---|---|---|---|---|---|---|---|---|---|---|---|---|---|---|---|
| 月 | 日 | 种类 | 号数 | | | 亿 | 千 | 百 | 十 | 万 | 千 | 百 | 十 | 元 | 角 | 分 | 亿 | 千 | 百 | 十 | 万 | 千 | 百 | 十 | 元 | 角 | 分 | 亿 | 千 | 百 | 十 | 万 | 千 | 百 | 十 | 元 | 角 | 分 |
| | | | | | | | | | | | | | | | | | | | | | | | | | | | | | | | | | | | | | | |
| | | | | | | | | | | | | | | | | | | | | | | | | | | | | | | | | | | | | | | |
| | | | | | | | | | | | | | | | | | | | | | | | | | | | | | | | | | | | | | | |
| | | | | | | | | | | | | | | | | | | | | | | | | | | | | | | | | | | | | | | |

# 总分类账

| 年 | | 凭证 | | 摘要 | 日页 | 借方金额 | | | | | | | | | | 贷方金额 | | | | | | | | | | 借或贷 | 余额 | | | | | | | | | |
|---|---|---|---|---|---|---|---|---|---|---|---|---|---|---|---|---|---|---|---|---|---|---|---|---|---|---|---|---|---|---|---|---|---|---|---|
| 月 | 日 | 种类 | 号数 | | | 亿 | 千 | 百 | 十 | 万 | 千 | 百 | 十 | 元 | 角 | 分 | 亿 | 千 | 百 | 十 | 万 | 千 | 百 | 十 | 元 | 角 | 分 | 亿 | 千 | 百 | 十 | 万 | 千 | 百 | 十 | 元 | 角 | 分 |
| | | | | | | | | | | | | | | | | | | | | | | | | | | | | | | | | | | | | | | |
| | | | | | | | | | | | | | | | | | | | | | | | | | | | | | | | | | | | | | | |
| | | | | | | | | | | | | | | | | | | | | | | | | | | | | | | | | | | | | | | |
| | | | | | | | | | | | | | | | | | | | | | | | | | | | | | | | | | | | | | | |
| | | | | | | | | | | | | | | | | | | | | | | | | | | | | | | | | | | | | | | |
| | | | | | | | | | | | | | | | | | | | | | | | | | | | | | | | | | | | | | | |
| | | | | | | | | | | | | | | | | | | | | | | | | | | | | | | | | | | | | | | |

# 总分类账

| 年 | | 凭证 | | 摘要 | 日页 | 借方金额 | | | | | | | | | | 贷方金额 | | | | | | | | | | 借或贷 | 余额 | | | | | | | | | |
|---|---|---|---|---|---|---|---|---|---|---|---|---|---|---|---|---|---|---|---|---|---|---|---|---|---|---|---|---|---|---|---|---|---|---|---|
| 月 | 日 | 种类 | 号数 | | | 亿 | 千 | 百 | 十 | 万 | 千 | 百 | 十 | 元 | 角 | 分 | 亿 | 千 | 百 | 十 | 万 | 千 | 百 | 十 | 元 | 角 | 分 | 亿 | 千 | 百 | 十 | 万 | 千 | 百 | 十 | 元 | 角 | 分 |
| | | | | | | | | | | | | | | | | | | | | | | | | | | | | | | | | | | | | | | |
| | | | | | | | | | | | | | | | | | | | | | | | | | | | | | | | | | | | | | | |
| | | | | | | | | | | | | | | | | | | | | | | | | | | | | | | | | | | | | | | |
| | | | | | | | | | | | | | | | | | | | | | | | | | | | | | | | | | | | | | | |
| | | | | | | | | | | | | | | | | | | | | | | | | | | | | | | | | | | | | | | |
| | | | | | | | | | | | | | | | | | | | | | | | | | | | | | | | | | | | | | | |

# 总分类账

| 年 | | 凭证 | | 摘　要 | 日页 | 借方金额 | | | | | | | | | | 贷方金额 | | | | | | | | | | 借或贷 | 余　额 | | | | | | | | | |
|---|---|---|---|---|---|---|---|---|---|---|---|---|---|---|---|---|---|---|---|---|---|---|---|---|---|---|---|---|---|---|---|---|---|---|---|---|
| 月 | 日 | 种类 | 号数 | | | 亿 | 千 | 百 | 十 | 万 | 千 | 百 | 十 | 元 | 角 | 分 | 亿 | 千 | 百 | 十 | 万 | 千 | 百 | 十 | 元 | 角 | 分 | 亿 | 千 | 百 | 十 | 万 | 千 | 百 | 十 | 元 | 角 | 分 |
| | | | | | | | | | | | | | | | | | | | | | | | | | | | | | | | | | | | | | | |
| | | | | | | | | | | | | | | | | | | | | | | | | | | | | | | | | | | | | | | |
| | | | | | | | | | | | | | | | | | | | | | | | | | | | | | | | | | | | | | | |
| | | | | | | | | | | | | | | | | | | | | | | | | | | | | | | | | | | | | | | |
| | | | | | | | | | | | | | | | | | | | | | | | | | | | | | | | | | | | | | | |
| | | | | | | | | | | | | | | | | | | | | | | | | | | | | | | | | | | | | | | |
| | | | | | | | | | | | | | | | | | | | | | | | | | | | | | | | | | | | | | | |

# 总分类账

| 年 | | 凭证 | | 摘　要 | 日页 | 借方金额 | | | | | | | | | | 贷方金额 | | | | | | | | | | 借或贷 | 余　额 | | | | | | | | | |
|---|---|---|---|---|---|---|---|---|---|---|---|---|---|---|---|---|---|---|---|---|---|---|---|---|---|---|---|---|---|---|---|---|---|---|---|---|
| 月 | 日 | 种类 | 号数 | | | 亿 | 千 | 百 | 十 | 万 | 千 | 百 | 十 | 元 | 角 | 分 | 亿 | 千 | 百 | 十 | 万 | 千 | 百 | 十 | 元 | 角 | 分 | 亿 | 千 | 百 | 十 | 万 | 千 | 百 | 十 | 元 | 角 | 分 |
| | | | | | | | | | | | | | | | | | | | | | | | | | | | | | | | | | | | | | | |
| | | | | | | | | | | | | | | | | | | | | | | | | | | | | | | | | | | | | | | |
| | | | | | | | | | | | | | | | | | | | | | | | | | | | | | | | | | | | | | | |
| | | | | | | | | | | | | | | | | | | | | | | | | | | | | | | | | | | | | | | |
| | | | | | | | | | | | | | | | | | | | | | | | | | | | | | | | | | | | | | | |

# 总分类账

| 年 | | 凭 证 | | 摘 要 | 日页 | 借方金额 | | | | | | | | | | | 贷方金额 | | | | | | | | | | | 借或贷 | 余 额 | | | | | | | | | | |
|---|---|---|---|---|---|---|---|---|---|---|---|---|---|---|---|---|---|---|---|---|---|---|---|---|---|---|---|---|---|---|---|---|---|---|---|---|---|---|---|
| 月 | 日 | 种类 | 号数 | | | 亿 | 千 | 百 | 十 | 万 | 千 | 百 | 十 | 元 | 角 | 分 | 亿 | 千 | 百 | 十 | 万 | 千 | 百 | 十 | 元 | 角 | 分 | | 亿 | 千 | 百 | 十 | 万 | 千 | 百 | 十 | 元 | 角 | 分 |
| | | | | | | | | | | | | | | | | | | | | | | | | | | | | | | | | | | | | | | | |
| | | | | | | | | | | | | | | | | | | | | | | | | | | | | | | | | | | | | | | | |
| | | | | | | | | | | | | | | | | | | | | | | | | | | | | | | | | | | | | | | | |
| | | | | | | | | | | | | | | | | | | | | | | | | | | | | | | | | | | | | | | | |
| | | | | | | | | | | | | | | | | | | | | | | | | | | | | | | | | | | | | | | | |
| | | | | | | | | | | | | | | | | | | | | | | | | | | | | | | | | | | | | | | | |
| | | | | | | | | | | | | | | | | | | | | | | | | | | | | | | | | | | | | | | | |
| | | | | | | | | | | | | | | | | | | | | | | | | | | | | | | | | | | | | | | | |
| | | | | | | | | | | | | | | | | | | | | | | | | | | | | | | | | | | | | | | | |

# 总分类账

| 年 | | 凭 证 | | 摘 要 | 日页 | 借方金额 | | | | | | | | | | | 贷方金额 | | | | | | | | | | | 借或贷 | 余 额 | | | | | | | | | | |
|---|---|---|---|---|---|---|---|---|---|---|---|---|---|---|---|---|---|---|---|---|---|---|---|---|---|---|---|---|---|---|---|---|---|---|---|---|---|---|---|
| 月 | 日 | 种类 | 号数 | | | 亿 | 千 | 百 | 十 | 万 | 千 | 百 | 十 | 元 | 角 | 分 | 亿 | 千 | 百 | 十 | 万 | 千 | 百 | 十 | 元 | 角 | 分 | | 亿 | 千 | 百 | 十 | 万 | 千 | 百 | 十 | 元 | 角 | 分 |
| | | | | | | | | | | | | | | | | | | | | | | | | | | | | | | | | | | | | | | | |
| | | | | | | | | | | | | | | | | | | | | | | | | | | | | | | | | | | | | | | | |
| | | | | | | | | | | | | | | | | | | | | | | | | | | | | | | | | | | | | | | | |
| | | | | | | | | | | | | | | | | | | | | | | | | | | | | | | | | | | | | | | | |
| | | | | | | | | | | | | | | | | | | | | | | | | | | | | | | | | | | | | | | | |
| | | | | | | | | | | | | | | | | | | | | | | | | | | | | | | | | | | | | | | | |

# 总分类账

| 年 | | 凭证 | | 摘要 | 日页 | 借方金额 | | | | | | | | | | 贷方金额 | | | | | | | | | | 借或贷 | 余额 | | | | | | | | | | |
|---|---|---|---|---|---|---|---|---|---|---|---|---|---|---|---|---|---|---|---|---|---|---|---|---|---|---|---|---|---|---|---|---|---|---|---|---|---|
| 月 | 日 | 种类 | 号数 | | | 亿 | 千 | 百 | 十 | 万 | 千 | 百 | 十 | 元 | 角 | 分 | 亿 | 千 | 百 | 十 | 万 | 千 | 百 | 十 | 元 | 角 | 分 | | 亿 | 千 | 百 | 十 | 万 | 千 | 百 | 十 | 元 | 角 | 分 |
| | | | | | | | | | | | | | | | | | | | | | | | | | | | | | | | | | | | | | | | |
| | | | | | | | | | | | | | | | | | | | | | | | | | | | | | | | | | | | | | | | |
| | | | | | | | | | | | | | | | | | | | | | | | | | | | | | | | | | | | | | | | |
| | | | | | | | | | | | | | | | | | | | | | | | | | | | | | | | | | | | | | | | |
| | | | | | | | | | | | | | | | | | | | | | | | | | | | | | | | | | | | | | | | |
| | | | | | | | | | | | | | | | | | | | | | | | | | | | | | | | | | | | | | | | |
| | | | | | | | | | | | | | | | | | | | | | | | | | | | | | | | | | | | | | | | |

# 总分类账

| 年 | | 凭证 | | 摘要 | 日页 | 借方金额 | | | | | | | | | | 贷方金额 | | | | | | | | | | 借或贷 | 余额 | | | | | | | | | | |
|---|---|---|---|---|---|---|---|---|---|---|---|---|---|---|---|---|---|---|---|---|---|---|---|---|---|---|---|---|---|---|---|---|---|---|---|---|---|
| 月 | 日 | 种类 | 号数 | | | 亿 | 千 | 百 | 十 | 万 | 千 | 百 | 十 | 元 | 角 | 分 | 亿 | 千 | 百 | 十 | 万 | 千 | 百 | 十 | 元 | 角 | 分 | | 亿 | 千 | 百 | 十 | 万 | 千 | 百 | 十 | 元 | 角 | 分 |
| | | | | | | | | | | | | | | | | | | | | | | | | | | | | | | | | | | | | | | | |
| | | | | | | | | | | | | | | | | | | | | | | | | | | | | | | | | | | | | | | | |
| | | | | | | | | | | | | | | | | | | | | | | | | | | | | | | | | | | | | | | | |
| | | | | | | | | | | | | | | | | | | | | | | | | | | | | | | | | | | | | | | | |
| | | | | | | | | | | | | | | | | | | | | | | | | | | | | | | | | | | | | | | | |
| | | | | | | | | | | | | | | | | | | | | | | | | | | | | | | | | | | | | | | | |

| 年 | | 凭 证 | | 摘 要 | 日 页 | 借方金额 | | | | | | | | | | | 贷方金额 | | | | | | | | | | | 借或贷 | 余 额 | | | | | | | | | | |
|---|---|---|---|---|---|---|---|---|---|---|---|---|---|---|---|---|---|---|---|---|---|---|---|---|---|---|---|---|---|---|---|---|---|---|---|---|---|---|---|
| 月 | 日 | 种类 | 号数 | | | 亿 | 千 | 百 | 十 | 万 | 千 | 百 | 十 | 元 | 角 | 分 | 亿 | 千 | 百 | 十 | 万 | 千 | 百 | 十 | 元 | 角 | 分 | | 亿 | 千 | 百 | 十 | 万 | 千 | 百 | 十 | 元 | 角 | 分 |
| | | | | | | | | | | | | | | | | | | | | | | | | | | | | | | | | | | | | | | | |
| | | | | | | | | | | | | | | | | | | | | | | | | | | | | | | | | | | | | | | | |
| | | | | | | | | | | | | | | | | | | | | | | | | | | | | | | | | | | | | | | | |
| | | | | | | | | | | | | | | | | | | | | | | | | | | | | | | | | | | | | | | | |
| | | | | | | | | | | | | | | | | | | | | | | | | | | | | | | | | | | | | | | | |
| | | | | | | | | | | | | | | | | | | | | | | | | | | | | | | | | | | | | | | | |
| | | | | | | | | | | | | | | | | | | | | | | | | | | | | | | | | | | | | | | | |

| 年 | | 凭 证 | | 摘 要 | 日 页 | 借方金额 | | | | | | | | | | | 贷方金额 | | | | | | | | | | | 借或贷 | 余 额 | | | | | | | | | | |
|---|---|---|---|---|---|---|---|---|---|---|---|---|---|---|---|---|---|---|---|---|---|---|---|---|---|---|---|---|---|---|---|---|---|---|---|---|---|---|---|
| 月 | 日 | 种类 | 号数 | | | 亿 | 千 | 百 | 十 | 万 | 千 | 百 | 十 | 元 | 角 | 分 | 亿 | 千 | 百 | 十 | 万 | 千 | 百 | 十 | 元 | 角 | 分 | | 亿 | 千 | 百 | 十 | 万 | 千 | 百 | 十 | 元 | 角 | 分 |
| | | | | | | | | | | | | | | | | | | | | | | | | | | | | | | | | | | | | | | | |
| | | | | | | | | | | | | | | | | | | | | | | | | | | | | | | | | | | | | | | | |
| | | | | | | | | | | | | | | | | | | | | | | | | | | | | | | | | | | | | | | | |
| | | | | | | | | | | | | | | | | | | | | | | | | | | | | | | | | | | | | | | | |
| | | | | | | | | | | | | | | | | | | | | | | | | | | | | | | | | | | | | | | | |
| | | | | | | | | | | | | | | | | | | | | | | | | | | | | | | | | | | | | | | | |
| | | | | | | | | | | | | | | | | | | | | | | | | | | | | | | | | | | | | | | | |
| | | | | | | | | | | | | | | | | | | | | | | | | | | | | | | | | | | | | | | | |

# 总分类账

| 年 | | 凭 证 | | 摘 要 | 日 页 | 借方金额 | | | | | | | | | | 贷方金额 | | | | | | | | | | 借或贷 | 余 额 | | | | | | | | | |
|---|---|---|---|---|---|---|---|---|---|---|---|---|---|---|---|---|---|---|---|---|---|---|---|---|---|---|---|---|---|---|---|---|---|---|---|---|
| 月 | 日 | 种类 | 号数 | | | 亿 | 千 | 百 | 十 | 万 | 千 | 百 | 十 | 元 | 角 | 分 | 亿 | 千 | 百 | 十 | 万 | 千 | 百 | 十 | 元 | 角 | 分 | | 亿 | 千 | 百 | 十 | 万 | 千 | 百 | 十 | 元 | 角 | 分 |
| | | | | | | | | | | | | | | | | | | | | | | | | | | | | | | | | | | | | | | | |
| | | | | | | | | | | | | | | | | | | | | | | | | | | | | | | | | | | | | | | | |
| | | | | | | | | | | | | | | | | | | | | | | | | | | | | | | | | | | | | | | | |

# 总分类账

| 年 | | 凭 证 | | 摘 要 | 日 页 | 借方金额 | | | | | | | | | | 贷方金额 | | | | | | | | | | 借或贷 | 余 额 | | | | | | | | | |
|---|---|---|---|---|---|---|---|---|---|---|---|---|---|---|---|---|---|---|---|---|---|---|---|---|---|---|---|---|---|---|---|---|---|---|---|---|
| 月 | 日 | 种类 | 号数 | | | 亿 | 千 | 百 | 十 | 万 | 千 | 百 | 十 | 元 | 角 | 分 | 亿 | 千 | 百 | 十 | 万 | 千 | 百 | 十 | 元 | 角 | 分 | | 亿 | 千 | 百 | 十 | 万 | 千 | 百 | 十 | 元 | 角 | 分 |
| | | | | | | | | | | | | | | | | | | | | | | | | | | | | | | | | | | | | | | | |
| | | | | | | | | | | | | | | | | | | | | | | | | | | | | | | | | | | | | | | | |
| | | | | | | | | | | | | | | | | | | | | | | | | | | | | | | | | | | | | | | | |

# 总分类账

| 年 | | 凭 证 | | 摘 要 | 日页 | 借方金额 | | | | | | | | | | 贷方金额 | | | | | | | | | | 借或贷 | 余 额 | | | | | | | | | |
|---|---|---|---|---|---|---|---|---|---|---|---|---|---|---|---|---|---|---|---|---|---|---|---|---|---|---|---|---|---|---|---|---|---|---|---|---|
| 月 | 日 | 种类 | 号数 | | | 亿 | 千 | 百 | 十 | 万 | 千 | 百 | 十 | 元 | 角 | 分 | 亿 | 千 | 百 | 十 | 万 | 千 | 百 | 十 | 元 | 角 | 分 | 亿 | 千 | 百 | 十 | 万 | 千 | 百 | 十 | 元 | 角 | 分 |

# 总分类账

| 年 | | 凭 证 | | 摘 要 | 日页 | 借方金额 | | | | | | | | | | 贷方金额 | | | | | | | | | | 借或贷 | 余 额 | | | | | | | | | |
|---|---|---|---|---|---|---|---|---|---|---|---|---|---|---|---|---|---|---|---|---|---|---|---|---|---|---|---|---|---|---|---|---|---|---|---|---|
| 月 | 日 | 种类 | 号数 | | | 亿 | 千 | 百 | 十 | 万 | 千 | 百 | 十 | 元 | 角 | 分 | 亿 | 千 | 百 | 十 | 万 | 千 | 百 | 十 | 元 | 角 | 分 | 亿 | 千 | 百 | 十 | 万 | 千 | 百 | 十 | 元 | 角 | 分 |

# 总分类账

| 年 | | 凭证 | | 摘要 | 日页 | 借方金额 | | | | | | | | | | | 贷方金额 | | | | | | | | | | | 借或贷 | 余额 | | | | | | | | | | |
|---|---|---|---|---|---|---|---|---|---|---|---|---|---|---|---|---|---|---|---|---|---|---|---|---|---|---|---|---|---|---|---|---|---|---|---|---|---|---|---|
| 月 | 日 | 种类 | 号数 | | | 亿 | 千 | 百 | 十 | 万 | 千 | 百 | 十 | 元 | 角 | 分 | 亿 | 千 | 百 | 十 | 万 | 千 | 百 | 十 | 元 | 角 | 分 | | 亿 | 千 | 百 | 十 | 万 | 千 | 百 | 十 | 元 | 角 | 分 |
| | | | | | | | | | | | | | | | | | | | | | | | | | | | | | | | | | | | | | | | |
| | | | | | | | | | | | | | | | | | | | | | | | | | | | | | | | | | | | | | | | |
| | | | | | | | | | | | | | | | | | | | | | | | | | | | | | | | | | | | | | | | |
| | | | | | | | | | | | | | | | | | | | | | | | | | | | | | | | | | | | | | | | |
| | | | | | | | | | | | | | | | | | | | | | | | | | | | | | | | | | | | | | | | |
| | | | | | | | | | | | | | | | | | | | | | | | | | | | | | | | | | | | | | | | |

# 总分类账

| 年 | | 凭证 | | 摘要 | 日页 | 借方金额 | | | | | | | | | | | 贷方金额 | | | | | | | | | | | 借或贷 | 余额 | | | | | | | | | | |
|---|---|---|---|---|---|---|---|---|---|---|---|---|---|---|---|---|---|---|---|---|---|---|---|---|---|---|---|---|---|---|---|---|---|---|---|---|---|---|---|
| 月 | 日 | 种类 | 号数 | | | 亿 | 千 | 百 | 十 | 万 | 千 | 百 | 十 | 元 | 角 | 分 | 亿 | 千 | 百 | 十 | 万 | 千 | 百 | 十 | 元 | 角 | 分 | | 亿 | 千 | 百 | 十 | 万 | 千 | 百 | 十 | 元 | 角 | 分 |
| | | | | | | | | | | | | | | | | | | | | | | | | | | | | | | | | | | | | | | | |
| | | | | | | | | | | | | | | | | | | | | | | | | | | | | | | | | | | | | | | | |
| | | | | | | | | | | | | | | | | | | | | | | | | | | | | | | | | | | | | | | | |
| | | | | | | | | | | | | | | | | | | | | | | | | | | | | | | | | | | | | | | | |
| | | | | | | | | | | | | | | | | | | | | | | | | | | | | | | | | | | | | | | | |
| | | | | | | | | | | | | | | | | | | | | | | | | | | | | | | | | | | | | | | | |

# 总分类账

| 年 | | 凭证 | | 摘要 | 日页 | 借方金额 | | | | | | | | | | | 贷方金额 | | | | | | | | | | | 借或贷 | 余额 | | | | | | | | | | |
|---|---|---|---|---|---|---|---|---|---|---|---|---|---|---|---|---|---|---|---|---|---|---|---|---|---|---|---|---|---|---|---|---|---|---|---|---|---|---|
| 月 | 日 | 种类 | 号数 | | | 亿 | 千 | 百 | 十 | 万 | 千 | 百 | 十 | 元 | 角 | 分 | 亿 | 千 | 百 | 十 | 万 | 千 | 百 | 十 | 元 | 角 | 分 | | 亿 | 千 | 百 | 十 | 万 | 千 | 百 | 十 | 元 | 角 | 分 |
| | | | | | | | | | | | | | | | | | | | | | | | | | | | | | | | | | | | | | | | |
| | | | | | | | | | | | | | | | | | | | | | | | | | | | | | | | | | | | | | | | |

# 总分类账

| 年 | | 凭证 | | 摘要 | 日页 | 借方金额 | | | | | | | | | | | 贷方金额 | | | | | | | | | | | 借或贷 | 余额 | | | | | | | | | | |
|---|---|---|---|---|---|---|---|---|---|---|---|---|---|---|---|---|---|---|---|---|---|---|---|---|---|---|---|---|---|---|---|---|---|---|---|---|---|---|
| 月 | 日 | 种类 | 号数 | | | 亿 | 千 | 百 | 十 | 万 | 千 | 百 | 十 | 元 | 角 | 分 | 亿 | 千 | 百 | 十 | 万 | 千 | 百 | 十 | 元 | 角 | 分 | | 亿 | 千 | 百 | 十 | 万 | 千 | 百 | 十 | 元 | 角 | 分 |
| | | | | | | | | | | | | | | | | | | | | | | | | | | | | | | | | | | | | | | | |

# 总分类账

| 年 | | 凭 证 | | 摘 要 | 日 页 | 借方金额 | | | | | | | | | | 贷方金额 | | | | | | | | | | 借或贷 | 余 额 | | | | | | | | | |
|---|---|---|---|---|---|---|---|---|---|---|---|---|---|---|---|---|---|---|---|---|---|---|---|---|---|---|---|---|---|---|---|---|---|---|---|---|
| 月 | 日 | 种类 | 号数 | | | 亿 | 千 | 百 | 十 | 万 | 千 | 百 | 十 | 元 | 角 | 分 | 亿 | 千 | 百 | 十 | 万 | 千 | 百 | 十 | 元 | 角 | 分 | 亿 | 千 | 百 | 十 | 万 | 千 | 百 | 十 | 元 | 角 | 分 |
| | | | | | | | | | | | | | | | | | | | | | | | | | | | | | | | | | | | | | |
| | | | | | | | | | | | | | | | | | | | | | | | | | | | | | | | | | | | | | |
| | | | | | | | | | | | | | | | | | | | | | | | | | | | | | | | | | | | | | |
| | | | | | | | | | | | | | | | | | | | | | | | | | | | | | | | | | | | | | |
| | | | | | | | | | | | | | | | | | | | | | | | | | | | | | | | | | | | | | |

# 总分类账

| 年 | | 凭 证 | | 摘 要 | 日 页 | 借方金额 | | | | | | | | | | 贷方金额 | | | | | | | | | | 借或贷 | 余 额 | | | | | | | | | |
|---|---|---|---|---|---|---|---|---|---|---|---|---|---|---|---|---|---|---|---|---|---|---|---|---|---|---|---|---|---|---|---|---|---|---|---|---|
| 月 | 日 | 种类 | 号数 | | | 亿 | 千 | 百 | 十 | 万 | 千 | 百 | 十 | 元 | 角 | 分 | 亿 | 千 | 百 | 十 | 万 | 千 | 百 | 十 | 元 | 角 | 分 | 亿 | 千 | 百 | 十 | 万 | 千 | 百 | 十 | 元 | 角 | 分 |
| | | | | | | | | | | | | | | | | | | | | | | | | | | | | | | | | | | | | | |
| | | | | | | | | | | | | | | | | | | | | | | | | | | | | | | | | | | | | | |
| | | | | | | | | | | | | | | | | | | | | | | | | | | | | | | | | | | | | | |
| | | | | | | | | | | | | | | | | | | | | | | | | | | | | | | | | | | | | | |

# 总分类账

| 年 | | 凭证 | | 摘要 | 日页 | 借方金额 | | | | | | | | | | 贷方金额 | | | | | | | | | | 借或贷 | 余额 | | | | | | | | | |
|---|---|---|---|---|---|---|---|---|---|---|---|---|---|---|---|---|---|---|---|---|---|---|---|---|---|---|---|---|---|---|---|---|---|---|---|---|
| 月 | 日 | 种类 | 号数 | | | 亿 | 千 | 百 | 十 | 万 | 千 | 百 | 十 | 元 | 角 | 分 | 亿 | 千 | 百 | 十 | 万 | 千 | 百 | 十 | 元 | 角 | 分 | 亿 | 千 | 百 | 十 | 万 | 千 | 百 | 十 | 元 | 角 | 分 |
| | | | | | | | | | | | | | | | | | | | | | | | | | | | | | | | | | | | | | |
| | | | | | | | | | | | | | | | | | | | | | | | | | | | | | | | | | | | | | |
| | | | | | | | | | | | | | | | | | | | | | | | | | | | | | | | | | | | | | |
| | | | | | | | | | | | | | | | | | | | | | | | | | | | | | | | | | | | | | |
| | | | | | | | | | | | | | | | | | | | | | | | | | | | | | | | | | | | | | |
| | | | | | | | | | | | | | | | | | | | | | | | | | | | | | | | | | | | | | |
| | | | | | | | | | | | | | | | | | | | | | | | | | | | | | | | | | | | | | |
| | | | | | | | | | | | | | | | | | | | | | | | | | | | | | | | | | | | | | |
| | | | | | | | | | | | | | | | | | | | | | | | | | | | | | | | | | | | | | |

# 总分类账

| 年 | | 凭证 | | 摘要 | 日页 | 借方金额 | | | | | | | | | | 贷方金额 | | | | | | | | | | 借或贷 | 余额 | | | | | | | | | |
|---|---|---|---|---|---|---|---|---|---|---|---|---|---|---|---|---|---|---|---|---|---|---|---|---|---|---|---|---|---|---|---|---|---|---|---|---|
| 月 | 日 | 种类 | 号数 | | | 亿 | 千 | 百 | 十 | 万 | 千 | 百 | 十 | 元 | 角 | 分 | 亿 | 千 | 百 | 十 | 万 | 千 | 百 | 十 | 元 | 角 | 分 | 亿 | 千 | 百 | 十 | 万 | 千 | 百 | 十 | 元 | 角 | 分 |
| | | | | | | | | | | | | | | | | | | | | | | | | | | | | | | | | | | | | | |
| | | | | | | | | | | | | | | | | | | | | | | | | | | | | | | | | | | | | | |
| | | | | | | | | | | | | | | | | | | | | | | | | | | | | | | | | | | | | | |
| | | | | | | | | | | | | | | | | | | | | | | | | | | | | | | | | | | | | | |
| | | | | | | | | | | | | | | | | | | | | | | | | | | | | | | | | | | | | | |
| | | | | | | | | | | | | | | | | | | | | | | | | | | | | | | | | | | | | | |
| | | | | | | | | | | | | | | | | | | | | | | | | | | | | | | | | | | | | | |

# 总分类账

| 年 | | 凭证 | | 摘要 | 日页 | 借方金额 | | | | | | | | | | 贷方金额 | | | | | | | | | | 借或贷 | 余额 | | | | | | | | | |
|---|---|---|---|---|---|---|---|---|---|---|---|---|---|---|---|---|---|---|---|---|---|---|---|---|---|---|---|---|---|---|---|---|---|---|---|---|
| 月 | 日 | 种类 | 号数 | | | 亿 | 千 | 百 | 十 | 万 | 千 | 百 | 十 | 元 | 角 | 分 | 亿 | 千 | 百 | 十 | 万 | 千 | 百 | 十 | 元 | 角 | 分 | 亿 | 千 | 百 | 十 | 万 | 千 | 百 | 十 | 元 | 角 | 分 |
| | | | | | | | | | | | | | | | | | | | | | | | | | | | | | | | | | | | | | |
| | | | | | | | | | | | | | | | | | | | | | | | | | | | | | | | | | | | | | |
| | | | | | | | | | | | | | | | | | | | | | | | | | | | | | | | | | | | | | |
| | | | | | | | | | | | | | | | | | | | | | | | | | | | | | | | | | | | | | |
| | | | | | | | | | | | | | | | | | | | | | | | | | | | | | | | | | | | | | |
| | | | | | | | | | | | | | | | | | | | | | | | | | | | | | | | | | | | | | |
| | | | | | | | | | | | | | | | | | | | | | | | | | | | | | | | | | | | | | |

# 总分类账

| 年 | | 凭证 | | 摘要 | 日页 | 借方金额 | | | | | | | | | | 贷方金额 | | | | | | | | | | 借或贷 | 余额 | | | | | | | | | |
|---|---|---|---|---|---|---|---|---|---|---|---|---|---|---|---|---|---|---|---|---|---|---|---|---|---|---|---|---|---|---|---|---|---|---|---|---|
| 月 | 日 | 种类 | 号数 | | | 亿 | 千 | 百 | 十 | 万 | 千 | 百 | 十 | 元 | 角 | 分 | 亿 | 千 | 百 | 十 | 万 | 千 | 百 | 十 | 元 | 角 | 分 | 亿 | 千 | 百 | 十 | 万 | 千 | 百 | 十 | 元 | 角 | 分 |
| | | | | | | | | | | | | | | | | | | | | | | | | | | | | | | | | | | | | | |
| | | | | | | | | | | | | | | | | | | | | | | | | | | | | | | | | | | | | | |
| | | | | | | | | | | | | | | | | | | | | | | | | | | | | | | | | | | | | | |
| | | | | | | | | | | | | | | | | | | | | | | | | | | | | | | | | | | | | | |
| | | | | | | | | | | | | | | | | | | | | | | | | | | | | | | | | | | | | | |

| 年 | | 凭 证 | | 摘 要 | 日 页 | 借方金额 | | | | | | | | | | 贷方金额 | | | | | | | | | | 借或贷 | 余 额 | | | | | | | | | |
|---|---|---|---|---|---|---|---|---|---|---|---|---|---|---|---|---|---|---|---|---|---|---|---|---|---|---|---|---|---|---|---|---|---|---|---|---|
| 月 | 日 | 种类 | 号数 | | | 亿 | 千 | 百 | 十 | 万 | 千 | 百 | 十 | 元 | 角 | 分 | 亿 | 千 | 百 | 十 | 万 | 千 | 百 | 十 | 元 | 角 | 分 | 亿 | 千 | 百 | 十 | 万 | 千 | 百 | 十 | 元 | 角 | 分 |
| | | | | | | | | | | | | | | | | | | | | | | | | | | | | | | | | | | | | | | |
| | | | | | | | | | | | | | | | | | | | | | | | | | | | | | | | | | | | | | | |
| | | | | | | | | | | | | | | | | | | | | | | | | | | | | | | | | | | | | | | |
| | | | | | | | | | | | | | | | | | | | | | | | | | | | | | | | | | | | | | | |
| | | | | | | | | | | | | | | | | | | | | | | | | | | | | | | | | | | | | | | |
| | | | | | | | | | | | | | | | | | | | | | | | | | | | | | | | | | | | | | | |
| | | | | | | | | | | | | | | | | | | | | | | | | | | | | | | | | | | | | | | |

| 年 | | 凭 证 | | 摘 要 | 日 页 | 借方金额 | | | | | | | | | | 贷方金额 | | | | | | | | | | 借或贷 | 余 额 | | | | | | | | | |
|---|---|---|---|---|---|---|---|---|---|---|---|---|---|---|---|---|---|---|---|---|---|---|---|---|---|---|---|---|---|---|---|---|---|---|---|---|
| 月 | 日 | 种类 | 号数 | | | 亿 | 千 | 百 | 十 | 万 | 千 | 百 | 十 | 元 | 角 | 分 | 亿 | 千 | 百 | 十 | 万 | 千 | 百 | 十 | 元 | 角 | 分 | 亿 | 千 | 百 | 十 | 万 | 千 | 百 | 十 | 元 | 角 | 分 |
| | | | | | | | | | | | | | | | | | | | | | | | | | | | | | | | | | | | | | | |
| | | | | | | | | | | | | | | | | | | | | | | | | | | | | | | | | | | | | | | |
| | | | | | | | | | | | | | | | | | | | | | | | | | | | | | | | | | | | | | | |
| | | | | | | | | | | | | | | | | | | | | | | | | | | | | | | | | | | | | | | |
| | | | | | | | | | | | | | | | | | | | | | | | | | | | | | | | | | | | | | | |

# 总分类账

| 年 | | 凭证 | | 摘要 | 日页 | 借方金额 | | | | | | | | | | 贷方金额 | | | | | | | | | | 借或贷 | 余额 | | | | | | | | | |
|---|---|---|---|---|---|---|---|---|---|---|---|---|---|---|---|---|---|---|---|---|---|---|---|---|---|---|---|---|---|---|---|---|---|---|---|---|
| 月 | 日 | 种类 | 号数 | | | 亿 | 千 | 百 | 十 | 万 | 千 | 百 | 十 | 元 | 角 | 分 | 亿 | 千 | 百 | 十 | 万 | 千 | 百 | 十 | 元 | 角 | 分 | 亿 | 千 | 百 | 十 | 万 | 千 | 百 | 十 | 元 | 角 | 分 |
| | | | | | | | | | | | | | | | | | | | | | | | | | | | | | | | | | | | | | | |
| | | | | | | | | | | | | | | | | | | | | | | | | | | | | | | | | | | | | | | |
| | | | | | | | | | | | | | | | | | | | | | | | | | | | | | | | | | | | | | | |
| | | | | | | | | | | | | | | | | | | | | | | | | | | | | | | | | | | | | | | |
| | | | | | | | | | | | | | | | | | | | | | | | | | | | | | | | | | | | | | | |
| | | | | | | | | | | | | | | | | | | | | | | | | | | | | | | | | | | | | | | |
| | | | | | | | | | | | | | | | | | | | | | | | | | | | | | | | | | | | | | | |

# 总分类账

| 年 | | 凭证 | | 摘要 | 日页 | 借方金额 | | | | | | | | | | 贷方金额 | | | | | | | | | | 借或贷 | 余额 | | | | | | | | | |
|---|---|---|---|---|---|---|---|---|---|---|---|---|---|---|---|---|---|---|---|---|---|---|---|---|---|---|---|---|---|---|---|---|---|---|---|---|
| 月 | 日 | 种类 | 号数 | | | 亿 | 千 | 百 | 十 | 万 | 千 | 百 | 十 | 元 | 角 | 分 | 亿 | 千 | 百 | 十 | 万 | 千 | 百 | 十 | 元 | 角 | 分 | 亿 | 千 | 百 | 十 | 万 | 千 | 百 | 十 | 元 | 角 | 分 |
| | | | | | | | | | | | | | | | | | | | | | | | | | | | | | | | | | | | | | | |
| | | | | | | | | | | | | | | | | | | | | | | | | | | | | | | | | | | | | | | |
| | | | | | | | | | | | | | | | | | | | | | | | | | | | | | | | | | | | | | | |
| | | | | | | | | | | | | | | | | | | | | | | | | | | | | | | | | | | | | | | |
| | | | | | | | | | | | | | | | | | | | | | | | | | | | | | | | | | | | | | | |
| | | | | | | | | | | | | | | | | | | | | | | | | | | | | | | | | | | | | | | |

# 总分类账

| 年 | | 凭证 | | 摘要 | 日页 | 借方金额 | | | | | | | | | | 贷方金额 | | | | | | | | | | 借或贷 | 余额 | | | | | | | | | |
|---|---|---|---|---|---|---|---|---|---|---|---|---|---|---|---|---|---|---|---|---|---|---|---|---|---|---|---|---|---|---|---|---|---|---|---|---|
| 月 | 日 | 种类 | 号数 | | | 亿 | 千 | 百 | 十 | 万 | 千 | 百 | 十 | 元 | 角 | 分 | 亿 | 千 | 百 | 十 | 万 | 千 | 百 | 十 | 元 | 角 | 分 | | 亿 | 千 | 百 | 十 | 万 | 千 | 百 | 十 | 元 | 角 | 分 |
| | | | | | | | | | | | | | | | | | | | | | | | | | | | | | | | | | | | | | |
| | | | | | | | | | | | | | | | | | | | | | | | | | | | | | | | | | | | | | |
| | | | | | | | | | | | | | | | | | | | | | | | | | | | | | | | | | | | | | |
| | | | | | | | | | | | | | | | | | | | | | | | | | | | | | | | | | | | | | |
| | | | | | | | | | | | | | | | | | | | | | | | | | | | | | | | | | | | | | |
| | | | | | | | | | | | | | | | | | | | | | | | | | | | | | | | | | | | | | |
| | | | | | | | | | | | | | | | | | | | | | | | | | | | | | | | | | | | | | |

# 总分类账

第 42 页

| 年 | | 凭证 | | 摘要 | 日页 | 借方金额 | | | | | | | | | | 贷方金额 | | | | | | | | | | 借或贷 | 余额 | | | | | | | | | |
|---|---|---|---|---|---|---|---|---|---|---|---|---|---|---|---|---|---|---|---|---|---|---|---|---|---|---|---|---|---|---|---|---|---|---|---|---|
| 月 | 日 | 种类 | 号数 | | | 亿 | 千 | 百 | 十 | 万 | 千 | 百 | 十 | 元 | 角 | 分 | 亿 | 千 | 百 | 十 | 万 | 千 | 百 | 十 | 元 | 角 | 分 | | 亿 | 千 | 百 | 十 | 万 | 千 | 百 | 十 | 元 | 角 | 分 |
| | | | | | | | | | | | | | | | | | | | | | | | | | | | | | | | | | | | | | |
| | | | | | | | | | | | | | | | | | | | | | | | | | | | | | | | | | | | | | |
| | | | | | | | | | | | | | | | | | | | | | | | | | | | | | | | | | | | | | |
| | | | | | | | | | | | | | | | | | | | | | | | | | | | | | | | | | | | | | |
| | | | | | | | | | | | | | | | | | | | | | | | | | | | | | | | | | | | | | |
| | | | | | | | | | | | | | | | | | | | | | | | | | | | | | | | | | | | | | |
| | | | | | | | | | | | | | | | | | | | | | | | | | | | | | | | | | | | | | |

# 总分类账

| 年 | | 凭证 | | 摘 要 | 日页 | 借方金额 | | | | | | | | | | 贷方金额 | | | | | | | | | | 借或贷 | 余 额 | | | | | | | | | |
|---|---|---|---|---|---|---|---|---|---|---|---|---|---|---|---|---|---|---|---|---|---|---|---|---|---|---|---|---|---|---|---|---|---|---|---|---|
| 月 | 日 | 种类 | 号数 | | | 亿 | 千 | 百 | 十 | 万 | 千 | 百 | 十 | 元 | 角 | 分 | 亿 | 千 | 百 | 十 | 万 | 千 | 百 | 十 | 元 | 角 | 分 | 亿 | 千 | 百 | 十 | 万 | 千 | 百 | 十 | 元 | 角 | 分 |
| | | | | | | | | | | | | | | | | | | | | | | | | | | | | | | | | | | | | | | |
| | | | | | | | | | | | | | | | | | | | | | | | | | | | | | | | | | | | | | | |
| | | | | | | | | | | | | | | | | | | | | | | | | | | | | | | | | | | | | | | |
| | | | | | | | | | | | | | | | | | | | | | | | | | | | | | | | | | | | | | | |
| | | | | | | | | | | | | | | | | | | | | | | | | | | | | | | | | | | | | | | |
| | | | | | | | | | | | | | | | | | | | | | | | | | | | | | | | | | | | | | | |
| | | | | | | | | | | | | | | | | | | | | | | | | | | | | | | | | | | | | | | |

# 总分类账

| 年 | | 凭证 | | 摘 要 | 日页 | 借方金额 | | | | | | | | | | 贷方金额 | | | | | | | | | | 借或贷 | 余 额 | | | | | | | | | |
|---|---|---|---|---|---|---|---|---|---|---|---|---|---|---|---|---|---|---|---|---|---|---|---|---|---|---|---|---|---|---|---|---|---|---|---|---|
| 月 | 日 | 种类 | 号数 | | | 亿 | 千 | 百 | 十 | 万 | 千 | 百 | 十 | 元 | 角 | 分 | 亿 | 千 | 百 | 十 | 万 | 千 | 百 | 十 | 元 | 角 | 分 | 亿 | 千 | 百 | 十 | 万 | 千 | 百 | 十 | 元 | 角 | 分 |
| | | | | | | | | | | | | | | | | | | | | | | | | | | | | | | | | | | | | | | |
| | | | | | | | | | | | | | | | | | | | | | | | | | | | | | | | | | | | | | | |
| | | | | | | | | | | | | | | | | | | | | | | | | | | | | | | | | | | | | | | |
| | | | | | | | | | | | | | | | | | | | | | | | | | | | | | | | | | | | | | | |

# 账簿启用及接交表

| 单位名称 | | 公　章 |
|---|---|---|
| 账簿名称 | **明细分类账**　　　　　　　　　（第　　册） | |
| 账簿编号 | | |
| 账簿页数 | 本账簿共计　　　　页（本账簿页数<br>检点人盖章　　　　） | |
| 启用日期 | 公元　　　年　　月　　日 | |

| 经管人员 | 单位主管 | | 财务主管 | | 复核 | | 记账 | |
|---|---|---|---|---|---|---|---|---|
| | 姓　名 | 盖章 | 姓　名 | 盖章 | 姓　名 | 盖章 | 姓　名 | 盖章 |
| | | | | | | | | |

| 接交记录 | 经管人员 | | 接管 | | | | 交出 | | | |
|---|---|---|---|---|---|---|---|---|---|---|
| | 职　别 | 姓　名 | 年 | 月 | 日 | 盖章 | 年 | 月 | 日 | 盖章 |
| | | | | | | | | | | |
| | | | | | | | | | | |
| | | | | | | | | | | |

| 备注 | |
|---|---|
| | |

# 目 录

| 编号 | 会 计 科 目 | 起讫页码 | 编号 | 会 计 科 目 | 起讫页码 | 编号 | 会 计 科 目 | 起讫页码 |
|------|------------|----------|------|------------|----------|------|------------|----------|
| 1001 | 库存现金 | | 2203 | 应付账款 | | 6001 | 主营业务收入 | |
| 1002 | 银行存款 | | 2211 | 预收账款 | | 6002 | 其他业务收入 | |
| 1121 | 应收票据 | | 2221 | 应付职工薪酬 | | 6301 | 营业外收入 | |
| 1122 | 应收账款 | | 2231 | 应交税费 | | 6401 | 主营业务成本 | |
| 1123 | 预付账款 | | 2232 | 应付利息 | | 6402 | 其他业务成本 | |
| 1221 | 其他应收款 | | 2241 | 应付股利 | | 6403 | 税金及附加 | |
| 1223 | 坏账准备 | | 2501 | 其他应付款 | | 6601 | 销售费用 | |
| 1402 | 在途物资 | | 4001 | 实收资本 | | 6602 | 管理费用 | |
| 1403 | 原材料 | | 4002 | 资本公积 | | 6603 | 财务费用 | |
| 1405 | 库存商品 | | 4101 | 盈余公积 | | 6605 | 信用减值损失 | |
| 1601 | 固定资产 | | 4103 | 本年利润 | | 6711 | 营业外支出 | |
| 1604 | 在建工程 | | 4104 | 利润分配 | | 6801 | 所得税费用 | |
| 2001 | 短期借款 | | 5001 | 生产成本 | | | | |
| 2201 | 应付票据 | | 5101 | 制造费用 | | | | |

# 应 收 票 据  明 细 分 类 账

二级科目编号及名称　金华机械公司 　　　　　　　　　　　　　　总第　1　页　分第　　　　　页

| 2×19年 | | 凭证 | | 摘　要 | 对方科目 | 借方金额 | | | | | | | | | | 贷方金额 | | | | | | | | | | 借或贷 | 余　额 | | | | | | | | | |
|---|---|---|---|---|---|---|---|---|---|---|---|---|---|---|---|---|---|---|---|---|---|---|---|---|---|---|---|---|---|---|---|---|---|---|---|---|
| 月 | 日 | 种类 | 号数 | | | 亿 | 千 | 百 | 十 | 万 | 千 | 百 | 十 | 元 | 角 | 分 | 亿 | 千 | 百 | 十 | 万 | 千 | 百 | 十 | 元 | 角 | 分 | | 亿 | 千 | 百 | 十 | 万 | 千 | 百 | 十 | 元 | 角 | 分 |
| 12 | 1 | | | 月初余额 | | | | | | | | | | | | | | | | | | | | | | | | 借 | | | 4 | 2 | 3 | 0 | 0 | 0 | 0 | 0 | 0 |
| | 17 | 收 | 5 | 收到在收的到期商业汇票款 | 银行存款 | | | | | | | | | | | | | | 3 | 2 | 0 | 0 | 0 | 0 | 0 | 0 | 0 | 借 | | | 1 | 0 | 3 | 0 | 0 | 0 | 0 | 0 | 0 |
| | 25 | 转 | 14 | 商业汇票销售产品 | 主营业务收入等 | | | 5 | 2 | 5 | 4 | 5 | 0 | 0 | 0 | | | | | | | | | | | | | 借 | | | 6 | 2 | 8 | 4 | 5 | 0 | 0 | 0 | 0 |
| | 31 | | | 结转下年 | | | | | | | | | | | | | | | | | | | | | | | | 借 | | | 6 | 2 | 8 | 4 | 5 | 0 | 0 | 0 | 0 |
| | | | | | | | | | | | | | | | | | | | | | | | | | | | | | | | | | | | | | | |
| | | | | | | | | | | | | | | | | | | | | | | | | | | | | | | | | | | | | | | |
| | | | | | | | | | | | | | | | | | | | | | | | | | | | | | | | | | | | | | | |

# 应 收 票 据  明 细 分 类 账

二级科目编号及名称 　　　　　　　　　　　　　　　　　总第　2　页　分第　　　　　页

| 年 | | 凭证 | | 摘　要 | 对方科目 | 借方金额 | | | | | | | | | | 贷方金额 | | | | | | | | | | 借或贷 | 余　额 | | | | | | | | | |
|---|---|---|---|---|---|---|---|---|---|---|---|---|---|---|---|---|---|---|---|---|---|---|---|---|---|---|---|---|---|---|---|---|---|---|---|---|
| 月 | 日 | 种类 | 号数 | | | 亿 | 千 | 百 | 十 | 万 | 千 | 百 | 十 | 元 | 角 | 分 | 亿 | 千 | 百 | 十 | 万 | 千 | 百 | 十 | 元 | 角 | 分 | | 亿 | 千 | 百 | 十 | 万 | 千 | 百 | 十 | 元 | 角 | 分 |
| | | | | | | | | | | | | | | | | | | | | | | | | | | | | | | | | | | | | | |
| | | | | | | | | | | | | | | | | | | | | | | | | | | | | | | | | | | | | | |
| | | | | | | | | | | | | | | | | | | | | | | | | | | | | | | | | | | | | | |
| | | | | | | | | | | | | | | | | | | | | | | | | | | | | | | | | | | | | | |
| | | | | | | | | | | | | | | | | | | | | | | | | | | | | | | | | | | | | | |
| | | | | | | | | | | | | | | | | | | | | | | | | | | | | | | | | | | | | | |

# 应 收 账 款 明细分类账

二级科目编号及名称 ...................　　　　　　　　　总第 3 页 分第 ........... 页

| 年 | | 凭 证 | | 摘　要 | 对方科目 | 借方金额 | | | | | | | | | | 贷方金额 | | | | | | | | | | 借或贷 | 余　额 | | | | | | | | | |
|---|---|---|---|---|---|---|---|---|---|---|---|---|---|---|---|---|---|---|---|---|---|---|---|---|---|---|---|---|---|---|---|---|---|---|---|
| 月 | 日 | 种类 | 号数 | | | 亿 | 千 | 百 | 十 | 万 | 千 | 百 | 十 | 元 | 角 | 分 | 亿 | 千 | 百 | 十 | 万 | 千 | 百 | 十 | 元 | 角 | 分 | | 亿 | 千 | 百 | 十 | 万 | 千 | 百 | 十 | 元 | 角 | 分 |
| | | | | | | | | | | | | | | | | | | | | | | | | | | | | | | | | | | | | | | | |
| | | | | | | | | | | | | | | | | | | | | | | | | | | | | | | | | | | | | | | | |
| | | | | | | | | | | | | | | | | | | | | | | | | | | | | | | | | | | | | | | | |
| | | | | | | | | | | | | | | | | | | | | | | | | | | | | | | | | | | | | | | | |
| | | | | | | | | | | | | | | | | | | | | | | | | | | | | | | | | | | | | | | | |
| | | | | | | | | | | | | | | | | | | | | | | | | | | | | | | | | | | | | | | | |

# 应 收 账 款 明细分类账

二级科目编号及名称 ...................　　　　　　　　　总第 4 页 分第 ........... 页

| 年 | | 凭 证 | | 摘　要 | 对方科目 | 借方金额 | | | | | | | | | | 贷方金额 | | | | | | | | | | 借或贷 | 余　额 | | | | | | | | | |
|---|---|---|---|---|---|---|---|---|---|---|---|---|---|---|---|---|---|---|---|---|---|---|---|---|---|---|---|---|---|---|---|---|---|---|---|
| 月 | 日 | 种类 | 号数 | | | 亿 | 千 | 百 | 十 | 万 | 千 | 百 | 十 | 元 | 角 | 分 | 亿 | 千 | 百 | 十 | 万 | 千 | 百 | 十 | 元 | 角 | 分 | | 亿 | 千 | 百 | 十 | 万 | 千 | 百 | 十 | 元 | 角 | 分 |
| | | | | | | | | | | | | | | | | | | | | | | | | | | | | | | | | | | | | | | | |
| | | | | | | | | | | | | | | | | | | | | | | | | | | | | | | | | | | | | | | | |
| | | | | | | | | | | | | | | | | | | | | | | | | | | | | | | | | | | | | | | | |
| | | | | | | | | | | | | | | | | | | | | | | | | | | | | | | | | | | | | | | | |
| | | | | | | | | | | | | | | | | | | | | | | | | | | | | | | | | | | | | | | | |
| | | | | | | | | | | | | | | | | | | | | | | | | | | | | | | | | | | | | | | | |

# 应 收 账 款　明细分类账

二级科目编号及名称 ........................................　总第　5　页　分第 ........................ 页

| 年 | | 凭 证 | | 摘　要 | 对方科目 | 借方金额 | | | | | | | | | | | 贷方金额 | | | | | | | | | | | 借或贷 | 余　额 | | | | | | | | | | |
|---|---|---|---|---|---|---|---|---|---|---|---|---|---|---|---|---|---|---|---|---|---|---|---|---|---|---|---|---|---|---|---|---|---|---|---|---|---|---|
| 月 | 日 | 种类 | 号数 | | | 亿 | 千 | 百 | 十 | 万 | 千 | 百 | 十 | 元 | 角 | 分 | 亿 | 千 | 百 | 十 | 万 | 千 | 百 | 十 | 元 | 角 | 分 | | 亿 | 千 | 百 | 十 | 万 | 千 | 百 | 十 | 元 | 角 | 分 |
| | | | | | | | | | | | | | | | | | | | | | | | | | | | | | | | | | | | | | | | |
| | | | | | | | | | | | | | | | | | | | | | | | | | | | | | | | | | | | | | | | |
| | | | | | | | | | | | | | | | | | | | | | | | | | | | | | | | | | | | | | | | |
| | | | | | | | | | | | | | | | | | | | | | | | | | | | | | | | | | | | | | | | |
| | | | | | | | | | | | | | | | | | | | | | | | | | | | | | | | | | | | | | | | |
| | | | | | | | | | | | | | | | | | | | | | | | | | | | | | | | | | | | | | | | |
| | | | | | | | | | | | | | | | | | | | | | | | | | | | | | | | | | | | | | | | |

# 预 付 账 款　明细分类账

二级科目编号及名称 ........................................　总第　6　页　分第 ........................ 页

| 年 | | 凭 证 | | 摘　要 | 对方科目 | 借方金额 | | | | | | | | | | | 贷方金额 | | | | | | | | | | | 借或贷 | 余　额 | | | | | | | | | | |
|---|---|---|---|---|---|---|---|---|---|---|---|---|---|---|---|---|---|---|---|---|---|---|---|---|---|---|---|---|---|---|---|---|---|---|---|---|---|---|
| 月 | 日 | 种类 | 号数 | | | 亿 | 千 | 百 | 十 | 万 | 千 | 百 | 十 | 元 | 角 | 分 | 亿 | 千 | 百 | 十 | 万 | 千 | 百 | 十 | 元 | 角 | 分 | | 亿 | 千 | 百 | 十 | 万 | 千 | 百 | 十 | 元 | 角 | 分 |
| | | | | | | | | | | | | | | | | | | | | | | | | | | | | | | | | | | | | | | | |
| | | | | | | | | | | | | | | | | | | | | | | | | | | | | | | | | | | | | | | | |
| | | | | | | | | | | | | | | | | | | | | | | | | | | | | | | | | | | | | | | | |
| | | | | | | | | | | | | | | | | | | | | | | | | | | | | | | | | | | | | | | | |
| | | | | | | | | | | | | | | | | | | | | | | | | | | | | | | | | | | | | | | | |
| | | | | | | | | | | | | | | | | | | | | | | | | | | | | | | | | | | | | | | | |
| | | | | | | | | | | | | | | | | | | | | | | | | | | | | | | | | | | | | | | | |

二级科目编号及名称 ............................................　　　　　总第　　7　　页　分第　　　　　页

| 年 | | 凭 证 | | 摘　要 | 对方科目 | 借方金额 | | | | | | | | | | | 贷方金额 | | | | | | | | | | | 借或贷 | 余　额 | | | | | | | | | | |
|---|---|---|---|---|---|---|---|---|---|---|---|---|---|---|---|---|---|---|---|---|---|---|---|---|---|---|---|---|---|---|---|---|---|---|---|---|---|---|---|
| 月 | 日 | 种类 | 号数 | | | 亿 | 千 | 百 | 十 | 万 | 千 | 百 | 十 | 元 | 角 | 分 | 亿 | 千 | 百 | 十 | 万 | 千 | 百 | 十 | 元 | 角 | 分 | | 亿 | 千 | 百 | 十 | 万 | 千 | 百 | 十 | 元 | 角 | 分 |
| | | | | | | | | | | | | | | | | | | | | | | | | | | | | | | | | | | | | | | | |
| | | | | | | | | | | | | | | | | | | | | | | | | | | | | | | | | | | | | | | | |
| | | | | | | | | | | | | | | | | | | | | | | | | | | | | | | | | | | | | | | | |
| | | | | | | | | | | | | | | | | | | | | | | | | | | | | | | | | | | | | | | | |
| | | | | | | | | | | | | | | | | | | | | | | | | | | | | | | | | | | | | | | | |
| | | | | | | | | | | | | | | | | | | | | | | | | | | | | | | | | | | | | | | | |

# 明 细 分 类 账

二级科目编号及名称 ............................................　　　　　总第　　8　　页　分第　　　　　页

| 年 | | 凭 证 | | 摘　要 | 对方科目 | 借方金额 | | | | | | | | | | | 贷方金额 | | | | | | | | | | | 借或贷 | 余　额 | | | | | | | | | | |
|---|---|---|---|---|---|---|---|---|---|---|---|---|---|---|---|---|---|---|---|---|---|---|---|---|---|---|---|---|---|---|---|---|---|---|---|---|---|---|---|
| 月 | 日 | 种类 | 号数 | | | 亿 | 千 | 百 | 十 | 万 | 千 | 百 | 十 | 元 | 角 | 分 | 亿 | 千 | 百 | 十 | 万 | 千 | 百 | 十 | 元 | 角 | 分 | | 亿 | 千 | 百 | 十 | 万 | 千 | 百 | 十 | 元 | 角 | 分 |
| | | | | | | | | | | | | | | | | | | | | | | | | | | | | | | | | | | | | | | | |
| | | | | | | | | | | | | | | | | | | | | | | | | | | | | | | | | | | | | | | | |
| | | | | | | | | | | | | | | | | | | | | | | | | | | | | | | | | | | | | | | | |
| | | | | | | | | | | | | | | | | | | | | | | | | | | | | | | | | | | | | | | | |
| | | | | | | | | | | | | | | | | | | | | | | | | | | | | | | | | | | | | | | | |
| | | | | | | | | | | | | | | | | | | | | | | | | | | | | | | | | | | | | | | | |

# 其他应收款　明细分类账

二级科目编号及名称　　　　　　　　　　　　　　　　　　总第　9　页　分第　　　　　页

| 年 | | 凭 证 | | 摘　要 | 对方科目 | 借方金额 | | | | | | | | | | 贷方金额 | | | | | | | | | | 借或贷 | 余　额 | | | | | | | | | |
|---|---|---|---|---|---|---|---|---|---|---|---|---|---|---|---|---|---|---|---|---|---|---|---|---|---|---|---|---|---|---|---|---|---|---|---|---|
| 月 | 日 | 种类 | 号数 | | | 亿 | 千 | 百 | 十 | 万 | 千 | 百 | 十 | 元 | 角 | 分 | 亿 | 千 | 百 | 十 | 万 | 千 | 百 | 十 | 元 | 角 | 分 | 亿 | 千 | 百 | 十 | 万 | 千 | 百 | 十 | 元 | 角 | 分 |
| | | | | | | | | | | | | | | | | | | | | | | | | | | | | | | | | | | | | | | |
| | | | | | | | | | | | | | | | | | | | | | | | | | | | | | | | | | | | | | | |
| | | | | | | | | | | | | | | | | | | | | | | | | | | | | | | | | | | | | | | |
| | | | | | | | | | | | | | | | | | | | | | | | | | | | | | | | | | | | | | | |
| | | | | | | | | | | | | | | | | | | | | | | | | | | | | | | | | | | | | | | |
| | | | | | | | | | | | | | | | | | | | | | | | | | | | | | | | | | | | | | | |

# 其他应收款　明细分类账

二级科目编号及名称　　　　　　　　　　　　　　　　　　总第　10　页　分第　　　　　页

| 年 | | 凭 证 | | 摘　要 | 对方科目 | 借方金额 | | | | | | | | | | 贷方金额 | | | | | | | | | | 借或贷 | 余　额 | | | | | | | | | |
|---|---|---|---|---|---|---|---|---|---|---|---|---|---|---|---|---|---|---|---|---|---|---|---|---|---|---|---|---|---|---|---|---|---|---|---|---|
| 月 | 日 | 种类 | 号数 | | | 亿 | 千 | 百 | 十 | 万 | 千 | 百 | 十 | 元 | 角 | 分 | 亿 | 千 | 百 | 十 | 万 | 千 | 百 | 十 | 元 | 角 | 分 | 亿 | 千 | 百 | 十 | 万 | 千 | 百 | 十 | 元 | 角 | 分 |
| | | | | | | | | | | | | | | | | | | | | | | | | | | | | | | | | | | | | | | |
| | | | | | | | | | | | | | | | | | | | | | | | | | | | | | | | | | | | | | | |
| | | | | | | | | | | | | | | | | | | | | | | | | | | | | | | | | | | | | | | |
| | | | | | | | | | | | | | | | | | | | | | | | | | | | | | | | | | | | | | | |
| | | | | | | | | | | | | | | | | | | | | | | | | | | | | | | | | | | | | | | |
| | | | | | | | | | | | | | | | | | | | | | | | | | | | | | | | | | | | | | | |

# 坏 账 准 备　　明 细 分 类 账

二级科目编号及名称 ..................　　　　　　　　　　　　　总第　11　页　分第　　　　页

| 年 | | 凭证 | | 摘　要 | 对方科目 | 借方金额 | | | | | | | | | | | 贷方金额 | | | | | | | | | | | 借或贷 | 余　额 | | | | | | | | | | |
| 月 | 日 | 种类 | 号数 | | | 亿 | 千 | 百 | 十 | 万 | 千 | 百 | 十 | 元 | 角 | 分 | 亿 | 千 | 百 | 十 | 万 | 千 | 百 | 十 | 元 | 角 | 分 | | 亿 | 千 | 百 | 十 | 万 | 千 | 百 | 十 | 元 | 角 | 分 |
| | | | | | | | | | | | | | | | | | | | | | | | | | | | | | | | | | | | | | | | |
| | | | | | | | | | | | | | | | | | | | | | | | | | | | | | | | | | | | | | | | |
| | | | | | | | | | | | | | | | | | | | | | | | | | | | | | | | | | | | | | | | |
| | | | | | | | | | | | | | | | | | | | | | | | | | | | | | | | | | | | | | | | |
| | | | | | | | | | | | | | | | | | | | | | | | | | | | | | | | | | | | | | | | |
| | | | | | | | | | | | | | | | | | | | | | | | | | | | | | | | | | | | | | | | |

# 在 途 物 资　　明 细 分 类 账

二级科目编号及名称 ..................　　　　　　　　　　　　　总第　12　页　分第　　　　页

| 年 | | 凭证 | | 摘　要 | 对方科目 | 借方金额 | | | | | | | | | | | 贷方金额 | | | | | | | | | | | 借或贷 | 余　额 | | | | | | | | | | |
| 月 | 日 | 种类 | 号数 | | | 亿 | 千 | 百 | 十 | 万 | 千 | 百 | 十 | 元 | 角 | 分 | 亿 | 千 | 百 | 十 | 万 | 千 | 百 | 十 | 元 | 角 | 分 | | 亿 | 千 | 百 | 十 | 万 | 千 | 百 | 十 | 元 | 角 | 分 |
| | | | | | | | | | | | | | | | | | | | | | | | | | | | | | | | | | | | | | | | |
| | | | | | | | | | | | | | | | | | | | | | | | | | | | | | | | | | | | | | | | |
| | | | | | | | | | | | | | | | | | | | | | | | | | | | | | | | | | | | | | | | |
| | | | | | | | | | | | | | | | | | | | | | | | | | | | | | | | | | | | | | | | |
| | | | | | | | | | | | | | | | | | | | | | | | | | | | | | | | | | | | | | | | |
| | | | | | | | | | | | | | | | | | | | | | | | | | | | | | | | | | | | | | | | |

# 原 材 料　明细分类账

存储地点　　　最高存量　　　最低存量　　　计量单位　　　货名

| 年 | | 凭证 | | 摘　要 | 收入（借方） | | | 发出（贷方） | | | 结　存 | | |
|---|---|---|---|---|---|---|---|---|---|---|---|---|---|
| 月 | 日 | 种类 | 号数 | | 数量 | 单价 | 金　额 千百十万千百十元角分 | 数量 | 单价 | 金　额 千百十万千百十元角分 | 数量 | 单价 | 金　额 千百十万千百十元角分 |
| | | | | | | | | | | | | | |
| | | | | | | | | | | | | | |
| | | | | | | | | | | | | | |
| | | | | | | | | | | | | | |
| | | | | | | | | | | | | | |
| | | | | | | | | | | | | | |
| | | | | | | | | | | | | | |
| | | | | | | | | | | | | | |
| | | | | | | | | | | | | | |
| | | | | | | | | | | | | | |
| | | | | | | | | | | | | | |
| | | | | | | | | | | | | | |
| | | | | | | | | | | | | | |
| | | | | | | | | | | | | | |
| | | | | | | | | | | | | | |
| | | | | | | | | | | | | | |

# 原 材 料　　明细分类账

存储地点　　　　　　最高存量　　　　最低存量　　　　计量单位　　　　货名

| 年 | | 凭证 | | 摘　要 | 收入（借方） | | | 发出（贷方） | | | 结　存 | | |
|---|---|---|---|---|---|---|---|---|---|---|---|---|---|
| 月 | 日 | 种类 | 号数 | | 数量 | 单价 | 金额 千百十万千百十元角分 | 数量 | 单价 | 金额 千百十万千百十元角分 | 数量 | 单价 | 金额 千百十万千百十元角分 |
| | | | | | | | | | | | | | |
| | | | | | | | | | | | | | |
| | | | | | | | | | | | | | |
| | | | | | | | | | | | | | |
| | | | | | | | | | | | | | |
| | | | | | | | | | | | | | |
| | | | | | | | | | | | | | |
| | | | | | | | | | | | | | |
| | | | | | | | | | | | | | |
| | | | | | | | | | | | | | |
| | | | | | | | | | | | | | |
| | | | | | | | | | | | | | |
| | | | | | | | | | | | | | |
| | | | | | | | | | | | | | |
| | | | | | | | | | | | | | |
| | | | | | | | | | | | | | |

# 原 材 料　　明细分类账

存储地点　　　　　　　最高存量　　　　最低存量　　　　计量单位　　　　　货名

| 年 | | 凭证 | | 摘　要 | 收入(借方) | | 金　额 | | | | | | | | | 发出(贷方) | | 金　额 | | | | | | | | | 结　存 | | 金　额 | | | | | | | | |
|---|---|---|---|---|---|---|---|---|---|---|---|---|---|---|---|---|---|---|---|---|---|---|---|---|---|---|---|---|---|---|---|---|---|---|---|---|
| 月 | 日 | 种类 | 号数 | | 数量 | 单价 | 千 | 百 | 十 | 万 | 千 | 百 | 十 | 元 | 角 | 分 | 数量 | 单价 | 千 | 百 | 十 | 万 | 千 | 百 | 十 | 元 | 角 | 分 | 数量 | 单价 | 千 | 百 | 十 | 万 | 千 | 百 | 十 | 元 | 角 | 分 |

# 库 存 商 品　　明 细 分 类 账

存储地点　　　　　　　最高存量　　　　最低存量　　　　计量单位　　　　货名

| 年 | | 凭证 | | 摘要 | 收入（借方） | | | 发出（贷方） | | | 结存 | | |
|---|---|---|---|---|---|---|---|---|---|---|---|---|---|
| 月 | 日 | 种类 | 号数 | | 数量 | 单价 | 金额<br>千百十万千百十元角分 | 数量 | 单价 | 金额<br>千百十万千百十元角分 | 数量 | 单价 | 金额<br>千百十万千百十元角分 |
| | | | | | | | | | | | | | |
| | | | | | | | | | | | | | |
| | | | | | | | | | | | | | |
| | | | | | | | | | | | | | |
| | | | | | | | | | | | | | |
| | | | | | | | | | | | | | |
| | | | | | | | | | | | | | |
| | | | | | | | | | | | | | |
| | | | | | | | | | | | | | |
| | | | | | | | | | | | | | |
| | | | | | | | | | | | | | |
| | | | | | | | | | | | | | |
| | | | | | | | | | | | | | |
| | | | | | | | | | | | | | |
| | | | | | | | | | | | | | |
| | | | | | | | | | | | | | |

# 库 存 商 品　　明 细 分 类 账

总页 17　分页

存储地点　　　　　最高存量　　　　最低存量　　　　计量单位　　　　货名

| 年 | | 凭证 | | 摘　要 | 收入(借方) | | | | | | | | | | 发出(贷方) | | | | | | | | | | 结　存 | | | | | | | | | |
|---|---|---|---|---|---|---|---|---|---|---|---|---|---|---|---|---|---|---|---|---|---|---|---|---|---|---|---|---|---|---|---|---|---|---|
| | | | | | 数量 | 单价 | 金　额 | | | | | | | | | 数量 | 单价 | 金　额 | | | | | | | | | 数量 | 单价 | 金　额 | | | | | | | |
| 月 | 日 | 种类 | 号数 | | | | 千 | 百 | 十 | 万 | 千 | 百 | 十 | 元 | 角 | 分 | | | 千 | 百 | 十 | 万 | 千 | 百 | 十 | 元 | 角 | 分 | | | 千 | 百 | 十 | 万 | 千 | 百 | 十 | 元 | 角 | 分 |

# 库 存 商 品　　明 细 分 类 账

存储地点　　　　　　　　最高存量　　　　　最低存量　　　　计量单位　　　　　　货名

| 年 | | 凭证 | | 摘　要 | 收入（借方） | | | 发出（贷方） | | | 结　存 | | |
|---|---|---|---|---|---|---|---|---|---|---|---|---|---|
| 月 | 日 | 种类 | 号数 | | 数量 | 单价 | 金　额<br>千百十万千百十元角分 | 数量 | 单价 | 金　额<br>千百十万千百十元角分 | 数量 | 单价 | 金　额<br>千百十万千百十元角分 |
| | | | | | | | | | | | | | |
| | | | | | | | | | | | | | |
| | | | | | | | | | | | | | |
| | | | | | | | | | | | | | |
| | | | | | | | | | | | | | |
| | | | | | | | | | | | | | |
| | | | | | | | | | | | | | |
| | | | | | | | | | | | | | |
| | | | | | | | | | | | | | |
| | | | | | | | | | | | | | |
| | | | | | | | | | | | | | |
| | | | | | | | | | | | | | |
| | | | | | | | | | | | | | |
| | | | | | | | | | | | | | |
| | | | | | | | | | | | | | |
| | | | | | | | | | | | | | |
| | | | | | | | | | | | | | |
| | | | | | | | | | | | | | |

二级科目编号及名称　机器设备类　　　　　　　　　　　　　总第　19　页　分第　　　　　页

| 2×19年 | | 凭证 | | 摘　要 | 对方科目 | 借方金额 | | | | | | | | | | | 贷方金额 | | | | | | | | | | | 借或贷 | 余　额 | | | | | | | | | | |
|---|---|---|---|---|---|---|---|---|---|---|---|---|---|---|---|---|---|---|---|---|---|---|---|---|---|---|---|---|---|---|---|---|---|---|---|---|---|---|---|
| 月 | 日 | 种类 | 号数 | | | 亿 | 千 | 百 | 十 | 万 | 千 | 百 | 十 | 元 | 角 | 分 | 亿 | 千 | 百 | 十 | 万 | 千 | 百 | 十 | 元 | 角 | 分 | | 亿 | 千 | 百 | 十 | 万 | 千 | 百 | 十 | 元 | 角 | 分 |
| 12 | 1 | | | 月初余额 | | | | | | | | | | | | | | | | | | | | | | | | 借 | | 1 | 3 | 5 | 0 | 0 | 0 | 0 | 0 | 0 | 0 |
| | 15 | 转 | 7 | 结转生产线工程完工成本 | 在建工程 | | | | | 4 | 4 | 6 | 0 | 0 | 0 | 0 | | | | | | | | | | | | | | | | | | | | | | | |
| | 31 | | | 月　结 | | | | | | 4 | 4 | 6 | 0 | 0 | 0 | 0 | | | | | | | | | | | | | | 1 | 3 | 9 | 4 | 6 | 0 | 0 | 0 | 0 | 0 |
| | 31 | | | 结转下年 | | | | | | | | | | | | | | | | | | | | | | | | | | 1 | 3 | 9 | 4 | 6 | 0 | 0 | 0 | 0 | 0 |

固 定 资 产　　明 细 分 类 账

二级科目编号及名称　　　　　　　　　　　　　　　　　　　总第　20　页　分第　　　　　页

| 年 | | 凭证 | | 摘　要 | 对方科目 | 借方金额 | | | | | | | | | | | 贷方金额 | | | | | | | | | | | 借或贷 | 余　额 | | | | | | | | | | |
|---|---|---|---|---|---|---|---|---|---|---|---|---|---|---|---|---|---|---|---|---|---|---|---|---|---|---|---|---|---|---|---|---|---|---|---|---|---|---|---|
| 月 | 日 | 种类 | 号数 | | | 亿 | 千 | 百 | 十 | 万 | 千 | 百 | 十 | 元 | 角 | 分 | 亿 | 千 | 百 | 十 | 万 | 千 | 百 | 十 | 元 | 角 | 分 | | 亿 | 千 | 百 | 十 | 万 | 千 | 百 | 十 | 元 | 角 | 分 |

# 在 建 工 程 明细分类账

二级科目编号及名称 .................... 　　　　　　　　总第 21 页 分第 _____ 页

| 年 | | 凭证 | | 摘 要 | 对方科目 | 借方金额 | | | | | | | | | | | 贷方金额 | | | | | | | | | | | 借或贷 | 余 额 | | | | | | | | | | |
|---|---|---|---|---|---|---|---|---|---|---|---|---|---|---|---|---|---|---|---|---|---|---|---|---|---|---|---|---|---|---|---|---|---|---|---|---|---|---|---|
| 月 | 日 | 种类 | 号数 | | | 亿 | 千 | 百 | 十 | 万 | 千 | 百 | 十 | 元 | 角 | 分 | 亿 | 千 | 百 | 十 | 万 | 千 | 百 | 十 | 元 | 角 | 分 | | 亿 | 千 | 百 | 十 | 万 | 千 | 百 | 十 | 元 | 角 | 分 |
| | | | | | | | | | | | | | | | | | | | | | | | | | | | | | | | | | | | | | | | |
| | | | | | | | | | | | | | | | | | | | | | | | | | | | | | | | | | | | | | | | |
| | | | | | | | | | | | | | | | | | | | | | | | | | | | | | | | | | | | | | | | |
| | | | | | | | | | | | | | | | | | | | | | | | | | | | | | | | | | | | | | | | |
| | | | | | | | | | | | | | | | | | | | | | | | | | | | | | | | | | | | | | | | |
| | | | | | | | | | | | | | | | | | | | | | | | | | | | | | | | | | | | | | | | |
| | | | | | | | | | | | | | | | | | | | | | | | | | | | | | | | | | | | | | | | |

# 在 建 工 程 明细分类账

二级科目编号及名称 .................... 　　　　　　　　总第 22 页 分第 _____ 页

| 年 | | 凭证 | | 摘 要 | 对方科目 | 借方金额 | | | | | | | | | | | 贷方金额 | | | | | | | | | | | 借或贷 | 余 额 | | | | | | | | | | |
|---|---|---|---|---|---|---|---|---|---|---|---|---|---|---|---|---|---|---|---|---|---|---|---|---|---|---|---|---|---|---|---|---|---|---|---|---|---|---|---|
| 月 | 日 | 种类 | 号数 | | | 亿 | 千 | 百 | 十 | 万 | 千 | 百 | 十 | 元 | 角 | 分 | 亿 | 千 | 百 | 十 | 万 | 千 | 百 | 十 | 元 | 角 | 分 | | 亿 | 千 | 百 | 十 | 万 | 千 | 百 | 十 | 元 | 角 | 分 |
| | | | | | | | | | | | | | | | | | | | | | | | | | | | | | | | | | | | | | | | |
| | | | | | | | | | | | | | | | | | | | | | | | | | | | | | | | | | | | | | | | |
| | | | | | | | | | | | | | | | | | | | | | | | | | | | | | | | | | | | | | | | |
| | | | | | | | | | | | | | | | | | | | | | | | | | | | | | | | | | | | | | | | |
| | | | | | | | | | | | | | | | | | | | | | | | | | | | | | | | | | | | | | | | |

# 明细分类账

二级科目编号及名称

| 年 | | 凭证 | | 摘要 | 对方科目 | 借方金额 | | | | | | | | | | | 贷方金额 | | | | | | | | | | 借或贷 | 余额 | | | | | | | | | |
|---|---|---|---|---|---|---|---|---|---|---|---|---|---|---|---|---|---|---|---|---|---|---|---|---|---|---|---|---|---|---|---|---|---|---|---|---|---|
| 月 | 日 | 种类 | 号数 | | | 亿 | 千 | 百 | 十 | 万 | 千 | 百 | 十 | 元 | 角 | 分 | 亿 | 千 | 百 | 十 | 万 | 千 | 百 | 十 | 元 | 角 | 分 | | 亿 | 千 | 百 | 十 | 万 | 千 | 百 | 十 | 元 | 角 | 分 |
| | | | | | | | | | | | | | | | | | | | | | | | | | | | | | | | | | | | | | | | |
| | | | | | | | | | | | | | | | | | | | | | | | | | | | | | | | | | | | | | | | |
| | | | | | | | | | | | | | | | | | | | | | | | | | | | | | | | | | | | | | | | |
| | | | | | | | | | | | | | | | | | | | | | | | | | | | | | | | | | | | | | | | |

# 短 期 借 款 　 明细分类账

二级科目编号及名称

| 年 | | 凭证 | | 摘要 | 对方科目 | 借方金额 | | | | | | | | | | | 贷方金额 | | | | | | | | | | 借或贷 | 余额 | | | | | | | | | |
|---|---|---|---|---|---|---|---|---|---|---|---|---|---|---|---|---|---|---|---|---|---|---|---|---|---|---|---|---|---|---|---|---|---|---|---|---|---|
| 月 | 日 | 种类 | 号数 | | | 亿 | 千 | 百 | 十 | 万 | 千 | 百 | 十 | 元 | 角 | 分 | 亿 | 千 | 百 | 十 | 万 | 千 | 百 | 十 | 元 | 角 | 分 | | 亿 | 千 | 百 | 十 | 万 | 千 | 百 | 十 | 元 | 角 | 分 |
| | | | | | | | | | | | | | | | | | | | | | | | | | | | | | | | | | | | | | | | |
| | | | | | | | | | | | | | | | | | | | | | | | | | | | | | | | | | | | | | | | |
| | | | | | | | | | | | | | | | | | | | | | | | | | | | | | | | | | | | | | | | |
| | | | | | | | | | | | | | | | | | | | | | | | | | | | | | | | | | | | | | | | |

# 应 付 票 据　明 细 分 类 账

二级科目编号及名称 .................................　　　　　　　　总第　25　页　分第　　　　　　页

| 年 | | 凭证 | | 摘　要 | 对方科目 | 借方金额 | | | | | | | | | | 贷方金额 | | | | | | | | | | 借或贷 | 余　额 | | | | | | | | | |
|---|---|---|---|---|---|---|---|---|---|---|---|---|---|---|---|---|---|---|---|---|---|---|---|---|---|---|---|---|---|---|---|---|---|---|---|
| 月 | 日 | 种类 | 号数 | | | 亿 | 千 | 百 | 十 | 万 | 千 | 百 | 十 | 元 | 角 | 分 | 亿 | 千 | 百 | 十 | 万 | 千 | 百 | 十 | 元 | 角 | 分 | 亿 | 千 | 百 | 十 | 万 | 千 | 百 | 十 | 元 | 角 | 分 |
| | | | | | | | | | | | | | | | | | | | | | | | | | | | | | | | | | | | | | | |
| | | | | | | | | | | | | | | | | | | | | | | | | | | | | | | | | | | | | | | |
| | | | | | | | | | | | | | | | | | | | | | | | | | | | | | | | | | | | | | | |
| | | | | | | | | | | | | | | | | | | | | | | | | | | | | | | | | | | | | | | |
| | | | | | | | | | | | | | | | | | | | | | | | | | | | | | | | | | | | | | | |
| | | | | | | | | | | | | | | | | | | | | | | | | | | | | | | | | | | | | | | |

# 应 付 票 据　明 细 分 类 账

二级科目编号及名称 .................................　　　　　　　　总第　26　页　分第　　　　　　页

| 年 | | 凭证 | | 摘　要 | 对方科目 | 借方金额 | | | | | | | | | | 贷方金额 | | | | | | | | | | 借或贷 | 余　额 | | | | | | | | | |
|---|---|---|---|---|---|---|---|---|---|---|---|---|---|---|---|---|---|---|---|---|---|---|---|---|---|---|---|---|---|---|---|---|---|---|---|
| 月 | 日 | 种类 | 号数 | | | 亿 | 千 | 百 | 十 | 万 | 千 | 百 | 十 | 元 | 角 | 分 | 亿 | 千 | 百 | 十 | 万 | 千 | 百 | 十 | 元 | 角 | 分 | 亿 | 千 | 百 | 十 | 万 | 千 | 百 | 十 | 元 | 角 | 分 |
| | | | | | | | | | | | | | | | | | | | | | | | | | | | | | | | | | | | | | | |
| | | | | | | | | | | | | | | | | | | | | | | | | | | | | | | | | | | | | | | |
| | | | | | | | | | | | | | | | | | | | | | | | | | | | | | | | | | | | | | | |
| | | | | | | | | | | | | | | | | | | | | | | | | | | | | | | | | | | | | | | |
| | | | | | | | | | | | | | | | | | | | | | | | | | | | | | | | | | | | | | | |

# 应 付 账 款　　明 细 分 类 账

二级科目编号及名称 .................................................　　　　　　　　　　　总第 27 页 分第 _____ 页

| 年 | | 凭 证 | | 摘　要 | 对方科目 | 借方金额 | | | | | | | | | | 贷方金额 | | | | | | | | | | 借或贷 | 余　额 | | | | | | | | | |
|---|---|---|---|---|---|---|---|---|---|---|---|---|---|---|---|---|---|---|---|---|---|---|---|---|---|---|---|---|---|---|---|---|---|---|---|
| 月 | 日 | 种类 | 号数 | | | 亿 | 千 | 百 | 十 | 万 | 千 | 百 | 十 | 元 | 角 | 分 | 亿 | 千 | 百 | 十 | 万 | 千 | 百 | 十 | 元 | 角 | 分 | | 亿 | 千 | 百 | 十 | 万 | 千 | 百 | 十 | 元 | 角 | 分 |
| | | | | | | | | | | | | | | | | | | | | | | | | | | | | | | | | | | | | | | | |
| | | | | | | | | | | | | | | | | | | | | | | | | | | | | | | | | | | | | | | | |
| | | | | | | | | | | | | | | | | | | | | | | | | | | | | | | | | | | | | | | | |
| | | | | | | | | | | | | | | | | | | | | | | | | | | | | | | | | | | | | | | | |
| | | | | | | | | | | | | | | | | | | | | | | | | | | | | | | | | | | | | | | | |
| | | | | | | | | | | | | | | | | | | | | | | | | | | | | | | | | | | | | | | | |
| | | | | | | | | | | | | | | | | | | | | | | | | | | | | | | | | | | | | | | | |

# 应 付 账 款　　明 细 分 类 账

二级科目编号及名称 .................................................　　　　　　　　　　　总第 28 页 分第 _____ 页

| 年 | | 凭 证 | | 摘　要 | 对方科目 | 借方金额 | | | | | | | | | | 贷方金额 | | | | | | | | | | 借或贷 | 余　额 | | | | | | | | | |
|---|---|---|---|---|---|---|---|---|---|---|---|---|---|---|---|---|---|---|---|---|---|---|---|---|---|---|---|---|---|---|---|---|---|---|---|
| 月 | 日 | 种类 | 号数 | | | 亿 | 千 | 百 | 十 | 万 | 千 | 百 | 十 | 元 | 角 | 分 | 亿 | 千 | 百 | 十 | 万 | 千 | 百 | 十 | 元 | 角 | 分 | | 亿 | 千 | 百 | 十 | 万 | 千 | 百 | 十 | 元 | 角 | 分 |
| | | | | | | | | | | | | | | | | | | | | | | | | | | | | | | | | | | | | | | | |
| | | | | | | | | | | | | | | | | | | | | | | | | | | | | | | | | | | | | | | | |
| | | | | | | | | | | | | | | | | | | | | | | | | | | | | | | | | | | | | | | | |
| | | | | | | | | | | | | | | | | | | | | | | | | | | | | | | | | | | | | | | | |
| | | | | | | | | | | | | | | | | | | | | | | | | | | | | | | | | | | | | | | | |

# 预 收 账 款　明细分类账

二级科目编号及名称 .................................　　　　　　　　

| 年 | | 凭证 | | 摘　要 | 对方科目 | 借方金额 | | | | | | | | | | | 贷方金额 | | | | | | | | | | | 借或贷 | 余　额 | | | | | | | | | | |
|---|---|---|---|---|---|---|---|---|---|---|---|---|---|---|---|---|---|---|---|---|---|---|---|---|---|---|---|---|---|---|---|---|---|---|---|---|---|---|---|
| 月 | 日 | 种类 | 号数 | | | 亿 | 千 | 百 | 十 | 万 | 千 | 百 | 十 | 元 | 角 | 分 | 亿 | 千 | 百 | 十 | 万 | 千 | 百 | 十 | 元 | 角 | 分 | | 亿 | 千 | 百 | 十 | 万 | 千 | 百 | 十 | 元 | 角 | 分 |
| | | | | | | | | | | | | | | | | | | | | | | | | | | | | | | | | | | | | | | | |
| | | | | | | | | | | | | | | | | | | | | | | | | | | | | | | | | | | | | | | | |
| | | | | | | | | | | | | | | | | | | | | | | | | | | | | | | | | | | | | | | | |
| | | | | | | | | | | | | | | | | | | | | | | | | | | | | | | | | | | | | | | | |
| | | | | | | | | | | | | | | | | | | | | | | | | | | | | | | | | | | | | | | | |
| | | | | | | | | | | | | | | | | | | | | | | | | | | | | | | | | | | | | | | | |

# 预 收 账 款　明细分类账

二级科目编号及名称 .................................　　　　　　　　

| 年 | | 凭证 | | 摘　要 | 对方科目 | 借方金额 | | | | | | | | | | | 贷方金额 | | | | | | | | | | | 借或贷 | 余　额 | | | | | | | | | | |
|---|---|---|---|---|---|---|---|---|---|---|---|---|---|---|---|---|---|---|---|---|---|---|---|---|---|---|---|---|---|---|---|---|---|---|---|---|---|---|---|
| 月 | 日 | 种类 | 号数 | | | 亿 | 千 | 百 | 十 | 万 | 千 | 百 | 十 | 元 | 角 | 分 | 亿 | 千 | 百 | 十 | 万 | 千 | 百 | 十 | 元 | 角 | 分 | | 亿 | 千 | 百 | 十 | 万 | 千 | 百 | 十 | 元 | 角 | 分 |
| | | | | | | | | | | | | | | | | | | | | | | | | | | | | | | | | | | | | | | | |
| | | | | | | | | | | | | | | | | | | | | | | | | | | | | | | | | | | | | | | | |
| | | | | | | | | | | | | | | | | | | | | | | | | | | | | | | | | | | | | | | | |
| | | | | | | | | | | | | | | | | | | | | | | | | | | | | | | | | | | | | | | | |
| | | | | | | | | | | | | | | | | | | | | | | | | | | | | | | | | | | | | | | | |

# 应 付 职 工 薪 酬　明细分类账

二级科目编号及名称

| 年 | | 凭 证 | | 摘　要 | 对方科目 | 借方金额 | | | | | | | | | | 贷方金额 | | | | | | | | | | 借或贷 | 余　额 | | | | | | | | | |
|---|---|---|---|---|---|---|---|---|---|---|---|---|---|---|---|---|---|---|---|---|---|---|---|---|---|---|---|---|---|---|---|---|---|---|---|---|
| 月 | 日 | 种类 | 号数 | | | 亿 | 千 | 百 | 十 | 万 | 千 | 百 | 十 | 元 | 角 | 分 | 亿 | 千 | 百 | 十 | 万 | 千 | 百 | 十 | 元 | 角 | 分 | | 亿 | 千 | 百 | 十 | 万 | 千 | 百 | 十 | 元 | 角 | 分 |
| | | | | | | | | | | | | | | | | | | | | | | | | | | | | | | | | | | | | | | | |
| | | | | | | | | | | | | | | | | | | | | | | | | | | | | | | | | | | | | | | | |
| | | | | | | | | | | | | | | | | | | | | | | | | | | | | | | | | | | | | | | | |
| | | | | | | | | | | | | | | | | | | | | | | | | | | | | | | | | | | | | | | | |
| | | | | | | | | | | | | | | | | | | | | | | | | | | | | | | | | | | | | | | | |

---

# 应 付 职 工 薪 酬　明细分类账

二级科目编号及名称

| 年 | | 凭 证 | | 摘　要 | 对方科目 | 借方金额 | | | | | | | | | | 贷方金额 | | | | | | | | | | 借或贷 | 余　额 | | | | | | | | | |
|---|---|---|---|---|---|---|---|---|---|---|---|---|---|---|---|---|---|---|---|---|---|---|---|---|---|---|---|---|---|---|---|---|---|---|---|---|
| 月 | 日 | 种类 | 号数 | | | 亿 | 千 | 百 | 十 | 万 | 千 | 百 | 十 | 元 | 角 | 分 | 亿 | 千 | 百 | 十 | 万 | 千 | 百 | 十 | 元 | 角 | 分 | | 亿 | 千 | 百 | 十 | 万 | 千 | 百 | 十 | 元 | 角 | 分 |
| | | | | | | | | | | | | | | | | | | | | | | | | | | | | | | | | | | | | | | | |
| | | | | | | | | | | | | | | | | | | | | | | | | | | | | | | | | | | | | | | | |
| | | | | | | | | | | | | | | | | | | | | | | | | | | | | | | | | | | | | | | | |
| | | | | | | | | | | | | | | | | | | | | | | | | | | | | | | | | | | | | | | | |

# 应交税费——应交增值税　明细分类账

| 年 | | 凭证 | | 摘　要 | 借方发生额 | | | | 贷方发生额 | | | 借或贷 | 余　额 |
|---|---|---|---|---|---|---|---|---|---|---|---|---|---|
| 月 | 日 | 种类 | 号数 | | 进项税额 | 已交税金 | 转出未交增值税 | 合　计 | 销项税额 | 转出多交增值税 | 合　计 | | |
| | | | | | | | | | | | | | |
| | | | | | | | | | | | | | |
| | | | | | | | | | | | | | |
| | | | | | | | | | | | | | |
| | | | | | | | | | | | | | |
| | | | | | | | | | | | | | |
| | | | | | | | | | | | | | |
| | | | | | | | | | | | | | |
| | | | | | | | | | | | | | |
| | | | | | | | | | | | | | |
| | | | | | | | | | | | | | |
| | | | | | | | | | | | | | |
| | | | | | | | | | | | | | |
| | | | | | | | | | | | | | |
| | | | | | | | | | | | | | |
| | | | | | | | | | | | | | |
| | | | | | | | | | | | | | |
| | | | | | | | | | | | | | |
| | | | | | | | | | | | | | |
| | | | | | | | | | | | | | |

# 应交税费——应交增值税　　明细分类账

| 年 | | 凭证 | | 摘　要 | 借方发生额 | | | | 贷方发生额 | | | 借或贷 | 余　额 |
|---|---|---|---|---|---|---|---|---|---|---|---|---|---|
| 月 | 日 | 种类 | 号数 | | 进项税额 | 已交税金 | 转出未交增值税 | 合　计 | 销项税额 | 转出多交增值税 | 合　计 | | |
| | | | | | | | | | | | | | |
| | | | | | | | | | | | | | |
| | | | | | | | | | | | | | |
| | | | | | | | | | | | | | |
| | | | | | | | | | | | | | |
| | | | | | | | | | | | | | |
| | | | | | | | | | | | | | |
| | | | | | | | | | | | | | |
| | | | | | | | | | | | | | |
| | | | | | | | | | | | | | |
| | | | | | | | | | | | | | |
| | | | | | | | | | | | | | |
| | | | | | | | | | | | | | |
| | | | | | | | | | | | | | |
| | | | | | | | | | | | | | |
| | | | | | | | | | | | | | |
| | | | | | | | | | | | | | |
| | | | | | | | | | | | | | |
| | | | | | | | | | | | | | |
| | | | | | | | | | | | | | |
| | | | | | | | | | | | | | |
| | | | | | | | | | | | | | |
| | | | | | | | | | | | | | |

# 应 交 税 费　　明 细 分 类 账

二级科目编号及名称 .............................

| 年 | | 凭 证 | | 摘　要 | 对方科目 | 借方金额 | | | | | | | | | | | 贷方金额 | | | | | | | | | | | 借或贷 | 余　额 | | | | | | | | | | |
|---|---|---|---|---|---|---|---|---|---|---|---|---|---|---|---|---|---|---|---|---|---|---|---|---|---|---|---|---|---|---|---|---|---|---|---|---|---|---|
| 月 | 日 | 种类 | 号数 | | | 亿 | 千 | 百 | 十 | 万 | 千 | 百 | 十 | 元 | 角 | 分 | 亿 | 千 | 百 | 十 | 万 | 千 | 百 | 十 | 元 | 角 | 分 | | 亿 | 千 | 百 | 十 | 万 | 千 | 百 | 十 | 元 | 角 | 分 |
| | | | | | | | | | | | | | | | | | | | | | | | | | | | | | | | | | | | | | | | |
| | | | | | | | | | | | | | | | | | | | | | | | | | | | | | | | | | | | | | | | |
| | | | | | | | | | | | | | | | | | | | | | | | | | | | | | | | | | | | | | | | |
| | | | | | | | | | | | | | | | | | | | | | | | | | | | | | | | | | | | | | | | |
| | | | | | | | | | | | | | | | | | | | | | | | | | | | | | | | | | | | | | | | |
| | | | | | | | | | | | | | | | | | | | | | | | | | | | | | | | | | | | | | | | |

# 应 交 税 费　　明 细 分 类 账

二级科目编号及名称 .............................

| 年 | | 凭 证 | | 摘　要 | 对方科目 | 借方金额 | | | | | | | | | | | 贷方金额 | | | | | | | | | | | 借或贷 | 余　额 | | | | | | | | | | |
|---|---|---|---|---|---|---|---|---|---|---|---|---|---|---|---|---|---|---|---|---|---|---|---|---|---|---|---|---|---|---|---|---|---|---|---|---|---|---|
| 月 | 日 | 种类 | 号数 | | | 亿 | 千 | 百 | 十 | 万 | 千 | 百 | 十 | 元 | 角 | 分 | 亿 | 千 | 百 | 十 | 万 | 千 | 百 | 十 | 元 | 角 | 分 | | 亿 | 千 | 百 | 十 | 万 | 千 | 百 | 十 | 元 | 角 | 分 |
| | | | | | | | | | | | | | | | | | | | | | | | | | | | | | | | | | | | | | | | |
| | | | | | | | | | | | | | | | | | | | | | | | | | | | | | | | | | | | | | | | |
| | | | | | | | | | | | | | | | | | | | | | | | | | | | | | | | | | | | | | | | |
| | | | | | | | | | | | | | | | | | | | | | | | | | | | | | | | | | | | | | | | |
| | | | | | | | | | | | | | | | | | | | | | | | | | | | | | | | | | | | | | | | |
| | | | | | | | | | | | | | | | | | | | | | | | | | | | | | | | | | | | | | | | |

# 应交税费　　明细分类账

二级科目编号及名称

| 年 | | 凭证 | | 摘要 | 对方科目 | 借方金额 | | | | | | | | | | 贷方金额 | | | | | | | | | | 借或贷 | 余额 | | | | | | | | | |
|---|---|---|---|---|---|---|---|---|---|---|---|---|---|---|---|---|---|---|---|---|---|---|---|---|---|---|---|---|---|---|---|---|---|---|---|---|
| 月 | 日 | 种类 | 号数 | | | 亿 | 千 | 百 | 十 | 万 | 千 | 百 | 十 | 元 | 角 | 分 | 亿 | 千 | 百 | 十 | 万 | 千 | 百 | 十 | 元 | 角 | 分 | | 亿 | 千 | 百 | 十 | 万 | 千 | 百 | 十 | 元 | 角 | 分 |
| | | | | | | | | | | | | | | | | | | | | | | | | | | | | | | | | | | | | | | | |
| | | | | | | | | | | | | | | | | | | | | | | | | | | | | | | | | | | | | | | | |
| | | | | | | | | | | | | | | | | | | | | | | | | | | | | | | | | | | | | | | | |
| | | | | | | | | | | | | | | | | | | | | | | | | | | | | | | | | | | | | | | | |
| | | | | | | | | | | | | | | | | | | | | | | | | | | | | | | | | | | | | | | | |
| | | | | | | | | | | | | | | | | | | | | | | | | | | | | | | | | | | | | | | | |

# 应交税费　　明细分类账

二级科目编号及名称

| 年 | | 凭证 | | 摘要 | 对方科目 | 借方金额 | | | | | | | | | | 贷方金额 | | | | | | | | | | 借或贷 | 余额 | | | | | | | | | |
|---|---|---|---|---|---|---|---|---|---|---|---|---|---|---|---|---|---|---|---|---|---|---|---|---|---|---|---|---|---|---|---|---|---|---|---|---|
| 月 | 日 | 种类 | 号数 | | | 亿 | 千 | 百 | 十 | 万 | 千 | 百 | 十 | 元 | 角 | 分 | 亿 | 千 | 百 | 十 | 万 | 千 | 百 | 十 | 元 | 角 | 分 | | 亿 | 千 | 百 | 十 | 万 | 千 | 百 | 十 | 元 | 角 | 分 |
| | | | | | | | | | | | | | | | | | | | | | | | | | | | | | | | | | | | | | | | |
| | | | | | | | | | | | | | | | | | | | | | | | | | | | | | | | | | | | | | | | |
| | | | | | | | | | | | | | | | | | | | | | | | | | | | | | | | | | | | | | | | |
| | | | | | | | | | | | | | | | | | | | | | | | | | | | | | | | | | | | | | | | |
| | | | | | | | | | | | | | | | | | | | | | | | | | | | | | | | | | | | | | | | |
| | | | | | | | | | | | | | | | | | | | | | | | | | | | | | | | | | | | | | | | |

# 应 付 利 息　明细分类账

二级科目编号及名称 ...................

| 年 | | 凭证 | | 摘　要 | 对方科目 | 借方金额 | | | | | | | | | | | 贷方金额 | | | | | | | | | | | 借或贷 | 余　额 | | | | | | | | | | |
|---|---|---|---|---|---|---|---|---|---|---|---|---|---|---|---|---|---|---|---|---|---|---|---|---|---|---|---|---|---|---|---|---|---|---|---|---|---|---|
| 月 | 日 | 种类 | 号数 | | | 亿 | 千 | 百 | 十 | 万 | 千 | 百 | 十 | 元 | 角 | 分 | 亿 | 千 | 百 | 十 | 万 | 千 | 百 | 十 | 元 | 角 | 分 | | 亿 | 千 | 百 | 十 | 万 | 千 | 百 | 十 | 元 | 角 | 分 |
| | | | | | | | | | | | | | | | | | | | | | | | | | | | | | | | | | | | | | | | |
| | | | | | | | | | | | | | | | | | | | | | | | | | | | | | | | | | | | | | | | |
| | | | | | | | | | | | | | | | | | | | | | | | | | | | | | | | | | | | | | | | |
| | | | | | | | | | | | | | | | | | | | | | | | | | | | | | | | | | | | | | | | |
| | | | | | | | | | | | | | | | | | | | | | | | | | | | | | | | | | | | | | | | |
| | | | | | | | | | | | | | | | | | | | | | | | | | | | | | | | | | | | | | | | |

# 明细分类账

二级科目编号及名称 ...................

| 年 | | 凭证 | | 摘　要 | 对方科目 | 借方金额 | | | | | | | | | | | 贷方金额 | | | | | | | | | | | 借或贷 | 余　额 | | | | | | | | | | |
|---|---|---|---|---|---|---|---|---|---|---|---|---|---|---|---|---|---|---|---|---|---|---|---|---|---|---|---|---|---|---|---|---|---|---|---|---|---|---|
| 月 | 日 | 种类 | 号数 | | | 亿 | 千 | 百 | 十 | 万 | 千 | 百 | 十 | 元 | 角 | 分 | 亿 | 千 | 百 | 十 | 万 | 千 | 百 | 十 | 元 | 角 | 分 | | 亿 | 千 | 百 | 十 | 万 | 千 | 百 | 十 | 元 | 角 | 分 |
| | | | | | | | | | | | | | | | | | | | | | | | | | | | | | | | | | | | | | | | |
| | | | | | | | | | | | | | | | | | | | | | | | | | | | | | | | | | | | | | | | |
| | | | | | | | | | | | | | | | | | | | | | | | | | | | | | | | | | | | | | | | |
| | | | | | | | | | | | | | | | | | | | | | | | | | | | | | | | | | | | | | | | |
| | | | | | | | | | | | | | | | | | | | | | | | | | | | | | | | | | | | | | | | |
| | | | | | | | | | | | | | | | | | | | | | | | | | | | | | | | | | | | | | | | |

# 应 付 股 利　　明细分类账

| 年 | | 凭证 | | 摘　要 | 对方科目 | 借方金额 | | | | | | | | | | 贷方金额 | | | | | | | | | | 借或贷 | 余　额 | | | | | | | | | |
|---|---|------|------|-------|---------|---|---|---|---|---|---|---|---|---|---|---|---|---|---|---|---|---|---|---|---|---|---|---|---|---|---|---|---|---|---|---|
| 月 | 日 | 种类 | 号数 | | | 亿 | 千 | 百 | 十 | 万 | 千 | 百 | 十 | 元 | 角 | 分 | 亿 | 千 | 百 | 十 | 万 | 千 | 百 | 十 | 元 | 角 | 分 | | 亿 | 千 | 百 | 十 | 万 | 千 | 百 | 十 | 元 | 角 | 分 |
| | | | | | | | | | | | | | | | | | | | | | | | | | | | | | | | | | | | | | | | |
| | | | | | | | | | | | | | | | | | | | | | | | | | | | | | | | | | | | | | | | |
| | | | | | | | | | | | | | | | | | | | | | | | | | | | | | | | | | | | | | | | |
| | | | | | | | | | | | | | | | | | | | | | | | | | | | | | | | | | | | | | | | |
| | | | | | | | | | | | | | | | | | | | | | | | | | | | | | | | | | | | | | | | |
| | | | | | | | | | | | | | | | | | | | | | | | | | | | | | | | | | | | | | | | |
| | | | | | | | | | | | | | | | | | | | | | | | | | | | | | | | | | | | | | | | |

# 应 付 股 利　　明细分类账

| 年 | | 凭证 | | 摘　要 | 对方科目 | 借方金额 | | | | | | | | | | 贷方金额 | | | | | | | | | | 借或贷 | 余　额 | | | | | | | | | |
|---|---|------|------|-------|---------|---|---|---|---|---|---|---|---|---|---|---|---|---|---|---|---|---|---|---|---|---|---|---|---|---|---|---|---|---|---|---|
| 月 | 日 | 种类 | 号数 | | | 亿 | 千 | 百 | 十 | 万 | 千 | 百 | 十 | 元 | 角 | 分 | 亿 | 千 | 百 | 十 | 万 | 千 | 百 | 十 | 元 | 角 | 分 | | 亿 | 千 | 百 | 十 | 万 | 千 | 百 | 十 | 元 | 角 | 分 |
| | | | | | | | | | | | | | | | | | | | | | | | | | | | | | | | | | | | | | | | |
| | | | | | | | | | | | | | | | | | | | | | | | | | | | | | | | | | | | | | | | |
| | | | | | | | | | | | | | | | | | | | | | | | | | | | | | | | | | | | | | | | |
| | | | | | | | | | | | | | | | | | | | | | | | | | | | | | | | | | | | | | | | |
| | | | | | | | | | | | | | | | | | | | | | | | | | | | | | | | | | | | | | | | |
| | | | | | | | | | | | | | | | | | | | | | | | | | | | | | | | | | | | | | | | |
| | | | | | | | | | | | | | | | | | | | | | | | | | | | | | | | | | | | | | | | |

二级科目编号及名称 .................................................　　　　　总第　43　页　分第　　　　　　页

| 年 | | 凭证 | | 摘　要 | 对方科目 | 借方金额 | | | | | | | | | | 贷方金额 | | | | | | | | | | 借或贷 | 余　额 | | | | | | | | | |
|---|---|---|---|---|---|---|---|---|---|---|---|---|---|---|---|---|---|---|---|---|---|---|---|---|---|---|---|---|---|---|---|---|---|---|---|
| 月 | 日 | 种类 | 号数 | | | 亿 | 千 | 百 | 十 | 万 | 千 | 百 | 十 | 元 | 角 | 分 | 亿 | 千 | 百 | 十 | 万 | 千 | 百 | 十 | 元 | 角 | 分 | 亿 | 千 | 百 | 十 | 万 | 千 | 百 | 十 | 元 | 角 | 分 |
| | | | | | | | | | | | | | | | | | | | | | | | | | | | | | | | | | | | | | | |
| | | | | | | | | | | | | | | | | | | | | | | | | | | | | | | | | | | | | | | |
| | | | | | | | | | | | | | | | | | | | | | | | | | | | | | | | | | | | | | | |
| | | | | | | | | | | | | | | | | | | | | | | | | | | | | | | | | | | | | | | |
| | | | | | | | | | | | | | | | | | | | | | | | | | | | | | | | | | | | | | | |

# 其 他 应 付 款　　明 细 分 类 账

二级科目编号及名称 .................................................　　　　　总第　44　页　分第　　　　　　页

| 年 | | 凭证 | | 摘　要 | 对方科目 | 借方金额 | | | | | | | | | | 贷方金额 | | | | | | | | | | 借或贷 | 余　额 | | | | | | | | | |
|---|---|---|---|---|---|---|---|---|---|---|---|---|---|---|---|---|---|---|---|---|---|---|---|---|---|---|---|---|---|---|---|---|---|---|---|
| 月 | 日 | 种类 | 号数 | | | 亿 | 千 | 百 | 十 | 万 | 千 | 百 | 十 | 元 | 角 | 分 | 亿 | 千 | 百 | 十 | 万 | 千 | 百 | 十 | 元 | 角 | 分 | 亿 | 千 | 百 | 十 | 万 | 千 | 百 | 十 | 元 | 角 | 分 |
| | | | | | | | | | | | | | | | | | | | | | | | | | | | | | | | | | | | | | | |
| | | | | | | | | | | | | | | | | | | | | | | | | | | | | | | | | | | | | | | |
| | | | | | | | | | | | | | | | | | | | | | | | | | | | | | | | | | | | | | | |
| | | | | | | | | | | | | | | | | | | | | | | | | | | | | | | | | | | | | | | |
| | | | | | | | | | | | | | | | | | | | | | | | | | | | | | | | | | | | | | | |

# 实 收 资 本　　明 细 分 类 账

二级科目编号及名称

| 年 | | 凭 证 | | 摘　要 | 对方科目 | 借方金额 | | | | | | | | | | 贷方金额 | | | | | | | | | | 借或贷 | 余　额 | | | | | | | | | |
|---|---|---|---|---|---|---|---|---|---|---|---|---|---|---|---|---|---|---|---|---|---|---|---|---|---|---|---|---|---|---|---|---|---|---|---|---|
| 月 | 日 | 种类 | 号数 | | | 亿 | 千 | 百 | 十 | 万 | 千 | 百 | 十 | 元 | 角 | 分 | 亿 | 千 | 百 | 十 | 万 | 千 | 百 | 十 | 元 | 角 | 分 | | 亿 | 千 | 百 | 十 | 万 | 千 | 百 | 十 | 元 | 角 | 分 |
| | | | | | | | | | | | | | | | | | | | | | | | | | | | | | | | | | | | | | | | |
| | | | | | | | | | | | | | | | | | | | | | | | | | | | | | | | | | | | | | | | |
| | | | | | | | | | | | | | | | | | | | | | | | | | | | | | | | | | | | | | | | |
| | | | | | | | | | | | | | | | | | | | | | | | | | | | | | | | | | | | | | | | |
| | | | | | | | | | | | | | | | | | | | | | | | | | | | | | | | | | | | | | | | |
| | | | | | | | | | | | | | | | | | | | | | | | | | | | | | | | | | | | | | | | |
| | | | | | | | | | | | | | | | | | | | | | | | | | | | | | | | | | | | | | | | |

# 实 收 资 本　　明 细 分 类 账

二级科目编号及名称

| 年 | | 凭 证 | | 摘　要 | 对方科目 | 借方金额 | | | | | | | | | | 贷方金额 | | | | | | | | | | 借或贷 | 余　额 | | | | | | | | | |
|---|---|---|---|---|---|---|---|---|---|---|---|---|---|---|---|---|---|---|---|---|---|---|---|---|---|---|---|---|---|---|---|---|---|---|---|---|
| 月 | 日 | 种类 | 号数 | | | 亿 | 千 | 百 | 十 | 万 | 千 | 百 | 十 | 元 | 角 | 分 | 亿 | 千 | 百 | 十 | 万 | 千 | 百 | 十 | 元 | 角 | 分 | | 亿 | 千 | 百 | 十 | 万 | 千 | 百 | 十 | 元 | 角 | 分 |
| | | | | | | | | | | | | | | | | | | | | | | | | | | | | | | | | | | | | | | | |
| | | | | | | | | | | | | | | | | | | | | | | | | | | | | | | | | | | | | | | | |
| | | | | | | | | | | | | | | | | | | | | | | | | | | | | | | | | | | | | | | | |
| | | | | | | | | | | | | | | | | | | | | | | | | | | | | | | | | | | | | | | | |
| | | | | | | | | | | | | | | | | | | | | | | | | | | | | | | | | | | | | | | | |
| | | | | | | | | | | | | | | | | | | | | | | | | | | | | | | | | | | | | | | | |

# 明细分类账

| 年 | | 凭证 | | 摘要 | 对方科目 | 借方金额 | | | | | | | | | | 贷方金额 | | | | | | | | | | 借或贷 | 余额 | | | | | | | | | |
|---|---|---|---|---|---|---|---|---|---|---|---|---|---|---|---|---|---|---|---|---|---|---|---|---|---|---|---|---|---|---|---|---|---|---|---|---|
| 月 | 日 | 种类 | 号数 | | | 亿 | 千 | 百 | 十 | 万 | 千 | 百 | 十 | 元 | 角 | 分 | 亿 | 千 | 百 | 十 | 万 | 千 | 百 | 十 | 元 | 角 | 分 | | 亿 | 千 | 百 | 十 | 万 | 千 | 百 | 十 | 元 | 角 | 分 |
| | | | | | | | | | | | | | | | | | | | | | | | | | | | | | | | | | | | | | | |
| | | | | | | | | | | | | | | | | | | | | | | | | | | | | | | | | | | | | | | |
| | | | | | | | | | | | | | | | | | | | | | | | | | | | | | | | | | | | | | | |
| | | | | | | | | | | | | | | | | | | | | | | | | | | | | | | | | | | | | | | |
| | | | | | | | | | | | | | | | | | | | | | | | | | | | | | | | | | | | | | | |
| | | | | | | | | | | | | | | | | | | | | | | | | | | | | | | | | | | | | | | |

# 资 本 公 积　　明细分类账

| 年 | | 凭证 | | 摘要 | 对方科目 | 借方金额 | | | | | | | | | | 贷方金额 | | | | | | | | | | 借或贷 | 余额 | | | | | | | | | |
|---|---|---|---|---|---|---|---|---|---|---|---|---|---|---|---|---|---|---|---|---|---|---|---|---|---|---|---|---|---|---|---|---|---|---|---|---|
| 月 | 日 | 种类 | 号数 | | | 亿 | 千 | 百 | 十 | 万 | 千 | 百 | 十 | 元 | 角 | 分 | 亿 | 千 | 百 | 十 | 万 | 千 | 百 | 十 | 元 | 角 | 分 | | 亿 | 千 | 百 | 十 | 万 | 千 | 百 | 十 | 元 | 角 | 分 |
| | | | | | | | | | | | | | | | | | | | | | | | | | | | | | | | | | | | | | | |
| | | | | | | | | | | | | | | | | | | | | | | | | | | | | | | | | | | | | | | |
| | | | | | | | | | | | | | | | | | | | | | | | | | | | | | | | | | | | | | | |
| | | | | | | | | | | | | | | | | | | | | | | | | | | | | | | | | | | | | | | |
| | | | | | | | | | | | | | | | | | | | | | | | | | | | | | | | | | | | | | | |

# 盈 余 公 积　　明 细 分 类 账

二级科目编号及名称

| 年 | | 凭 证 | | 摘　要 | 对方科目 | 借方金额 | | | | | | | | | | 贷方金额 | | | | | | | | | | 借或贷 | 余　额 | | | | | | | | | |
|---|---|---|---|---|---|---|---|---|---|---|---|---|---|---|---|---|---|---|---|---|---|---|---|---|---|---|---|---|---|---|---|---|---|---|---|---|
| 月 | 日 | 种类 | 号数 | | | 亿 | 千 | 百 | 十 | 万 | 千 | 百 | 十 | 元 | 角 | 分 | 亿 | 千 | 百 | 十 | 万 | 千 | 百 | 十 | 元 | 角 | 分 | 亿 | 千 | 百 | 十 | 万 | 千 | 百 | 十 | 元 | 角 | 分 |
| | | | | | | | | | | | | | | | | | | | | | | | | | | | | | | | | | | | | | | |
| | | | | | | | | | | | | | | | | | | | | | | | | | | | | | | | | | | | | | | |
| | | | | | | | | | | | | | | | | | | | | | | | | | | | | | | | | | | | | | | |
| | | | | | | | | | | | | | | | | | | | | | | | | | | | | | | | | | | | | | | |
| | | | | | | | | | | | | | | | | | | | | | | | | | | | | | | | | | | | | | | |
| | | | | | | | | | | | | | | | | | | | | | | | | | | | | | | | | | | | | | | |
| | | | | | | | | | | | | | | | | | | | | | | | | | | | | | | | | | | | | | | |

# 利 润 分 配　　明 细 分 类 账

二级科目编号及名称

| 年 | | 凭 证 | | 摘　要 | 对方科目 | 借方金额 | | | | | | | | | | 贷方金额 | | | | | | | | | | 借或贷 | 余　额 | | | | | | | | | |
|---|---|---|---|---|---|---|---|---|---|---|---|---|---|---|---|---|---|---|---|---|---|---|---|---|---|---|---|---|---|---|---|---|---|---|---|---|
| 月 | 日 | 种类 | 号数 | | | 亿 | 千 | 百 | 十 | 万 | 千 | 百 | 十 | 元 | 角 | 分 | 亿 | 千 | 百 | 十 | 万 | 千 | 百 | 十 | 元 | 角 | 分 | 亿 | 千 | 百 | 十 | 万 | 千 | 百 | 十 | 元 | 角 | 分 |
| | | | | | | | | | | | | | | | | | | | | | | | | | | | | | | | | | | | | | | |
| | | | | | | | | | | | | | | | | | | | | | | | | | | | | | | | | | | | | | | |
| | | | | | | | | | | | | | | | | | | | | | | | | | | | | | | | | | | | | | | |
| | | | | | | | | | | | | | | | | | | | | | | | | | | | | | | | | | | | | | | |
| | | | | | | | | | | | | | | | | | | | | | | | | | | | | | | | | | | | | | | |

# 利 润 分 配　　明 细 分 类 账

二级科目编号及名称 .................　　　　　　　　　　总第 51 页　分第　　　页

| 年 | | 凭证 | | 摘　要 | 对方科目 | 借方金额 | | | | | | | | | | 贷方金额 | | | | | | | | | | 借或贷 | 余　额 | | | | | | | | | |
|---|---|---|---|---|---|---|---|---|---|---|---|---|---|---|---|---|---|---|---|---|---|---|---|---|---|---|---|---|---|---|---|---|---|---|---|
| 月 | 日 | 种类 | 号数 | | | 亿 | 千 | 百 | 十 | 万 | 千 | 百 | 十 | 元 | 角 | 分 | 亿 | 千 | 百 | 十 | 万 | 千 | 百 | 十 | 元 | 角 | 分 | 亿 | 千 | 百 | 十 | 万 | 千 | 百 | 十 | 元 | 角 | 分 |
| | | | | | | | | | | | | | | | | | | | | | | | | | | | | | | | | | | | | | | |
| | | | | | | | | | | | | | | | | | | | | | | | | | | | | | | | | | | | | | | |
| | | | | | | | | | | | | | | | | | | | | | | | | | | | | | | | | | | | | | | |
| | | | | | | | | | | | | | | | | | | | | | | | | | | | | | | | | | | | | | | |
| | | | | | | | | | | | | | | | | | | | | | | | | | | | | | | | | | | | | | | |
| | | | | | | | | | | | | | | | | | | | | | | | | | | | | | | | | | | | | | | |

# 利 润 分 配　　明 细 分 类 账

二级科目编号及名称 .................　　　　　　　　　　总第 52 页　分第　　　页

| 年 | | 凭证 | | 摘　要 | 对方科目 | 借方金额 | | | | | | | | | | 贷方金额 | | | | | | | | | | 借或贷 | 余　额 | | | | | | | | | |
|---|---|---|---|---|---|---|---|---|---|---|---|---|---|---|---|---|---|---|---|---|---|---|---|---|---|---|---|---|---|---|---|---|---|---|---|
| 月 | 日 | 种类 | 号数 | | | 亿 | 千 | 百 | 十 | 万 | 千 | 百 | 十 | 元 | 角 | 分 | 亿 | 千 | 百 | 十 | 万 | 千 | 百 | 十 | 元 | 角 | 分 | 亿 | 千 | 百 | 十 | 万 | 千 | 百 | 十 | 元 | 角 | 分 |
| | | | | | | | | | | | | | | | | | | | | | | | | | | | | | | | | | | | | | | |
| | | | | | | | | | | | | | | | | | | | | | | | | | | | | | | | | | | | | | | |
| | | | | | | | | | | | | | | | | | | | | | | | | | | | | | | | | | | | | | | |
| | | | | | | | | | | | | | | | | | | | | | | | | | | | | | | | | | | | | | | |
| | | | | | | | | | | | | | | | | | | | | | | | | | | | | | | | | | | | | | | |

# 本年利润　明细分类账

二级科目编号及名称 ......................................

| 2×19年 月 | 日 | 凭证 种类 | 凭证 号数 | 摘要 | 对方科目 | 借方金额 亿 | 千 | 百 | 十 | 万 | 千 | 百 | 十 | 元 | 角 | 分 | 贷方金额 亿 | 千 | 百 | 十 | 万 | 千 | 百 | 十 | 元 | 角 | 分 | 借或贷 | 余额 亿 | 千 | 百 | 十 | 万 | 千 | 百 | 十 | 元 | 角 | 分 |
|---|---|---|---|---|---|---|---|---|---|---|---|---|---|---|---|---|---|---|---|---|---|---|---|---|---|---|---|---|---|---|---|---|---|---|---|---|---|---|---|
| 11 | | | | 承前页 | | | 1 | 4 | 0 | 3 | 4 | 5 | 0 | 0 | 0 | 0 | | 1 | 6 | 7 | 8 | 4 | 5 | 0 | 0 | 0 | 0 | 贷 | | | 2 | 7 | 5 | 0 | 0 | 0 | 0 | 0 | 0 |
| | 30 | 转 | 33 | 结转所得税费用至本年利润 | 所得税费用 | | | | | 5 | 0 | 0 | 0 | 0 | 0 | 0 | | | | | | | | | | | | 贷 | | | 2 | 7 | 5 | 0 | 0 | 0 | 0 | 0 | 0 |
| | 30 | | | 本月合计 | | | | 1 | 3 | 5 | 0 | 8 | 0 | 0 | 0 | 0 | | | 1 | 5 | 0 | 0 | 8 | 0 | 0 | 0 | 0 | 贷 | | | 2 | 7 | 0 | 0 | 0 | 0 | 0 | 0 | 0 |
| | 30 | | | 本年累计 | | | 1 | 4 | 0 | 3 | 4 | 5 | 0 | 0 | 0 | 0 | | 1 | 6 | 7 | 8 | 4 | 5 | 0 | 0 | 0 | 0 | 贷 | | | 2 | 7 | 0 | 0 | 0 | 0 | 0 | 0 | 0 |
| 12 | | | | | | | | | | | | | | | | | | | | | | | | | | | | | | | | | | | | | | | |

生产成本　明细分类账

投产日期　　计划工时　　　　　　　　　　　　　总页次　54　分页次
完工日期　　实际工时　　　　　　　　　　　　　生产车间
完成产量　　数　量　　　　产品规格　　　　　　产品名称　A产品

| 2×19年 月 | 日 | 凭证 种类 | 号数 | 摘要 | 借方发生额 | 成本项目 直接材料 | 直接工资 | 制造费用 | 合计 |
|---|---|---|---|---|---|---|---|---|---|
| 11 | | | | 承前页 | 6672000.00 | 5238000.00 | 1434000.00 | | |
| | 30 | 转 | 22 | 分配并结转制造费用 | 1170000.00 | | | 1170000.00 | |
| | 30 | 转 | 23 | 计算并结转完工产品成本 | 7712000.00 | 5148000.00 | 1412000.00 | 1152000.00 | |
| | 30 | | | 月末在产品定额成本 | | 315000.00 | 77000.00 | 63000.00 | 455000.00 |
| 12 | | | | | | | | | |

投产日期　　　计划工时　　　　　　生产成本　　明细分类账　　　总页次　55　分页次
完工日期　　　实际工时
完成产量　　　数　量　　　　　　产品规格　　　　　　　　　　　生产车间
　　　　　　　　　　　　　　　　　　　　　　　　　　　　　　　产品名称　B产品

| 2×19年 月 | 日 | 凭证 种类 | 号数 | 摘要 | 借方发生额 | 成本项目 直接材料 | 直接工资 | 制造费用 | 合计 |
|---|---|---|---|---|---|---|---|---|---|
| 11 | | | | 承前页 | 48860000 | 39160000 | 9700000 | | |
| | 30 | 转 | 22 | 分配并结转制造费用 | 7920000 | | | 7920000 | |
| | 30 | 转 | 23 | 计算并结转完工产品成本 | 56115000 | 38710000 | 9580000 | 7825000 | |
| | 30 | | | 月末在产品定额成本 | | 1350000 | 360000 | 285000 | 1995000 |
| 12 | | | | | | | | | |

# 制 造 费 用　　明 细 分 类 账

二级科目编号及名称 _____

| 2×19年 月 | 日 | 凭证 种类 | 号数 | 摘要 | 借方 千百十万千百十元角分 | （　）方金额分析 办公费 | 物料费 | 工薪费用 | 水电费 | 折旧费 | |
|---|---|---|---|---|---|---|---|---|---|---|---|
| 11 | | | | 承前页 | 9 8 7 0 0 0 0 0 | 450 | 13 700 | 26 220 | 58 330 | | |
| | 30 | 转 | 22 | 计提并结转折旧费 | 9 7 5 0 0 0 0 0 | | | | | 97 500 | |
| | 30 | 转 | 23 | 分配并结转制造费用 | 1 9 6 2 0 0 0 0 | 450 | 13 700 | 26 220 | 58 330 | 97 500 | |
| 12 | | | | | | | | | | | |

# 主营业务收入　明细分类账

二级科目编号及名称 ..................

| 2×19年 | | 凭证 | | 摘　要 | 贷　方 | | | | | | | | | | （　贷　）方金额分析 | | | | |
|---|---|---|---|---|---|---|---|---|---|---|---|---|---|---|---|---|---|---|---|
| 月 | 日 | 种类 | 号数 | | 亿 | 千 | 百 | 十 | 万 | 千 | 百 | 十 | 元 | 角 | 分 | A 产品 | B 产品 | | |
| 11 | | | | 承前页 | | 1 | 3 | 3 | 3 | 0 | 0 | 0 | 0 | 0 | | 860 000 | 473 000 | | |
| | 29 | 转 | 18 | 委托收款销售产品 | | | 1 | 2 | 4 | 0 | 0 | 0 | 0 | 0 | | 80 000 | 44 000 | | |
| | 30 | 转 | 30 | 结转收入至本年利润 | | 1 | 4 | 5 | 7 | 0 | 0 | 0 | 0 | 0 | | 940 000 | 517 000 | | |
| | 30 | | | 本年累计 | | 1 | 6 | 4 | 5 | 0 | 0 | 0 | 0 | 0 | | 10 260 000 | 6 190 000 | | |
| 12 | | | | | | | | | | | | | | | | | | | |

# 其他业务收入　明细分类账

二级科目编号及名称 .................

| 2×19年 | | 凭证 | | 摘　要 | 贷　方 | | | | | | | | | | | （ 贷 ）方金额分析 | | | | | |
|---|---|---|---|---|---|---|---|---|---|---|---|---|---|---|---|---|---|---|---|---|---|
| 月 | 日 | 种类 | 号数 | | 亿 | 千 | 百 | 十 | 万 | 千 | 百 | 十 | 元 | 角 | 分 | 材料销售 | 资产租赁 | 运输收入 | | | |
| 11 | | | | 承前页 | | | 3 | 8 | 2 | 0 | 0 | 0 | 0 | 0 | | 38 200 | | | | | |
| | 30 | 转 | 30 | 结转收入至本年利润 | | | 3 | 8 | 2 | 0 | 0 | 0 | 0 | 0 | | 38 200 | | | | | |
| | 30 | | | 本年累计 | | | 2 | 6 | 3 | 0 | 0 | 0 | 0 | 0 | | 263 000 | | | | | |
| 12 | | | | | | | | | | | | | | | | | | | | | |

# 营业外收入　明细分类账

二级科目编号及名称 ....................

| 2×19年 | | 凭证 | | 摘　要 | 贷　方 | | | | | | | | | | | （　贷　）方金额分析 | | | | | |
|---|---|---|---|---|---|---|---|---|---|---|---|---|---|---|---|---|---|---|---|---|---|
| 月 | 日 | 种类 | 号数 | | 亿 | 千 | 百 | 十 | 万 | 千 | 百 | 十 | 元 | 角 | 分 | 债务收入 | 罚没收入 | 盘盈利得 | 捐赠利得 | | |
| 11 | | | | 承前页 | | | | | 5 | 6 | 0 | 0 | 0 | 0 | | 5 600 | | | | | |
| | 30 | 转 | 30 | 结转收入至本年利润 | | | | | 5 | 6 | 0 | 0 | 0 | 0 | | 5 600 | | | | | |
| | 30 | | | 本年累计 | | | | | 7 | 1 | 5 | 0 | 0 | 0 | | 49 000 | 6 820 | 7 680 | 8 000 | | |
| 12 | | | | | | | | | | | | | | | | | | | | | |

# 主营业务成本　明细分类账

二级科目编号及名称 ..........................

| 2×19年 | | 凭证 | | 摘　要 | 借　方 | | | | | | | | | | （　借　）方金额分析 | | | | | |
| 月 | 日 | 种类 | 号数 | | 亿 | 千 | 百 | 十 | 万 | 千 | 百 | 十 | 元 | 角 | 分 | A 产品 | B 产品 | | | |
| 11 | | | | 承前页 | | | 8 | 7 | 4 | 0 | 0 | 0 | 0 | 0 | 0 | 564 000 | 310 000 | | | |
| | 30 | 转 | 31 | 结转费用至本年利润 | | | 8 | 7 | 4 | 0 | 0 | 0 | 0 | 0 | 0 | 564 000 | 310 000 | | | |
| | 30 | | | 本年累计 | | 9 | 7 | 4 | 0 | 9 | 0 | 5 | 0 | 0 | 0 | 5 698 000 | 4 042 905 | | | |
| 12 | | | | | | | | | | | | | | | | | | | | |

# 其他业务成本　　明细分类账

| 2×19年 | | 凭证 | | 摘　要 | 借　方 | | | | | | | | | | （　借　）方金额分析 | | | | |
|---|---|---|---|---|---|---|---|---|---|---|---|---|---|---|---|---|---|---|---|
| 月 | 日 | 种类 | 号数 | | 亿 | 千 | 百 | 十 | 万 | 千 | 百 | 十 | 元 | 角 | 分 | 材料销售 | 资产租赁 | 运输支出 | | |
| 11 | | | | 承前页 | | | | 3 | 1 | 4 | 0 | 0 | 0 | 0 | 0 | 31 400 | | | | |
| | 30 | 转 | 31 | 结转费用至本年利润 | | | | 3 | 1 | 4 | 0 | 0 | 0 | 0 | 0 | 31 400 | | | | |
| | 30 | | | 本年累计 | | | 2 | 2 | 1 | 0 | 0 | 0 | 0 | 0 | 0 | 221 000 | | | | |
| 12 | | | | | | | | | | | | | | | | | | | | |

# 税金及附加　　明细分类账

二级科目编号及名称 ........................................　　　总第　62　页　分第　　　页

| 2×19年 | | 凭证 | | 摘　要 | 借　方 | | | | | | | | | | （　　）方金额分析 | | | | |
|---|---|---|---|---|---|---|---|---|---|---|---|---|---|---|---|---|---|---|---|
| 月 | 日 | 种类 | 号数 | | 亿 | 千 | 百 | 十 | 万 | 千 | 百 | 十 | 元 | 角 | 分 | 城建税 | 教育费附加 | 印花税 | | |
| 11 | | | | 承前页 | | | 2 | 0 | 0 | 0 | 0 | 0 | 0 | | | 14 000 | 6 000 | | | |
| | 30 | 转 | 31 | 结转费用至本年利润 | | | 2 | 0 | 0 | 0 | 0 | 0 | 0 | | | 14 000 | 6 000 | | | |
| | 30 | | | 本年累计 | | 1 | 4 | 6 | 5 | 0 | 0 | 0 | 0 | | | 100 450 | 43 050 | 3 000 | | |
| 12 | 31 | 转 | 27 | 计算并结转税金及附加 | | | 2 | 1 | 0 | 0 | 0 | 0 | 0 | | | 14 700 | 6 300 | | | |
| | 31 | 转 | 31 | 结转费用至本年利润 | | | 2 | 1 | 0 | 0 | 0 | 0 | 0 | | | 14 700 | 6 300 | | | |
| | 31 | | | 本年累计 | | 1 | 6 | 7 | 5 | 0 | 0 | 0 | 0 | | | 115 150 | 49 350 | 3 000 | | |

# 销 售 费 用 明细分类账

二级科目编号及名称 ..................................................................... 总第 63 页 分第 页

| 2×19年 | | 凭证 | | 摘 要 | 借 方 | | | | | | | | | | | （ 借 ） 方金额分析 | | | | | |
|---|---|---|---|---|---|---|---|---|---|---|---|---|---|---|---|---|---|---|---|---|---|
| 月 | 日 | 种类 | 号数 | | 亿 | 千 | 百 | 十 | 万 | 千 | 百 | 十 | 元 | 角 | 分 | 办公费 | 运输费 | 展销费 | 广告费 | 工薪费 | 折旧费 |
| 11 | | | | 承前页 | | | 7 | 5 | 9 | 5 | 0 | 0 | 0 | | | 2 890 | 16 500 | 9 740 | 12 000 | 29 640 | 5 180 |
| | 30 | 转 | 31 | 结转费用至本年利润 | | | 7 | 5 | 9 | 5 | 0 | 0 | 0 | | | 2 890 | 16 500 | 9 740 | 12 000 | 29 640 | 5 180 |
| | 30 | | | 本年累计 | | 9 | 4 | 1 | 6 | 7 | 5 | 0 | 0 | | | 22 675 | 89 000 | 66 000 | 399 500 | 313 500 | 51 000 |
| 12 | | | | | | | | | | | | | | | | | | | | | |
| | | | | | | | | | | | | | | | | | | | | | |
| | | | | | | | | | | | | | | | | | | | | | |
| | | | | | | | | | | | | | | | | | | | | | |
| | | | | | | | | | | | | | | | | | | | | | |
| | | | | | | | | | | | | | | | | | | | | | |
| | | | | | | | | | | | | | | | | | | | | | |
| | | | | | | | | | | | | | | | | | | | | | |
| | | | | | | | | | | | | | | | | | | | | | |
| | | | | | | | | | | | | | | | | | | | | | |
| | | | | | | | | | | | | | | | | | | | | | |
| | | | | | | | | | | | | | | | | | | | | | |
| | | | | | | | | | | | | | | | | | | | | | |
| | | | | | | | | | | | | | | | | | | | | | |
| | | | | | | | | | | | | | | | | | | | | | |
| | | | | | | | | | | | | | | | | | | | | | |

二级科目编号及名称 _____　　　　　　总第　64　页　分第　　　　页

| 2×19年 | | 凭证 | | 摘　要 | 借　方 | | | | | | | | | | | （　借　）方金额分析 | | | | | |
|---|---|---|---|---|---|---|---|---|---|---|---|---|---|---|---|---|---|---|---|---|---|
| 月 | 日 | 种类 | 号数 | | 亿 | 千 | 百 | 十 | 万 | 千 | 百 | 十 | 元 | 角 | 分 | 办公费 | 差旅费 | 修理费 | 工薪费 | 水电费 | 折旧费 |
| 11 | | | | 承前页 | | 1 | 6 | 7 | 6 | 0 | 0 | 0 | 0 | | | 3 500 | 11 800 | 30 650 | 57 000 | 40 650 | 24 000 |
| | 30 | 转 | 31 | 结转费用至本年利润 | | 1 | 6 | 7 | 6 | 0 | 0 | 0 | 0 | | | 3 500 | 11 800 | 30 650 | 57 000 | 40 650 | 24 000 |
| | 30 | | | 本年累计 | 1 | 3 | 4 | 1 | 0 | 5 | 0 | 0 | 0 | | | 38 600 | 63 500 | 46 450 | 59 850 | 349 000 | 245 000 |
| 12 | | | | | | | | | | | | | | | | | | | | | |

# 财 务 费 用　　明 细 分 类 账

二级科目编号及名称 ............................................................

| 2×19年 | | 凭证 | | 摘　要 | 借　方 | | | | | | | | | | （　借　）方金额分析 | | | | | |
|---|---|---|---|---|---|---|---|---|---|---|---|---|---|---|---|---|---|---|---|---|
| 月 | 日 | 种类 | 号数 | | 亿 | 千 | 百 | 十 | 万 | 千 | 百 | 十 | 元 | 角 | 分 | 工本费 | 利息收入 | 利息费用 | 手续费 | | |
| 11 | | | | 承前页 | | | | | 8 | 5 | 8 | 8 | 0 | 0 | | 88 | 2 100 | 10 340 | 260 | | |
| | 30 | 转 | 31 | 结转费用至本年利润 | | | | | 8 | 5 | 8 | 8 | 0 | 0 | | 88 | 2 100 | 10 340 | 260 | | |
| | 30 | | | 本年累计 | | | | 6 | 3 | 6 | 7 | 0 | 0 | 0 | | 650 | 9 300 | 68 700 | 3 620 | | |
| 12 | | | | | | | | | | | | | | | | | | | | | |
| | | | | | | | | | | | | | | | | | | | | | |
| | | | | | | | | | | | | | | | | | | | | | |
| | | | | | | | | | | | | | | | | | | | | | |
| | | | | | | | | | | | | | | | | | | | | | |
| | | | | | | | | | | | | | | | | | | | | | |
| | | | | | | | | | | | | | | | | | | | | | |
| | | | | | | | | | | | | | | | | | | | | | |
| | | | | | | | | | | | | | | | | | | | | | |
| | | | | | | | | | | | | | | | | | | | | | |
| | | | | | | | | | | | | | | | | | | | | | |
| | | | | | | | | | | | | | | | | | | | | | |
| | | | | | | | | | | | | | | | | | | | | | |
| | | | | | | | | | | | | | | | | | | | | | |
| | | | | | | | | | | | | | | | | | | | | | |
| | | | | | | | | | | | | | | | | | | | | | |

二级科目编号及名称 ............................................　　　　　总第　66　页　分第　　　　　页

| 2×19年 | | 凭证 | | 摘　要 | 借　方 | | | | | | | | | | （　借　）方金额分析 | | | | | |
| 月 | 日 | 种类 | 号数 | | 亿 | 千 | 百 | 十 | 万 | 千 | 百 | 十 | 元 | 角 | 分 | 坏账准备 | 贷款损失准备 | 债权投资减值准备 | | | |
| | | | | | | | | | | | | | | | | | | | | | |
| | | | | | | | | | | | | | | | | | | | | | |
| | | | | | | | | | | | | | | | | | | | | | |
| | | | | | | | | | | | | | | | | | | | | | |
| | | | | | | | | | | | | | | | | | | | | | |
| | | | | | | | | | | | | | | | | | | | | | |
| | | | | | | | | | | | | | | | | | | | | | |
| | | | | | | | | | | | | | | | | | | | | | |
| | | | | | | | | | | | | | | | | | | | | | |
| | | | | | | | | | | | | | | | | | | | | | |
| | | | | | | | | | | | | | | | | | | | | | |
| | | | | | | | | | | | | | | | | | | | | | |
| | | | | | | | | | | | | | | | | | | | | | |
| | | | | | | | | | | | | | | | | | | | | | |
| | | | | | | | | | | | | | | | | | | | | | |
| | | | | | | | | | | | | | | | | | | | | | |
| | | | | | | | | | | | | | | | | | | | | | |

# 营业外支出　　明细分类账

二级科目编号及名称 ....................

| 2×19年 | | 凭证 | | 摘　要 | 借　方 | | | | | | | | | | （　借　）方金额分析 | | | | |
|---|---|---|---|---|---|---|---|---|---|---|---|---|---|---|---|---|---|---|---|
| 月 | 日 | 种类 | 号数 | | 亿 | 千 | 百 | 十万 | 千 | 百 | 十 | 元 | 角 | 分 | 捐赠支出 | 罚没支出 | 盘亏损失 | | |
| 11 | | | | 承前页 | | | 1 | 2 | 3 | 2 | 6 | 8 | 0 | 0 | 105 600 | 2 200 | 15 468 | | |
| | 30 | 转 | 31 | 结转费用至本年利润 | | | 1 | 2 | 3 | 2 | 6 | 8 | 0 | 0 | 105 600 | 2 200 | 15 468 | | |
| | 30 | | | 本年累计 | | | 7 | 2 | 9 | 7 | 0 | 0 | 0 | 0 | 646 000 | 3 400 | 80 300 | | |
| 12 | | | | | | | | | | | | | | | | | | | |

# 所得税费用　　明细分类账

二级科目编号及名称

| 2×19年 | | 凭证 | | 摘　要 | 对方科目 | 借方金额 | | | | | | | | | | 贷方金额 | | | | | | | | | | 借或贷 | 余　额 | | | | | | | | | |
|---|---|---|---|---|---|---|---|---|---|---|---|---|---|---|---|---|---|---|---|---|---|---|---|---|---|---|---|---|---|---|---|---|---|---|---|---|
| 月 | 日 | 种类 | 号数 | | | 亿 | 千 | 百 | 十 | 万 | 千 | 百 | 十 | 元 | 角 | 分 | 亿 | 千 | 百 | 十 | 万 | 千 | 百 | 十 | 元 | 角 | 分 | | 亿 | 千 | 百 | 十 | 万 | 千 | 百 | 十 | 元 | 角 | 分 |
| 11 | | | | 承前页 | | | | 5 | 0 | 0 | 0 | 0 | 0 | 0 | 0 | | | | | | | | | | | | 借 | | | 5 | 0 | 0 | 0 | 0 | 0 | 0 | 0 | |
| | 30 | 转 | 33 | 结转所得税费用至本年利润 | 本年利润 | | | | | | | | | | | | | | 5 | 0 | 0 | 0 | 0 | 0 | 0 | 0 | 平 | | | | | | | | 0 | | | |
| | 30 | | | 本月合计 | | | | 5 | 0 | 0 | 0 | 0 | 0 | 0 | 0 | | | | 5 | 0 | 0 | 0 | 0 | 0 | 0 | 0 | 平 | | | | | | | | 0 | | | |
| | 30 | | | 本年累计 | | | 9 | 0 | 0 | 0 | 0 | 0 | 0 | 0 | 0 | | | 9 | 0 | 0 | 0 | 0 | 0 | 0 | 0 | 0 | 平 | | | | | | | | 0 | | | |
| 12 | | | | | | | | | | | | | | | | | | | | | | | | | | | | | | | | | | | | | | |

# 西安一凡机械公司

# 明细分类账

甲式账的
登记方法

乙式账的
登记方法

结算类明细分类账
的结账方法

收入费用明细分类账
的结账方法

多栏式明细分类账
的登记方法

| 会计档案 | 自　　年　　月　　日至　　年　　月　　日止 | | |
|---|---|---|---|
| | 册内共　　　　页(张)　　　　保管期限: | | |
| | 全宗号: | 目录号: | 案卷号: |

2×19 年度

明细分类账封底

| 凭证名称 | 凭证起讫号码 | | 凭证张数 | 附件张数 | 备注 |
|---|---|---|---|---|---|
| | 自 | 至 | | | |
| | | | | | |
| | | | | | |
| | | | | | |

记账 凭证 封面

西安一凡机械公司

第 册
共 册

年 月 日 至 年 月 日

会计档案

| 全宗号 | 目录号 | 案卷号 | 保管年限 |
|---|---|---|---|
| | | | |

财会主管

装订

记账凭证封底

抽 出 凭 证 记 录

| 抽出日期 | | | 抽出凭证名称 | 抽出原因 | 抽出人签字 | 经管人签字 | 归还日期 | | | 收件人 |
|---|---|---|---|---|---|---|---|---|---|---|
| 年 | 月 | 日 | | | | | 年 | 月 | 日 | |
| | | | | | | | | | | |
| | | | | | | | | | | |
| | | | | | | | | | | |
| | | | | | | | | | | |
| | | | | | | | | | | |
| | | | | | | | | | | |
| | | | | | | | | | | |
| | | | | | | | | | | |

记账凭证封底

记 账 凭 证 封 面

西安一凡机械公司

第　册
共　册

| 凭证名称 | 凭证起讫号码 | | 凭证起年 月 日至讫 年 月 日 | 凭证张数 | 附张件数 | 备注 |
|---|---|---|---|---|---|---|
| | 自 | 至 | | | | |
| | | | | | | |
| | | | | | | |
| | | | | | | |
| | | | | | | |

装订

财会主管

| 会计档案 | 全宗号 | 目录号 | 案卷号 | 保管年限 |
|---|---|---|---|---|
| | | | | |

记账凭证封底

# 抽 出 凭 证 记 录

| 抽出日期 | | 抽出凭证名称 | 抽出原因 | 抽出人签字 | 经管人签字 | 归还日期 | | 收件人 |
|---|---|---|---|---|---|---|---|---|
| 年 | 月 日 | | | | | 年 | 月 日 | |
| | | | | | | | | |
| | | | | | | | | |
| | | | | | | | | |
| | | | | | | | | |
| | | | | | | | | |
| | | | | | | | | |
| | | | | | | | | |

# 记账凭证封面

西安一凡机械公司

| 第 | 册 |
|---|---|
| 共 | 册 |

凭证名称 _____

自 ____ 年 ____ 月 ____ 日至 ____ 年 ____ 月 ____ 日

| 凭证起讫号码 | | 凭证张数 | 附张件数 | 备注 |
|---|---|---|---|---|
| 自 | 至 | | | |
| | | | | |
| | | | | |
| | | | | |

装订

财会主管

| 会计档案 | 全宗号 | 目录号 | 案卷号 | 保管年限 |
|---|---|---|---|---|
| | | | | |

# 抽 出 凭 证 记 录

| 抽出日期 | | | 抽出凭证名称 | 抽出原因 | 抽出人签字 | 经管人签字 | 归还日期 | | | 收件人 |
|---|---|---|---|---|---|---|---|---|---|---|
| 年 | 月 | 日 | | | | | 年 | 月 | 日 | |
| | | | | | | | | | | |
| | | | | | | | | | | |
| | | | | | | | | | | |
| | | | | | | | | | | |
| | | | | | | | | | | |
| | | | | | | | | | | |
| | | | | | | | | | | |

记账凭证封面

西安一凡机械公司

| 凭证名称 | 凭证起记号码 自 至 | 凭证张数 | 附件张数 | 备注 |
|---|---|---|---|---|
| | | | | |

自 年 月 日 至 年 月 日

第 册 共 册

| 会计档案 | 全宗号 | 目录号 | 案卷号 | 保管年限 |
|---|---|---|---|---|
| | | | | |

财会主管

装订

记账凭证封底

# 抽 凭 证 记 录

| 抽出日期 | | | 抽出凭证名称 | 抽出原因 | 抽出人签字 | 经管人签字 | 归还日期 | | | 收件人 |
|---|---|---|---|---|---|---|---|---|---|---|
| 年 | 月 | 日 | | | | | 年 | 月 | 日 | |
| | | | | | | | | | | |
| | | | | | | | | | | |
| | | | | | | | | | | |
| | | | | | | | | | | |
| | | | | | | | | | | |
| | | | | | | | | | | |
| | | | | | | | | | | |

# 西安一凡机械公司

# 日 记 账

## （现金日记账、银行存款日记账）

现金日记账的
登记方法

银行存款日记账
的结账方法

2×19 年度

# 账簿启用及接交表

| 单位名称 | | | 公章 |
|---|---|---|---|
| 账簿名称 | | （第　册） | |
| 账簿编号 | | | |
| 账簿页数 | 本账簿共计　　　页（本账簿页数　　检点人盖章　　） | | |
| 启用日期 | 公元　　　年　　月　　日 | | |

| 经管人员 | 单位主管 | | 财务主管 | | 复核 | | 记账 | |
|---|---|---|---|---|---|---|---|---|
| | 姓名 | 盖章 | 姓名 | 盖章 | 姓名 | 盖章 | 姓名 | 盖章 |
| | | | | | | | | |

| 接交记录 | 经管人员 | | 接管 | | | | 交出 | | | |
|---|---|---|---|---|---|---|---|---|---|---|
| | 职别 | 姓名 | 年 | 月 | 日 | 盖章 | 年 | 月 | 日 | 盖章 |
| | | | | | | | | | | |
| | | | | | | | | | | |
| | | | | | | | | | | |

| 备注 | |
|---|---|

日记账封底

# 西安一凡机械公司

# 总分类账

总分类账的登记
——逐笔登记法

总分类账的登记
——汇总登记法

总分类账的
结账方法

| 会计档案 | 自　年　月　日至　年　月　日止 | | |
|---|---|---|---|
| | 册内共　　　　　页（张）　　　保管期限： | | |
| | 全宗号：　　 | 目录号：　　 | 案卷号：　　 |

2×19 年度

总分类账封底

# 西安一凡机械公司

# 会 计 报 表

## （资产负债表、利润表）

2×19 年度

会计报表封底

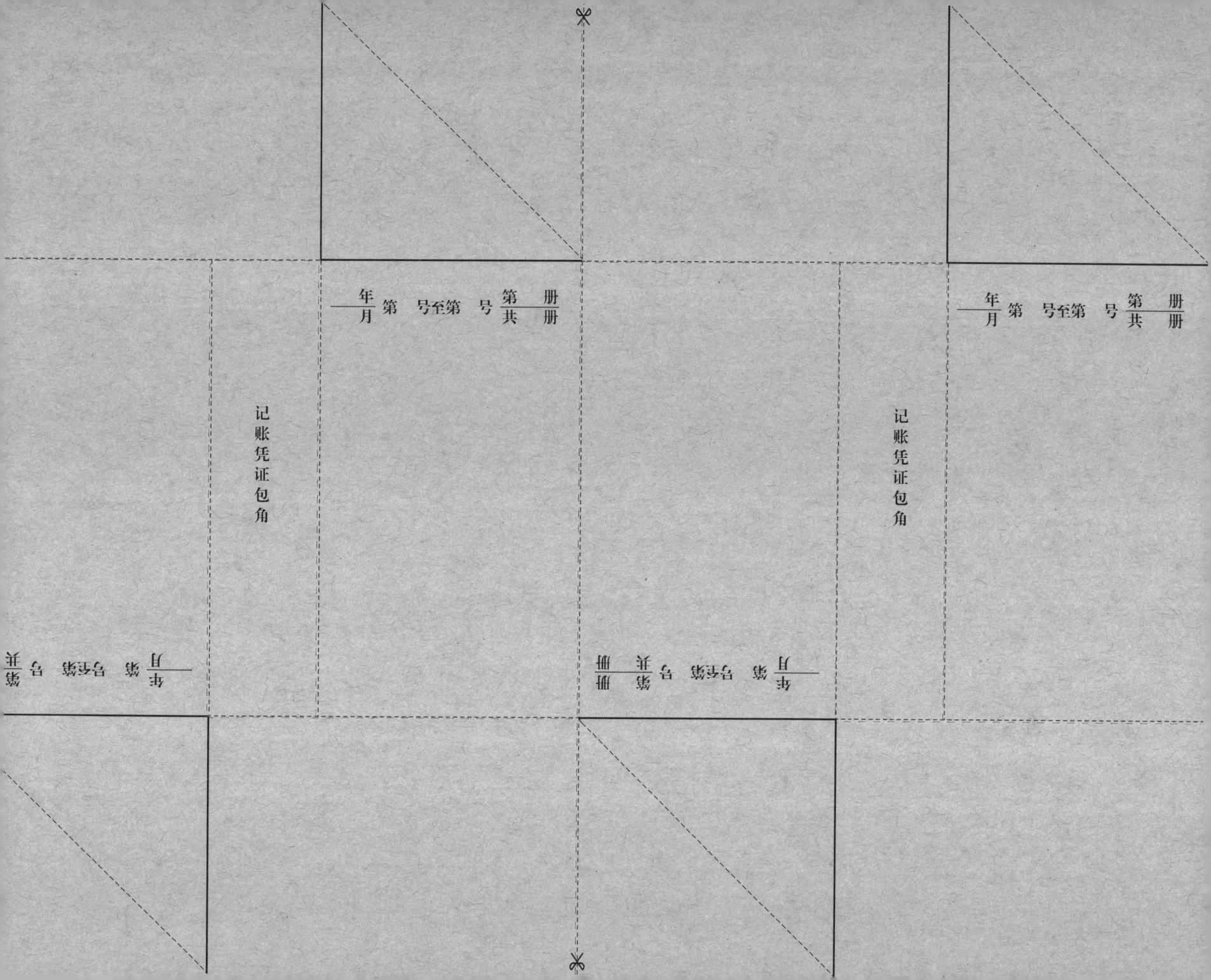

记账凭证包角

———年
月 第 号至第 号 第 册
共 册

记账凭证包角

———年
月 第 号至第 号 第 册
共 册

沿虚线（打孔线）裁下成两个十字包角

包角使用说明：

首先，该面朝上，与凭证左上角对齐。①采用"手工穿线装订法"的，在包角所给"●"处打眼，然后穿线并结紧。②采用"铆管装订法"的，在包角所细"○"处打孔，然后插入铆管并热铆装订。其次，折叠线往在上折，最后，将包角的两翼往后折并涂胶水粘紧。

包角使用说明：

首先，该面朝上，与凭证左上角对齐。①采用"手工穿线装订法"的，在包角所给"●"处打眼，然后穿线并结紧。②采用"铆管装订法"的，在包角所细"○"处打孔，然后插入铆管并热铆装订。其次，折叠线往在上折，最后，将包角的两翼往后折并涂胶水粘紧。

包角使用说明：

首先，该面朝上，与凭证左上角对齐。①采用"手工穿线装订法"的，在包角所给"●"处打眼，然后穿线并结紧。②采用"铆管装订法"的，在包角所细"○"处打孔，然后插入铆管并热铆装订。其次，折叠线往在上折，最后，将包角的两翼往后折并涂胶水粘紧。

包角使用说明：

首先，该面朝上，与凭证左上角对齐。①采用"手工穿线装订法"的，在包角所给"●"处打眼，然后穿线并结紧。②采用"铆管装订法"的，在包角所细"○"处打孔，然后插入铆管并热铆装订。其次，折叠线往在上折，最后，将包角的两翼往后折并涂胶水粘紧。